Neue Entdeckungen der Archäologie

Simbabwe
Goldland der Bibel oder Symbol afrikanischer Freiheit?

Neue Entdeckungen der Archäologie

Herausgegeben von Sir Mortimer Wheeler

Peter S. Garlake

SIMBABWE

Goldland der Bibel
oder Symbol afrikanischer
Freiheit?

Gustav Lübbe Verlag

Für John und alle, die seiner Ansicht und daher zur Zeit in
der gleichen Lage sind wie er . . .

© 1973 Thames & Hudson, London
Originaltitel »Great Zimbabwe«
Erschienen in der Reihe »New Aspects of Antiquity«
Herausgegeben von Sir Mortimer Wheeler
Aus dem Englischen übertragen von Dr. Joachim Rehork

© 1975 für die deutsche Ausgabe
Gustav Lübbe Verlag GmbH, Bergisch Gladbach
Schutzumschlag: Arno Häring, Bensberg
Gesamtherstellung: Friedrich Pustet, Regensburg
Printed in Germany.
ISBN 3-7857-0167-5

Inhaltsverzeichnis

Einleitung von Sir Mortimer Wheeler

Die eindrucksvollen und rätselhaften Mauerreste, die sich fast 300 km östlich von Bulawayo mitten in der reichen Savanne und in den Granitbergen des Mashona-Grenzlandes zu monumentaler Größe erheben, bilden – seit langem unter dem Namen Groß-Simbabwe bekannt – die berühmteste Ruinenstätte Afrikas südlich der Sahara aus vorportugiesischer Zeit. Etwas vom Flair eines Nationalepos haftet ihnen an. Irgendwie brachte man sie mit nebelhaften Vorstellungen von Goldschmiedekunst und handwerklicher Meisterschaft in Zusammenhang und schrieb bald dem sagenhaften ›Priester Johannes‹, bald König Salomo, bald der Königin von Saba ihre Gründung zu. Als 1890 Cecil Rhodes mit der von ihm gegründeten *British South Africa Company* die dortige Gegend in Besitz nahm und auszubeuten begann, trieb ihn die Vorstellung, Simbabwe sei das Orplid der Bibel. Vager – oder präziser – ausgedrückt: »Simbabwe ist eine alte phönikische Residenz«; und von hier war es nur noch ein Schritt bis zu der Behauptung: »Was das britische Weltreich im 19. Jahrhundert darstellt, war Phönikien in der Vergangenheit, als in Jerusalem Salomons Tempel emporwuchs« – ein Tempel voll von Gold und Elfenbein, Affen und ›Pfauen‹ (sprich Perlhühner). Leider zieht man auch heute noch immer wieder Vergleiche dieser Art – weit hergeholte Vergleiche, die stets irgendwie tendenziös sind.

Angesichts solch eher märchenhafter Vorstellungen war es sicher verdienstvoll, daß sich die *British South Africa Company* mit der *Royal Geographic Society* und der *British Association for the Advancement of Science* zusammenschloß, um eine Expedition zu organisieren, die fundierte Informationen beschaffen sollte. Technisch freilich war die Zeit für systematische Forschungsvorhaben dieser Art noch keineswegs reif, und der Leiter des Unternehmens, J. T. Bent, brachte allenfalls ein Abziehbild einer altertumskundlichen Untersuchung zuwege, das ihn selbst immer mehr davon überzeugte, »daß die Schöpfer dieser in Trümmern liegenden Bauwerke einer aus Arabien eingewanderten Rasse des Nordens angehörten«. Diese und andere Spekulationen, früh aufgekommen und außerordentlich zählebig, füllen eine traurige Liste. Dennoch habe ich Bent hier angeführt, denn trotz aller aufgesetzten Gelehrsamkeit ist sein Reise- und Fundbericht *The Ruined Cities of Mashonaland* für die damalige Zeit (1892) recht lesbar und überdies reich illustriert. Wahrscheinlich trug er mehr als alles andere dazu bei, dem 19. Jahrhundert Simbabwe und seinesgleichen nahezubringen. Ich erinnere mich noch deutlich, wie ich als Kind, mehr als 60 Jahre, bevor ich Simbabwe selbst zu sehen bekam, nicht müde wurde, mich an Bent's trockener Schilderung seiner Abenteuer zu ergötzen – sie waren so sehr viel weniger verbrämt und aufgedonnert als die dramatischen Abenteuerromane Rider Haggards, die kindlichen Gemütern sonst ›Begegnung mit Innerafrika‹ bedeuteten!

Doch erst im ersten Jahrzehnt des 20. Jahrhunderts hielt methodische Spatenforschung auch in Simbabwe Einzug. Abermals war die *British Association* die treibende Kraft, und nun standen verbesserte Methoden zu Gebote, die nacheinander von zwei Pionieren archäologischer Forschung angewandt wurden, deren wissenschaftlicher Ruf es verdient, als ganz außergewöhnlich bezeichnet zu werden. Ich kannte beide und hegte tiefste Bewunderung für sie. Dies ermutigt mich, einen Augenblick von den größeren Zusammenhängen abzusehen, die Peter Garlake schildern wird, und mich stattdessen etwas ausführlicher den Persönlichkeiten und dem Wirken dieser beiden Gelehrten zu widmen.

Der erste von beiden war David Randall-MacIver, ein Schüler und Kollege von Flinders Petrie in Ägypten: ein Archäologe voll gesunder Skepsis und geprägt von kritischem Sachverstand, was die Elemente der Stratigraphie angeht. 1905 beauftragte man ihn mit vorbereitenden Untersuchungen des Ursprungs und Alters der Ruinen Groß-Simbabwes. Auf diese Weise sollte er einen später im gleichen Jahr vorgesehenen Besuch der Stätte durch die *British Association* vorbereiten. Er gelangte zu der Folgerung: Nicht eines der bei sieben Grabungen von ihm selbst (aber auch der von anderen vor ihm) entdeckten Stücke stammte aus der Zeit vor dem 14. oder 15. Jahrhundert n. Chr., und die Ruinen seien fraglos afrikanischen Ursprungs. In der Folgezeit, man schrieb inzwischen 1929, wurde – abermals auf Veranlassung der nimmermüden *British Association* – Dr. Gertrude Caton-Thompson mit der Aufgabe betreut, Randall-MacIver's Schlüsse, die allen Erwartungen so widersprachen, im Lichte Schritt um Schritt verbesserter technischer Methoden zu überprüfen, die sie – ebenso wie ihr Vorgänger – selbst in Ägypten erlernt hatte. Von Gertrude Caton-Thompson läßt sich sagen: Sie verkörperte in bemerkenswertem Ausmaß Zielstrebigkeit mit der dem Wissenschaftler anstehenden Bescheidenheit. Ihren klassischen Bericht *The Zimbabwe Culture* (1931) bezeichnet sie in ihren Eingangsworten selbst als »Aufzeichnung einer Lernenden für Lernende« – und genau das war er und bleibt er in allen Ehren. Hinzu kommt: Es war ein reines Frauenunternehmen, dies zu einer Zeit, als Frauen im Bereich der Feldarchäologie noch bei weitem nicht die bedeutende Rolle spielten wie später. Unter anderem kann ein heutiger Besucher von Simbabwe damit rechnen, daß man ihm die verwitterte Grotte zeigt, wo eine ganz hervorragende Wissenschaftlerin, Dr. Kathleen Kenyon (die schließlich Jericho und Jerusalem ausgrub), als eine der jungen Assistentinnen Gertrude Caton-Thompsons ihre erste Grabung durchführte.

Im großen und ganzen stimmt die Datierung Gertrude Caton-Thompsons, die weitgehend auf den vorgefundenen Scherben chinesischer Keramik und chinesischen Porzellans beruht, mit der Randall-MacIvers überein, allenfalls mit einer rückwärtigen Ausdehnung des chronologischen Rahmens zum 13. Jahrhundert. Doch eine ganz bestimmte Art von Beweismaterial könnte den Zeitansatz zumindest einiger archäologischer Lager noch weiter in die Vergangenheit zurück verschieben: Es handelt sich namentlich um große Mengen von Glasperlen, die Horace Beck mit ähnlichen Stücken aus Südindien und Malaya vergleicht und »etwa in das achte bis neunte Jahrhundert n. Chr.« datiert. Leider repräsentieren diese Perlen doch mehr oder weniger Allerweltstypen, so daß ein Kenner der indischen Archäologie sich heute hüten würde, für sie allein aus typologischen Gründen einen präzisen Zeitansatz zu nennen. Parallele Radiokarbondatierungen hätten vielleicht Klarheit gebracht, doch dieses epochemachende Nebenprodukt der Kernforschung wurde erst ab 1949 für die Zeitbestimmung archäologischen Materials nutzbar gemacht, und zu diesem Zeitpunkt war durch massive Schnitzer bei früheren Ausgrabungen längst ein großer Teil des für die Radiokarbonmethode erforderlichen organischen Materials abgetragen. Zu den wenigen mit Hilfe dieses Verfahrens gewonnenen Daten aus Simbabwe gehören in der Tat zwei aus dem Bereich zwischen 6. und 8. Jahrhundert n. Chr. (allerdings stammen die Proben aus alten und daher nicht unbedingt signifikanten Pfosten im elliptischen Bauwerk), andere dagegen bewegen sich doch in dem jüngeren, mittelalterlichen Rahmen, der bereits durch anderweitige Forschungen ermittelt wurde. Natürlich geht Peter Garlake auf den folgenden Seiten in aller Ausführlichkeit auch auf diese Datierungsproblematik ein. Im übrigen mag es damit sein Bewenden haben, dieses Buch als eine umfassende und wahrscheinlich endgültige Darstellung der Simbabwe-Forschung zu begrüßen, soweit sich Simbabwe nach einem halben Jahrhundert weitgehend (wenn auch nicht ausschließlich) unkontrollierten Forscherdranges überhaupt noch präzise Informationen abringen lassen. Sein Verfasser arbeitete, zusammen mit seinen früheren Kollegen vom rhodesischen Amt für Altertümer, lange und mit Begeisterung unter diesen

Ruinen. Mit unvergleichlich größerer Sachkenntnis als irgendeiner seiner Vorgänger hat er uns mitzuteilen, was es nach all den trügerischen Geschichten, die sich um Simbabwe rankten, noch über diese Stätte zu berichten gibt.

Mortimer Wheeler

Vorwort

Von Juli 1964 bis Dezember 1970 war ich *Senior Inspector of Monuments* der *Historical Monuments Comission of Southern Rhodesia* (Kommission für die Geschichtsdenkmäler Südrhodesiens). Im Auftrag dieser Kommission führte ich Forschungen und Feldforschungen über die Eisenzeit Rhodesiens durch – eine Arbeit, die sich über das gesamte Land erstreckte. C. K. Cooke, dem Direktor der Kommission, sowie E. M. Goodall, K. R. Robinson und R. F. Summers fühle ich mich tief zu Dank verpflichtet. Sie führten mich in die Archäologie des Landes ein und nahmen an meinen Arbeiten lebhaften Anteil. Mein Dank gilt aber auch all denen, die mir Fundstätten und Ruinen meldeten, mich an die betreffenden Plätze führten und mich oft dazu noch gastlich aufnahmen oder mir ihre Dienste bei meinen Untersuchungen zur Verfügung stellten. Dank auch den Mitgliedern der *Rhodesian Prehistoric Society*, insbesondere Frau Elizabeth Knopf, desgleichen Mitgliedern der *Ranche House Schools of Archaeology*, die mir bei meinen Grabungen halfen. Besonders wertvolle Anregungen gab mir John Conradie. In der kurzen Zeit, die uns blieb, um die Auswertung des Materials zu diskutieren, gab er mir immer wieder Ansporn und Ermutigung. Mike Traber setzte sich für die Veröffentlichung dieses Buchs ein, und meine Frau stand mir zur Seite, als es an die Schreibtischarbeit ging. Sie war es, die das Manuskript schrieb und immer wieder neu schrieb. Tony Schmitz schließlich half bei der Korrektur der Endfassung. Ihnen allen gilt mein Dank.

Peter S. Garlake

Institute of African Studies
University of Ife
Ile-Ife

Einführung

Die Ruinen Groß-Simbabwes liegen 27 km von Fort Victoria entfernt, einer kleinen Stadt in Rhodesien, die als Militärposten gegründet wurde, um die Straße nach Süden an dem Punkt zu sichern, wo sie die Grashochsteppe (Veld) und damit die Grenze von Mashonaland erreicht. Diese Ruinen, dichte Labyrinthe enormer Steinmauern, verstreut über wohl 40 Hektar Berg- und Talgelände, besitzen in ihrer Todesstarre einen ganz eigentümlichen Reiz. Hinzu kommt, daß man sie in einem Land kahler Granitfelsen, dicht bewaldeter Täler und brachliegender Grassteppengebiete durchaus nicht erwartet – in einem Land, wo bis vor kurzem kleine Gruppen grasgedeckter Bindwerkhütten *Shona*-sprechender Karanga die einzigen Zeugnisse menschlichen Schaltens und Waltens waren.

Simbabwe ist ein *Shona*-Wort. Gewöhnlich betrachtet man es als zusammengezogen aus *dzimba dza mabwe* (= ›Steinhäuser‹). Besser ist indessen wohl die Ableitung von *dzimba woye* (wörtlich: ›ehrwürdige Häuser‹) – eine Bezeichnung, die man gewöhnlich auf Häuser oder Gräber von Häuptlingen anwendet. In portugiesischen Dokumenten des 16. Jahrhunderts erscheint der Name gewöhnlich in der Form *zimbaoe*, dann übernahmen ihn die Karanga für die Bauten, die ständige Wohnsitze ihrer Häuptlinge oder der Häuptlingsfamilie waren. Und da man zahlreiche Steinruinen für alte Häuptlingssitze hält, nannte man auch sie *zimbabwe*. Bis vor kurzem bezeichnete das Wort ausschließlich die Ruinen bei Fort Victoria, die früher ›Groß-Simbabwe‹ hießen. Doch während der letzten 15 Jahre wurde aus diesen Ruinen so etwas wie ein patriotisches Symbol. Infolgedessen dehnte sich auch rein lokal die Fläche des Gebiets aus, die der Name Simbabwe bezeichnet – weitgehend gilt er heute als Name des gesamten Landes, wo Groß-Simbabwe liegt. Es empfiehlt sich daher, auf den älteren Namen ›Groß-Simbabwe‹ zurückzugreifen, wenn nur und gerade von besagten Ruinen die Rede ist – dies, um den Unterschied von anderen Ruinen, einstigen Königssitzen, ja gegenüber dem gesamten Land deutlich zu machen.

Gewiß – die Ruinen von Groß-Simbabwe dürfen mit guten Grund beanspruchen, als die größte, dramatischste Ruinenstätte Afrikas südlich der Sahara bezeichnet zu werden. Dennoch ist das historische Beweismaterial, was ihren Ursprung und ihre anfängliche Bestimmung angeht, außerordentlich fragmentarisch, ja zu einem nicht geringen Teil unklar und widerspruchsvoll. Daraus ergibt sich, daß Archäologie die Informationslücke füllen muß – mit anderen Worten: Die Frage nach Ursprung und Zweck der Ruinen ist in erster Linie als archäologisches Problem zu betrachten. Allerdings hielt Archäologie auf wissenschaftlicher, speziell auf naturwissenschaftlicher Grundlage erst spät im Gebiet von Groß-Simbabwe Einzug, und inzwischen hatten längst Anschauungen, die von ganz anderem Material ausgingen, glühende Anhänger und Verfechter gefunden. Auf jeden Fall galt systematische, wissenschaftlich fundierte Archäologie den Weißen im Lande als stumpfsinnige, unsolide und esoterische Forschungsmethode – allenfalls als Spaß akademischer Insider geeignet, doch untauglich, um grundsätzliche Fragen zu beantworten. Leider waren die gleichen Leute sehr rasch bei der Hand, alle einst so reich wuchernde Romantik um Groß-Simbabwe auf die, ihrer Ansicht nach einzig wichtige, Frage zu reduzieren: Konnten afrikanische Eingeborene allein, ohne jede fremde Hilfe, die Bauten Simbabwes errichtet haben? Für die meisten Siedler, deren Bekanntschaft mit Afrikanern sich auf die Berührung mit total entfremdeten, unterbezahlten, entwurzelten und somit völlig abgestumpft wirkenden Arbeitskräften beschränkte und die von der Landesgeschichte nichts anderes kannten als ein paar Erzählungen von Pionieren, die in Mashonaland nichts als eine Handvoll verschüchterter Shona fanden, ständig auf der Flucht vor Angriffen blutdürstiger Ndebele-Eindringlinge ... für diese Leute stand die Antwort von vornherein fest: Afrikaner besaßen weder Energie, noch Willen, Organisation, Voraussicht oder Begabung genug, um diese Mauern zu errichten. Ja in ihren Augen war der Afrikaner dermaßen rückständig, daß man keinem afrikanischen Volk zutraute, je eine kompliziertere Aufgabe gemeistert zu haben. Und auf dem Boden solcher Vorurteile gedieh schließlich der Rassenwahn. Das Erscheinungsbild der Ruinen schien diese Ansichten über den Afrikaner noch zu bestärken. Denn unter den Siedlern hält sich hartnäckig das Gerücht, die Bantu-sprechenden Stämme seien ein relativ junges Element der Bevölkerung Südafrikas. Diese Überzeugung geht darauf zurück, daß die niederländischen Kolonisten am Kap der Guten Hoffnung lediglich auf Buschmänner und Hottentotten trafen. Groß-Simbabwe, das etwas so Altertümliches an sich hatte, konnte daher, so meinte man, auf keinen Fall von Afrikanern erbaut worden sein. In der jüngsten Zeit freilich sehen die meisten Afrikaner, gestützt auf ihr wachsendes Innewerden eigener Traditionen sowie auf die Resultate archäologischer und historischer Forschung, die Ruinen nicht nur als Produkt einer in Afrika heimischen Bevölkerung an, sondern sie sind stolz auf sie – sie erscheinen ihnen als Zeugnis vergangenen Ruhmes und als Unterpfand einer bevorstehenden Renaissance sowie der Freiheit in einem Lande, dessen Geschicke sie dann selbst in der Hand haben werden und das dann den Namen dieser Ruinen tragen wird. In den Augen vieler Siedler lösen derartige Erwartungen die Diskussion dieser Ruinen aus dem Bereich der rein akademischen Erörterung und auch aus dem Rahmen mehr theoretischer Diskussionen der Rassenfrage heraus und geben ihr einen unmittelbar politischen Inhalt. Man betrachtet derartige Äußerungen eines schwarzafrikanischen Patriotismus als offene Auflehnung gegen die politische und wirtschaftliche Struktur Rhodesiens, wo Weiße das Sagen haben. Wer freilich so denkt, für den haben die Ruinen von Groß-Simbabwe nur noch propagandistischen Stellenwert. Zwangsläufig führt dies in einem autoritär regierten Lande voll innerer Unsicherheit zum Einschreiten gegen die Verbreitung solcher Informationen, die als unerwünscht gelten, führt zu amtlichen Übergriffen und zu persönlichen Schikanen gegenüber denen, die derartigen unerwünschten Ansichten anhängen.

Wohl keine andere prähistorische Fundstätte hat die Gemüter dermaßen in Wallung gebracht, hat so weittragende, oft geradezu bizarr wirkende Aufregung verursacht. Natürlich braucht sich ein Forscher normalerweise nicht um die Reaktionen des Publikums zu kümmern. Im Fall Groß-Simbabwes jedoch ist es die Schicht der dort ansässigen Siedler, die jede Untersuchung trägt, organisiert, finanziell fördert und aufmerksam verfolgt. Dies konnte nicht ohne Rückwirkung auf den Gang der Forschung bleiben. So spiegelt sich zum Beispiel die Zuspitzung des Streits auf die Fragen ›Wer?‹ und ›Wann?‹ darin, daß man auch die gesamte archäologische Untersuchung auf die Frage nach der Rasse der Erbauer und dem Zeitpunkt des Entstehens abstellte. Und infolgedessen blieben die nicht minder fundamentalen, ja sogar noch interessanteren Fragen nach dem ›Wie‹ und ›Warum‹ vergleichsweise vernachlässigt – all die zahllosen, schwierigen Fragen nach der Gesellschafts- und Wirtschaftsstruktur, Fragen der geschichtlichen Einordnung, die die Existenz eines hochgradig zentralisierten, wohlhabenden Staatswesens in der Isolation Südafrikas vor einigen Jahrhunderten aufwirft. Unmittelbares Resultat dieser begrenzten Zielsetzung ist die Tatsache, daß es sich bei den mit wissenschaftlichen Methoden durchgeführten Grabungen lediglich um einige Suchgrabungen handelt, durch die man datierbaren Artefakten auf die Spur kommen wollte. Nur eine einzige mit wissenschaftlicher Methodik durchgeführte Ergrabung eines gesellschaftlich relevanten, geschlossenen Komplexes ist bisher zu verzeichnen, und auch sie liegt schon wieder fast vierzig Jahre zurück.

Gleichzeitig ist dieser eingeschränkte Gebrauch, den man von den Möglichkeiten archäologischer Ausgrabungen machte, eine begreifliche Reaktion darauf, daß man die Ruinen fast vollständig ihrer Begleitfunde beraubt hat. Rücksichtslose, bedenkenlose ›Forscher‹, ohne archäologische Kenntnis und Erfahrung, zerstörten Ende des 19. und Anfang des 20. Jahrhunderts zahlreiche Bauten und warfen große Mengen stratifizierter Tonware, Waffen, Werkzeuge und Schmuckstücke einfach weg, weil die betreffenden Gegenstände ihnen ›kaffrisch‹ erschienen und sie auf der Suche nach Exotischem waren. Weitere großräumige Schäden richteten wohlmeinende, doch fast ebenso unwissende Konservatoren des *South Rhodesian Public Works Department* an, das die Ruinen von 1909 bis 1936 betreute. Diese Männer waren der Auffassung, die zahlreichen Mauern seien nur dadurch zu retten, daß man alle Ablagerungen, die sich in ihnen angehäuft hatten, gründlich entfernte – und dies taten sie und kümmerten sich kaum darum, wieviel archäologisches Material sie dabei zerstörten. Schließlich verbot die *Historical Monuments Commission of Southern Rhodesia* 1958 in aller Form für die nächsten 25 Jahre jede weitere Ausgrabung, weil kaum noch Schichten übriggeblieben waren.

In der Vergangenheit genoß Südrhodesien wegen der zahlreichen seriösen archäologischen Forschungsunternehmen im Lande hohes Ansehen, doch basierte dieser Ruf wohl nur darauf, daß es anderswo in Afrika südlich der Sahara praktisch überhaupt keine Archäologie gab. Tatsächlich waren die Stiftungen und Mittel für archäologische Zwecke stets minimal, und während der letzten 15 Jahre ist der zur Verfügung stehende Betrag sogar hinter die vergleichbaren Summen in einem großen Teil Rest-Afrikas zurückgefallen. Und wie kärglich es um wissenschaftliche Forschungsarbeit bestellt ist, geht schon aus der Tatsache hervor, daß sich während der letzten 80 Jahre nur drei Archäologen eingehend der Frühgeschichte Rhodesiens gewidmet haben: K. R. Robinson (als Denkmalswart von 1947 bis 1964); R. Summers (als Archäologe im Nationalmuseum von 1947 bis 1970) und schließlich ich selbst (als Denkmalswart von 1964 bis 1970). Die einzigen Archäologen von außerhalb, die ins Land kamen, um hier archäologische Stätten der Nach-Steinzeit auszugraben, waren D. Randall-MacIver (1905), G. Caton-Thompson und die Frobenius-Expedition (1929) sowie T. Huffman (1968 und 1970). Die meisten der betreffenden Archäologen hatten ihre Ausbildung außerhalb Afrikas genossen und besaßen dort auch ihr Haupt-Arbeitsfeld. Probleme der Vorgeschichte Afrikas gingen sie rein archäologisch an, und um Daten zur Ortsgeschichte, um Traditionserbe und Anthropologisches kümmerten sie sich wenig. Das Wirken afrikanischer Archäologen, die den nötigen *background*, den erforderlichen Einblick und die besseren Kontaktmöglichkeiten besitzen, steht in Südafrika noch aus.

Wie mager die Resultate der wenigen Arbeiten tatsächlich sind, läßt sich dadurch illustrieren, daß aus Simbabwe ganze sieben Radiokarbondaten vorliegen, von denen eines in bezug auf die Mauern irrelevant ist. Die Relevanz von drei weiteren Daten ist umstritten, und von denen, die übrigbleiben, sind zwei so unpräzise, daß jeweils die Standard-Abweichung drei Jahrhunderte umfaßt.

Unter diesen Umständen ist es völlig klar, daß jede Untersuchung über Groß-Simbabwe sich weitgehend auf eine Neuuntersuchung und Neubeurteilung der Arbeiten früherer Forscher gründen muß, jener Männer, die die meisten und bedeutendsten Funde aus den Ruinen entfernten und sie dadurch eines großen Teils ihrer archäologischen Lager beraubten. Was diese ›Pioniere‹ dennoch an Informationen hinterließen, muß nicht nur zu den wenigen Ergebnissen methodischer archäologischer Forschung in Groß-Simbabwe in Beziehung gesetzt werden, sondern auch zu dem ständig wachsenden archäologischen Wissen, dessen Quellen andere Ruinen, Ruinengruppen und Kulturen sind, die in mehr oder weniger enger Beziehung zu Groß-Simbabwe stehen, zu Grabungsresultaten schließlich nicht nur aus Mashona- und Matabeleland, sondern auch aus weiter entfernten Gegenden. Erst dann lassen sich die Resultate in einen weitgespannten sozialen und geschichtlichen Zusammenhang einordnen, der zum Teil erst durch die Fortschritte der Geschichtsschreibung Afrikas sichtbar geworden ist – Fortschritte der letzten Jahre, die zu einem bedeutenden Teil auf gründlicher Erforschung herkömmlichen Materials beruhen, bei denen aber der ›innere‹, afrikanische Gesichtspunkt maßgebend ist.

Die Architektur der Ruinen

Groß-Simbabwe liegt am Südabbruch des etwa 1300 bis knapp 1700 m hohen Plateaus (Abb. 1), das die Wasserscheide zwischen den Flüssen Sambesi und Limpopo bildet: Kühl, wasserreich und frei von Tsetse-Fliegen, bietet dieses leichtgewellte, von lichtem Savannenwald bewachsene grasige Hochland Menschen und Tieren ideale Lebensbedingungen. Am Abhang – rings um Groß-Simbabwe besteht er aus kahlen Granitformationen – sammelt sich die Feuchtigkeit der vorwiegend aus Südosten heraufstreichenden Luftströmungen. Daher ist die Bruchkante regenreicher als die Umgebung, und oftmals gibt es hier Nebel oder Nieselregen; selbst dann, wenn das gesamte übrige Land trocken ist. Ergebnis: Die leichten, sandigen Böden zwischen den Anhöhen tragen üppigere Baumbestände. Viele Jahrhunderte lang hat die Gegend rings um diese Erhebungen Menschen angezogen. Diese Menschen konnten sich hier verbergen, hatten ganzjährig Wasser zur Verfügung, konnten mit Regen rechnen, der sichere Ernten garantierte, fanden leicht zu bearbeitenden Boden vor, dazu reichlich Bau- und Feuerholz und schließlich zahlreiche Kleinwildarten. Darüber hinaus besitzt Simbabwe den Vorteil, zwei anderen ökologischen Zonen sehr nahe zu liegen: Die Berge unmittelbar nördlich der Ruinen gehören zu den ›goldenen Gürteln‹ metamorpher Felsgesteine, die zu einer schweren, doch sehr fruchtbaren roten Lehmerde zerfallen, und ein paar Kilometer südlich der Ruinen fällt das Gelände ab und geht in trockeneres, offeneres Grasland über – eine ideale Viehweide. Die größten, imposantesten Berge rings um Groß-Simbabwe sind mächtige, glatte, kahle Granitdome, geformt durch Abblätterung dünner Felsschichten infolge spürbarer täglicher Temperaturunterschiede unter blauem Himmel und tropischer Sonne. Dünne, parallelflache Granitplatten von knapp 8 bis knapp 18 cm Dicke splittern ganz ähnlich von diesen Kuppeln ab, wie eine Zwiebel sich pellt, gleiten zutal und sammeln sich als Schuttkare am Fuß der Felsen. Dort lassen sie sich mit Leichtigkeit aus dem Geröll lösen, zerkleinern und so auf eine handliche Größe

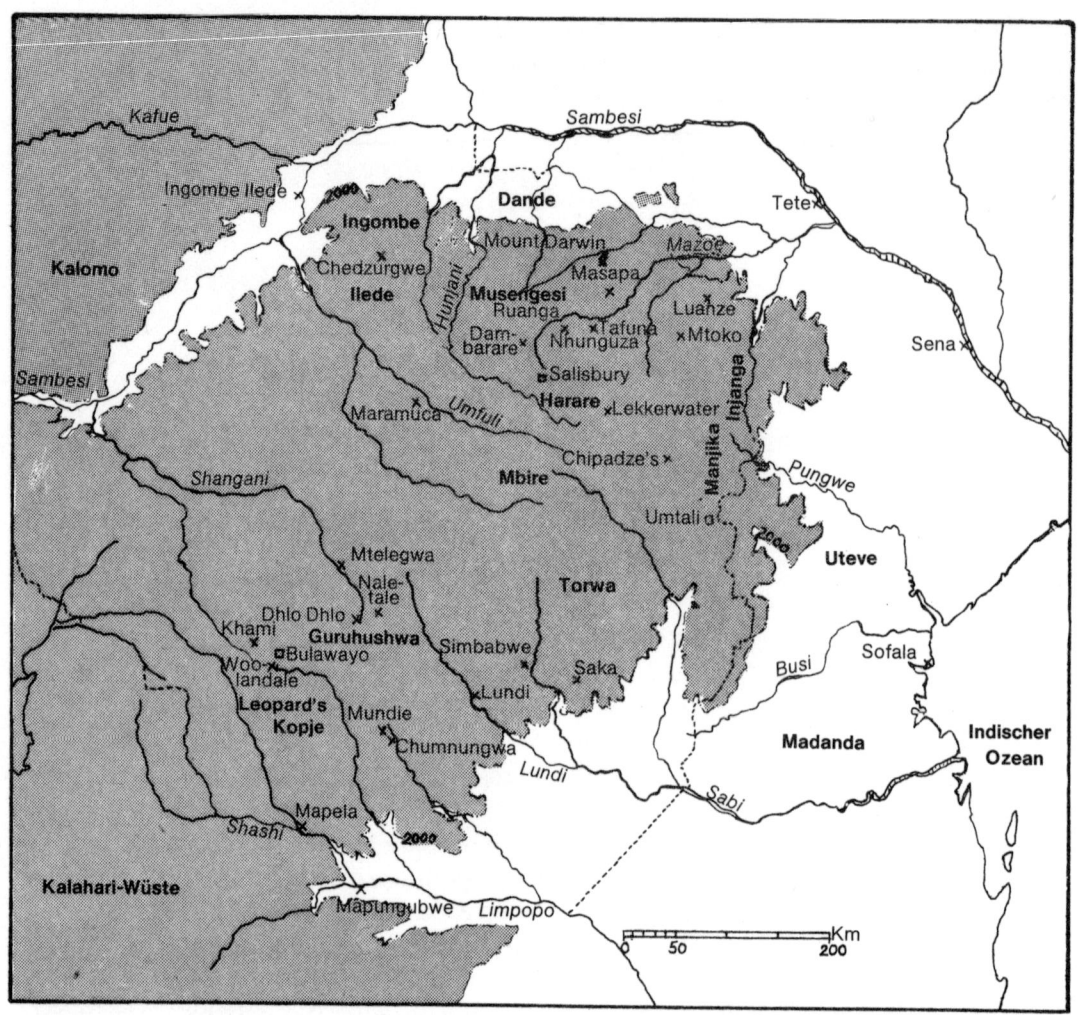

1. Südliches
Zentralafrika mit
den im Text er-
wähnten archäo-
logischen Stätten
und Kulturen.

bringen, die einen leichten Transport ermöglicht. So bilden sie eine reiche, jederzeit verfügbare Baumaterialquelle. Obwohl diese Vorräte an solch abgeblättertem Gestein schier unerschöpflich waren, konnte man auch solche Granitplatten, die nur teilweise abgesprungen waren, vom Felsen lösen, indem man mit Keilen und Hämmern natürliche Sprünge und Risse erweiterte, oder man konnte derartige Risse überhaupt erst erzeugen, indem man Buschfeuer an den Felsflanken entzündete, wieder löschte und plötzlich den Fels mit Wassergüssen ›abschreckte‹. Die Bruchflächen des Granits boten die Garantie, daß alle abgebrochenen Stücke eine außerordentlich regelmäßige, quaderartige Form mit parallelflachen Ober-, Unter- und Vertikalseiten hatten und gleichzeitig eine Standardstärke aufwiesen. Diese

18

Blöcke waren mithin nicht nur leicht verfügbar, sondern trugen darüber hinaus ganz sicher das Ihre zur Entwicklung von Bauweisen bei, die darauf beruhten, daß man regelmäßige, in horizontaler Richtung gerade Steinreihen verlegte.

Genau in dieser Weise waren Groß-Simbabwes Mauern errichtet. Blöcke wurden ohne jede Spur bindenden Mörtels verlegt, und aus ihren Lagen errichtete man Mauern von 1,20 bis 5,20 m Dicke, die doppelt so hoch wie breit waren. So schuf man festgefügte Mauern, deren breite Grundflächen verhältnismäßig wenig Druck auf den Boden ausübten und die flexibel genug waren, um jedes Sich-Setzen abzufangen, das sich einstellen mochte, andererseits aber die nötige Breite aufwiesen – Mauern, deren ebene Grundflächen nicht leicht aus ihrer stabilen Lage zu bringen waren. Eine derartige Eigenschaft war bei solcher Bauweise sicher erforderlich, andererseits legte man auf Mauerverband nur geringen Wert. Denn während die Plattenform der Steine zwangsläufig zu einer gewissen Regelmäßigkeit der horizontalen Lagen führte, ließ man senkrechte Fugen einfach durch mehrere Lagen hindurchlaufen. Die Mauern hatten Schnittflächen aus passenden Blöcken, die unter dem Gesichtspunkt ausgesucht waren, daß sie eine möglichst glatte Oberfläche enggefügter Blöcke bildeten. Den Zwischenraum zwischen den beiden äußeren Mauerschalen füllten dagegen weniger regelmäßig geformte Steinbrocken (Tafel 4), und es gab keinerlei Verbindung, weder zwischen den beiden äußeren Schalen noch zwischen den Schalen und der Mauerfüllung. Wo zwei separate Mauern aneinanderstießen, blieb stets eine durchlaufende, vertikale Fuge, und auch hier fehlte jede Verbindung zwischen den angrenzenden Mauerteilen (Tafel 5). Ihren letzten Schliff erhielten die Sichtflächen oftmals dadurch, daß man, nachdem die Blöcke bereits verlegt waren (Tafel 3), hervorstehende Kanten und andere unebene Oberflächenpartien mit faustgroßen, kugelförmigen Schlägeln aus Dolerit bearbeitete – einem Material, das feinkörniger und bruchfester ist als Granit. Derartige Steinschlägel waren die einzigen Bauwerkzeuge. Man fand sie mit Abnutzungsspuren mitten in dünnen Streuungen von Steinsplittern – den Überbleibseln der Mauerbearbeitung – am Mauerfuß mehrerer Ruinen.

Anscheinend führte man sämtliche Mauerpartien erst einmal bis zur Krone hinauf und erweiterte das Mauerwerk dann in horizontaler Richtung. So brauchte man keinerlei Gerüst – nicht einmal bei den obersten Mauerlagen, denn der Mauerabschnitt, an dem gerade gearbeitet wurde, bildete dann eine Rampe, wo die Bauleute auf- und niederklettern konnten. Gleichzeitig war es auf diese Weise möglich, die Führung bzw. Krümmung der einzelnen Mauerschalen dem Wachsen des Baus anzupassen. Im wesentlichen war es wohl das Augenmaß, mit dessen Hilfe man so gleichmäßiges Mauerwerk schuf, und als einzige Meßinstrumente verwandte man daneben selbst für die bestgefügten Mauern wohl lediglich roh geeichte Meßruten, die dazu verhelfen sollten, daß die einzelnen Steinlagen parallel zum Boden verliefen. Meßschnüre, Wasserwaagen und Lot waren unnötig, ja sogar ungeeignet für ständig gekrümmte Mauerführungen, zumal die Mauer-Sichtflächen oft genug rückwärts geneigt waren.

Nie ruhten Dächer auf diesen Steinmauern. Die Flächen, die sie umgeben, sind dafür viel zu groß und zu unregelmäßig, als daß man sich irgendein Dach aus Holzelementen oder Steinwölbungen über ihnen vorstellen könnte, und außerdem fand man keinerlei Spuren irgendwelcher Einlässe, Lagerungen oder Stützen für irgendeine Art von Überdachung. Vielleicht liegt hierin auch die Ursache dafür, daß den Grundrissen jene Regelmäßigkeit und Strenge fehlt, die eine alles überspannende Dachkonstruktion mit ihren Streben und Verstärkungen einem Bau aufzwingt. In der Tat scheinen die Mauern keinem bestimmten, klar ersichtlichen Muster zu folgen, sondern sich relativ ziellos durch das Gelände zu winden (Tafel V). Wirklich: sämtliche Mauern krümmen und winden sich, und die Krümmungen sind durchaus nicht regelmäßig, sondern ändern sich stets ein wenig, dies laufend und offenkundig ganz willkürlich. Außerdem gibt es nicht nur keine geraden Mauerzüge, auch keine einzige Mauer bildet scharfe Winkel oder ändert ihre Richtung abrupt. In felsigem Gelände füllen einige Mäuerchen ganz einfach Lücken zwischen Felsblöcken, und zahlreiche Gemäuer beginnen oder enden an solch riesigen Rollsteinen (Tafel 7). In anderen Fällen laufen Mauerzüge einfach über die mächtigen Blöcke hinweg, oder man bezieht die Blöcke einfach in das Mauersystem ein (Tafel 6). Auf irgendwelche Veränderungen des Bodengefälles oder der Bodenbeschaffenheit wird nicht die geringste Rücksicht genommen, und es kann durchaus vorkommen, daß ein und derselbe Mauerzug anfangs über ebenes Gelände, dann felsige Hänge hinauf und über Felsblöcke läuft. Die einzigen Durchlässe in diesen Mauern sind Torgänge und Abzugsgräben. Torwege sind nie breiter als 1,20 m. Sie liegen etwas über Bodenniveau, und zwar setzen sich in solchen Fällen die unteren Mauerwerkslagen unter dem Torgang von einer Wand zur anderen fort und bilden so eine Art Schwelle. In einem Fall blieb ein überdachter Torgang unversehrt erhalten (Tafel 9) – sein Dach bildeten enggefügte, horizontale Granit- und Schieferplatten, über denen sich das Mauerwerk einfach bruchlos fortsetzte. Auch alle anderen Torgänge waren einst überdacht, und zwar mit Holzpfosten. Bei den Abzugsgräben handelt es sich um etwa 30.5 cm breite und knapp 23 cm hohe, rechteckige Öffnungen, verkleidet mit ganz gewöhnlichen Bausteinen (Tafeln 8, 61). Diese Öffnungen durchbrechen in unregelmäßigen Abständen die Basen einiger der größten und bestgefügten Mauerzüge. Separate Einfriedungen innerhalb des Komplexes werden von mehr oder weniger kontinuierlichen Mauerzü-

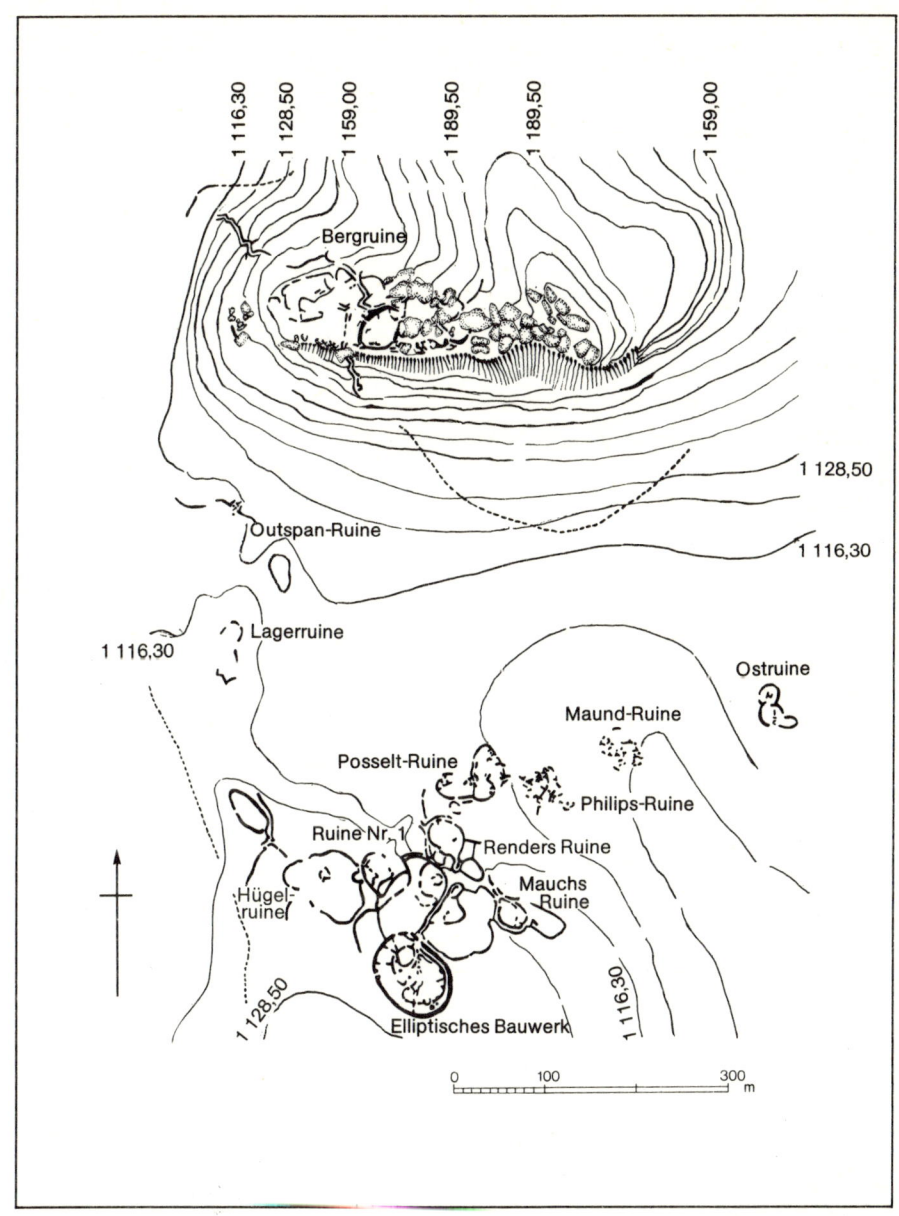

1 116,30
1 128,50
1 159,00
1 189,50
1 189,50
1 159,00

Bergruine

1 128,50

1 116,30

Outspan-Ruine

Lagerruine

1 116,30

Ostruine

Maund-Ruine

Posselt-Ruine

Philips-Ruine

Ruine Nr. 1

Renders Ruine

Hügel-
ruine

Mauchs
Ruine

1 128,50

1 116,30

Elliptisches Bauwerk

0   100   300
                                    m

2. Plan der
Ruinen von Groß-
Simbabwe.

gen gebildet, und auch im Innern enthalten sie isolierte Mauerstümpfe
(Abb. 2). Oft ist das eine Ende solcher Gemäuer ebenso sorgfältig gefertigt
wie ein Toreingang, das andere dagegen bildet ein Durcheinander von
Steintrümmern. Man könnte annehmen, es handle sich bei derartigen
Mauern um Reste größerer Bauten, die zerstört und als Bezugsquelle für

21

Baumaterial benutzt wurden. Doch haben mehrere Ausgräber Bodenniveaus freigelegt, mit denen sie ursprünglich zusammengehörten, und gezeigt: Sie hatten nie eine größere Ausdehnung als heute. Die einzige sinnvolle Vorstellung, die man sich vom Zweck dieser Mauern machen kann, ist, daß sie einst Bauwerke umgaben, die heute verschwunden sind, weil sie vermutlich aus weniger dauerhaftem Material bestanden als Stein.

Tatsächlich bestehen kaum Zweifel, welches Material man bei den fraglichen Bauwerken verwendete, denn auf dem Boden vieler dieser Einfriedungen liegen niedrige, kreisrunde Häufchen von mit Kies vermischtem Leim, oft von intensiv roter oder gelber Farbe, und jede Grabung erbrachte Schicht um Schicht ganz ähnlicher Ablagerungen (Tafeln 10, 32). Es handelt sich um *daga*, das in Afrika verbreitetste Baumaterial – eine mit Wasser verrührte lehmige Erde, die das Bindemittel einer Kieselmasse bildete. Außerhalb der Mauern von Groß-Simbabwe liegen mehrere riesige Gruben von mehr als 60 m Breite und 6 m Tiefe. Hier baute man einst *daga* ab. Diese Gruben liegen in Ablagerungen von Granitpartikeln, dazu aber gibt es außerdem noch einige von der Konsistenz des Granits leicht abweichende mineralische Beimengungen.

In einigen Fällen ist das Gesteinsmaterial völlig zerfallen und verwittert, in anderen weniger. Dies ist der Grund für die ganz unterschiedlichen *daga*-Gefüge und -Farben, die in den Ruinen vorkommen. Die am sorgfältigsten ausgewählte und bearbeitete *daga*-Masse, die man so lange knetete und klopfte, bis die allerfeinsten Bestandteile an die Oberfläche traten, erzeugte eine harte, ebene, wie poliert aussehende Oberfläche, die beträchtliche Belastungen durch Abnutzung und Wettereinflüsse ertragen konnte. Früher sprach man daher oft von ›Zement‹. Allerdings ist diese Bezeichnung irreführend, denn in ihrer Zusammensetzung unterscheidet sich die fragliche *daga*-Masse in nichts von anderen *daga*-Varianten.

Wie eng und wesenhaft Steinmauern und *daga*-Bauten zusammengehörten, demonstrierte die Ausgrabung der Maund-Ruine, eines kleinen, isolierten Gebäudekomplexes am Rand der Ruinen (Abb. 3). Hier zeigte es sich: An 10 Rundbauten aus *daga* von etwa 4,60 bis zu 11,30 m Durchmesser stießen etwa 29 Steinmauern. Diese Steinmauern gingen strahlenförmig von den Rundbauten aus und bildeten 9 einzelne kleine Höfe, die man durch mehr oder weniger sorgfältig angelegte Torwege in den Mauern betrat.[1]

Da es keinerlei Spuren einer anderen geeigneten Behausung gab, bestand wenig Zweifel, daß es sich bei diesen Häusern um Wohnungen von Ortsansässigen gehandelt haben muß. Das gleiche Konzept: Steinmauern umschließen Außenhöfe rings um runde Wohnbauten aus *daga* und bilden so eine zusammengehörige, einzige funktionale Einheit – dieses gleiche Konzept lag auch sämtlichen anderen Einfriedungen in Groß-Simbabwe zu-

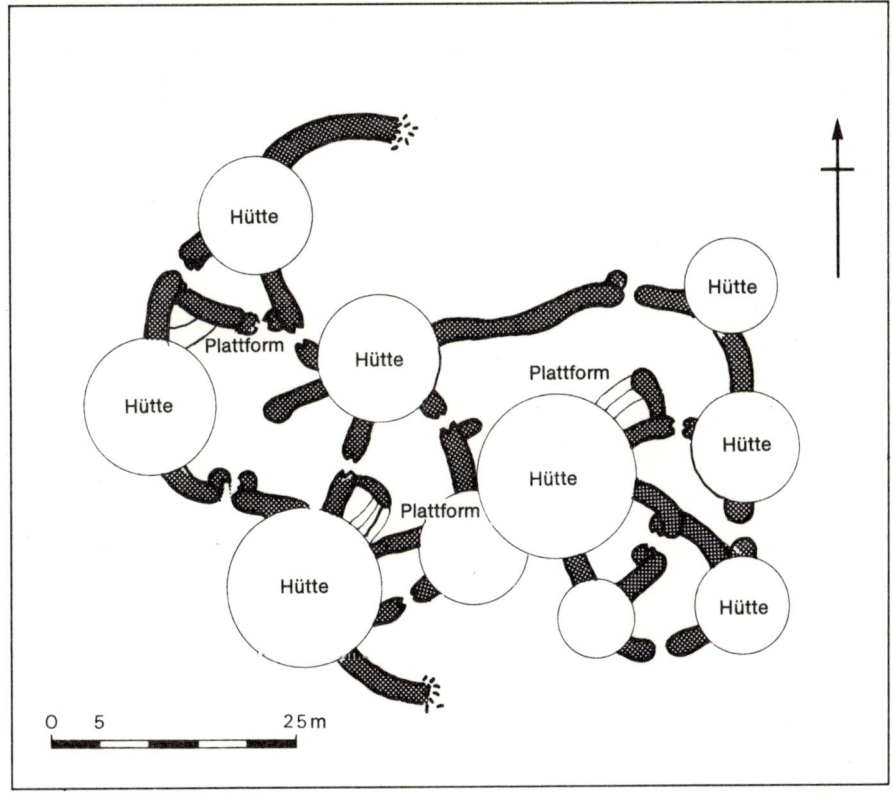

Hütte

Hütte

Plattform

Hütte

Plattform

Hütte

Hütte

Hütte

Hütte

Plattform

Hütte

Hütte

Hütte

O 5   25 m

3. Plan der Maund-Ruine mit Lage der ursprünglichen *daga*-Hütten (nach Caton-Thompson).

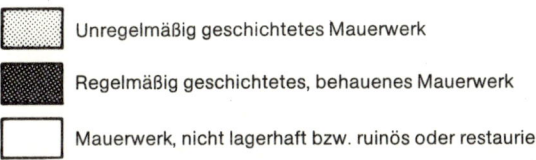

Unregelmäßig geschichtetes Mauerwerk

Regelmäßig geschichtetes, behauenes Mauerwerk

Mauerwerk, nicht lagerhaft bzw. ruinös oder restauriert

grunde. Hat man dies erst einmal begriffen, so versteht man auch die anscheinend sinnlosen Lücken und Unregelmäßigkeiten in den noch vorhandenen Steinwällen. Alten Schilderungen zufolge war einst jeder Hof in einer solchen Einfriedung mit oft bis zu 45,90 cm dicker *daga*-Masse gepflastert. Oft gab es auch eine Art erhöhter Bordsteine und sorgfältig abgeschrägte Flächen, um Wolkenbruch-Wasser zu den Abzugsgräben in den Außenwänden zu leiten. *Daga* überzog auch steinerne Stufen, Plattformen sowie andere kleine Strukturen, und auch steinerne Wände verputzte man mit *daga*-Masse, so daß Sockel bis zu einer Höhe von mehr als 2 m entstanden. Heute ist dieser *daga*-Putz verwittert und abgebröckelt, und daher sehen die Ruinen jetzt ganz anders aus als früher. Das flackernde Licht- und

23

Schattenmuster auf den Facetten tausender verhältnismäßig kleiner Steinblöcke gab es ursprünglich nicht. *Daga* verhüllte die Mauer, und die Einfriedungen boten ein homogenes Bild voneinander nicht zu unterscheidender, weicher, plastischer *daga*-Formen, die zu den Hüttenwänden im Innern paßten und mit ihnen verschmolzen. Seit man mit der systematischen Erforschung Groß-Simbabwes begann, unterscheidet man drei verschiedene Mauerstile (Tafel 13). Das beste Mauerwerk besteht aus sorgfältig auf die richtige Größe gebrachten und ausgewählten Blöcken, die über beträchtliche Strecken hinweg in geraden horizontalen Reihen verlegt waren (Abb. 4). Die Außen-Sichtflächen der Steine hatte man noch nach dem Mauerbau beklopft und bearbeitet, um einen fugenloseren Anschluß der Steine und eine glattere Oberfläche zu erzielen (Tafeln 3, 11).

Jede Steinlage tritt gegenüber der unmittelbar unter ihr liegenden ein Stück zurück. Mit anderen Worten: Die äußeren Mauerschalen lehnen sich nach hinten, und die gesamte Konstruktion verjüngt sich somit nach oben hin. Einige Mauern ruhten in flachen Fundamentgräben, die bisweilen wegen der Abschüssigkeit des Geländes abgestuft waren.

Die Mauersteine des zweiten Mauerwerk-Hauptstils waren weniger regelmäßig geformt, paßten weniger gut zueinander, waren schlechter gefugt und nie behauen (Abb. 5). Sie bildeten wellenförmige Schichten, die sich nur über kurze Entfernungen verfolgen lassen und dann einfach auslaufen, und es kann auch keine Rede davon sein, daß die äußeren Mauerschalen sich zurücklehnen (Tafel 12). Besonders kümmerlich war es um den Verbund bestellt, und oft zogen sich senkrechte Fugen durch mehrere Steinlagen hin. Für eine eigens geschaffene Fundamentierung gibt es keinerlei Beweise. Den Erbauern dieser Wälle fehlte somit jene Meisterschaft, von der das Behauen der Mauersteine, von der der ›letzte Schliff‹ und der Schluß der Mauerfugen Zeugnis ablegen. Ihnen fehlten Erfahrung, Wissen und Voraussicht – kurz: der Einblick in die baulichen Vorteile sauberer, regelmäßiger Mauerlagen, Fundamentgräben und nach innen geschrägter Mauerschalen, und außerdem verfügten sie wohl nicht über die nötige Arbeiterschar, die es ermöglicht hätte, auf einmal genügend Blöcke an einer Stelle aufzustapeln, so daß man hätte in aller Ruhe Steine auswählen und aneinanderpassen können. Bei Mauern der dritten Stilart hat man gar nicht erst versucht, geeignete Steine auszuwählen, sauber aneinanderzufügen oder sie gar zu behauen (Abb. 6). Man hat ganz einfach Steine beliebiger Form aufgehäuft und festgekeilt. Lücken zwischen größeren Brocken füllte man einfach mit kleineren Steinen (Tafel 14). Mauern dieser Art waren niedrig und überdies bestand in ihrem Fall größere Gefahr als bei Mauern anderer Baustile, daß sie eines Tages einfach einstürzten.[2] Lange war umstritten, was diese Stilunterschiede wohl zu bedeuten hätten. Alle früheren Autoren ver-

24

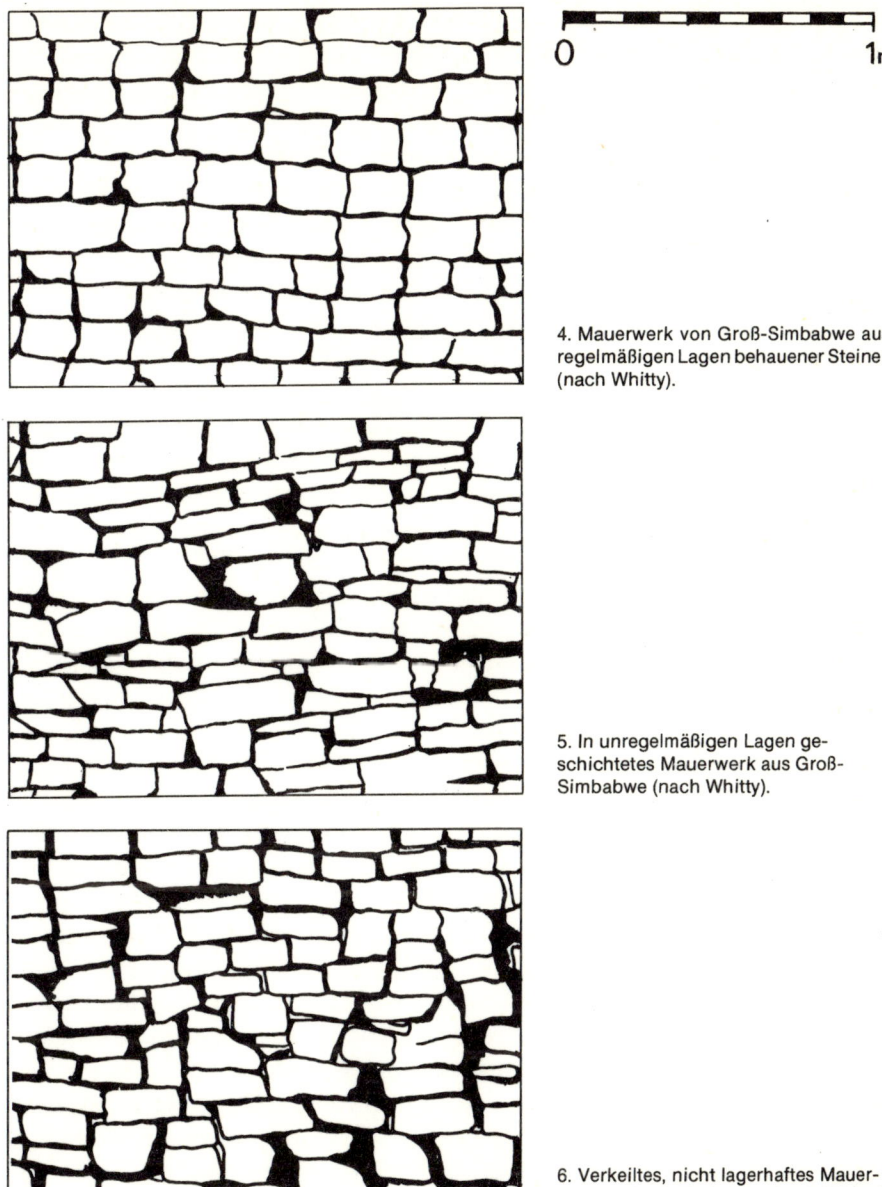

0   1m

4. Mauerwerk von Groß-Simbabwe aus
regelmäßigen Lagen behauener Steine
(nach Whitty).

5. In unregelmäßigen Lagen geschichtetes Mauerwerk aus Groß-
Simbabwe (nach Whitty).

6. Verkeiltes, nicht lagerhaftes Mauerwerk in Groß-Simbabwe (nach Whitty).

muteten – freilich ohne den mindesten Beweis –, die Mauern mit dem besten Mauerwerk seien zugleich die ältesten, und dann ließe sich ein fort-
schreitender Verfall registrieren. Später nahm man dann allgemein an, die
Unterschiede hätten keinerlei kulturelle oder chronologische Bedeutung.
1958 wurde das Problem gelöst. Und zwar untersuchte Whitty methodisch

25

sämtliche Verbindungen zwischen zwei aneinanderstoßenden Mauern und bestimmte nach der Neigung der Mauer-Sichtflächen, welche Mauer sich an welche andere lehnte.[3] So konnte er in jedem einzelnen Fall aufzeigen, welche Mauer älter war.

Sein Resultat: Es gab eine charakteristische, geradlinige Stilfolge, von der kein Bauwerk abwich, und zwar waren die Mauern mit kurzen, wellenförmigen Steinlagen sämtlich älter als die regelmäßig verlegten und behauenen Mauern. Mauern in einem Übergangsstil nahmen, wie sich herausstellte, auch einen entsprechenden Platz in der Abfolge der Bauten ein. Die Die jüngsten Mauern, die es in Groß-Simbabwe gab, waren die lockeren Schichtungen nicht lagerhafter Steine. Ausgrabungen boten die Möglichkeit, dieses Resultat zu testen. Sie bestätigten die von Whitty konstatierte Stilfolge. Alles in allem zeigte sich somit: Die einzelnen Stile sind auch rein chronologisch durchaus von Bedeutung. Nach Ansicht von Whittys Kollegen hatten die Unterschiede zwischen ihnen auch kulturelle Ursachen, allerdings ist diese These sehr viel fragwürdiger.

Zu jedem Mauer-Baustil in Groß-Simbabwe gehört eine Reihe ganz bestimmter, zweitrangiger architektonischer Charakteristika. So weisen die älteren Mauern mit schlechter ausgerichteten Steinlagen Torwege mit viereckig zugeschnittenen Seitenwangen, scharfkantigen Ecken und niedrigen Schwellen auf, bei denen keine Stufen nötig waren (Tafel 8). Häufig ruhten diese Mauern auf Felsgrund, liefen zwischen Felsblöcken entlang und über diese hinweg, schlossen Lücken zwischen Blöcken und führten über Felshänge (Tafel 6). Die jüngsten, nur roh aufgeschichteten Mauern umgaben gewöhnlich weite, offene Areale am Rande der Hauptruinenkomplexe, Areale, die – wenn überhaupt – ein paar Reste innerer Gemäuer und daga-Bauten erkennen lassen (Tafel 1). Andere Mauern späteren Datums unterteilen Einfriedungen älteren Stils oder schließen Öffnungen in älterem Mauerwerk (Tafel 31).

Die Wände mit regelmäßigeren Steinlagen weisen sehr viel mannigfachere und komplexere Eigenheiten auf. Die meisten Einfriedungen dieses Mauerstils stehen auf offenem, ebenem Gelände, das von großen Geröllbrocken frei ist. Die Torgänge haben geschwungene Seitenwände, ihre Schwellen sind hoch und hatten häufig Stufen, deren Gestaltung außergewöhnliche architektonische Sensibilität verrät (Abb. 7). Die Stufen waren geschweift und in den Torweg hineingebuchtet, und bei jeder Stufe nach oben hin verengte sich die Einbuchtung etwas mehr (Tafel 15). Sie hatten ihre größte Breite in der Torweg-Mitte und gingen an den Seiten allmählich in die Mauer über; dieses Detail stellt erneut im Kleinen unter Beweis, was das Aufregendste an der Bauweise dieser Ruinen ist: die Art nämlich, wie man sich allmählich ihre Krümmung ändernder Kurven bediente, um abrupte

7. Die geschweifte Treppe im Nordeingang zum elliptischen Bauwerk
(nach Caton-Thompson).

Übergänge bzw. Brüche zwischen einzelnen Elementen zu vermeiden und
zu überspielen. Im Innern der meisten Torwege und Gänge befinden sich
Paare von brusthohen, halbrunden Wandvorsprüngen. Man hat sie als ›Stre-
bepfeiler‹ oder ›Bastionen‹ bezeichnet, obwohl sie keine stützende Funktion
haben und auch eher indirekt als Verteidigungsanlagen von Wert sind: Ihr
einziger praktischer Zweck scheint darin bestanden zu haben, die Zugangswege länger, enger und gewundener zu machen (Abb. 8, Tafeln 16, 17). Viele
Paare solcher Gebilde haben einander gegenüber enge, senkrechte Spalten
oder Ritzen, so als ob sich dort Türpfosten befunden hätten, an denen man
bewegliche Türflügel befestigen konnte (Tafel 18). Allerdings war dies
nicht der Fall, denn man entdeckte: Manche Gebilde dieser Art enthielten
einzelne schmale, aufrechtstehende, platten- oder stelenartige Blöcke aus
Granit, Saponit oder Schiefer, und diese Blöcke ließen keinerlei Anzeichen
irgendwelcher Abnutzung oder auch nur davon erkennen, daß einst irgend
etwas an ihnen befestigt war. Sie besaßen daher wohl eher symbolischen
Charakter als irgendeine praktische, funktionale Bedeutung. Doch nicht
nur in diese Bastionen waren senkrechte Monolithe eingelassen, sondern

27

8. Bastionen – eine davon mit senkrechtem Spalt – am Eingang der ›Parallel-Passage‹ zum konischen Turm (nach Caton-Thompson).

derartige Steinmale kamen auch sonst recht häufig vor. Sie ragten aus dem Erdboden, erhoben sich in Gruppen aus niedrigen, gegossenen *daga*-Plattformen oder auf den Kronen der höchsten Außenmauern. Einige ragten bis zu 4,30 m empor, und zum Teil waren diese Monolithe, sofern sie aus Seifenstein bestanden, auch mit eingeritzten geometrischen Mustern verziert, ja sogar Vogelskulpturen krönten sechs dieser Steinpfosten. Runde, mehrfach gestufte Plattformen füllten oft Ecken zwischen aneinanderstoßenden Mauern oder traten als halbkreisförmige Vorsprünge aus Mauern hervor (Abb. 9). Selten nur führten diese Stufenplattformen irgendwohin. Sie dienten nicht etwa als Treppen, sondern als Sitzflächen oder als Ablagen zum Abstellen irgendwelcher Gegenstände. Kleine Steintürmchen gab es so-

28

daga-Boden

9. Stufenplatt-
form in der Ecke
eines der Höfe der
Maund-Ruine
(nach Caton-
Thompson).

wohl am Boden innerhalb der Einfriedungen als auch oben auf den Mauer-
kronen (Tafeln 19, 38). Ihrer Form und Größe nach erinnern sie an die
›Bastionen‹, und wahrscheinlich hatten viele davon ebenso wie manche
Steinbastionen Einkerbungen, die zu nichts anderem dienten als zur Aufnahme von Monolithen.

Ein Blick auf einige Wesenszüge der Ruinen, die zusammen den Komplex
Groß-Simbabwe bilden, möge den Abriß der Architektur dieser Ruinenstätte abrunden. An ihrer Nordflanke beherrscht ein hochaufragender, allerdings nur schmaler, 91,5 m hoher kahler Granitrücken das Gelände
(Tafel 22). Ihn krönt ein wahres Durcheinander riesiger Rollsteinblöcke; an
der Südseite fällt der Fels dann schroff und jäh ab (Abb. 10). Hier oben liegt
die sogenannte Bergruine. Die ortsansässigen Karanga, die im 19. Jahrhundert hier oben hausten, bezeichnen sie als den einzigen Ruinen-Abschnitt,
dem der Name Simbabwe zukomme[4], doch europäische Reisende tauften
die Trümmerstätte bald in ›Akropolis‹ um. Zwischen den riesigen Blöcken
und längs der Abbruchkante liegt eine Reihe kleiner, ummauerter Einfriedungen ältesten Baustils, durch enge, gewundene Gänge voneinander getrennt (Tafeln IV, VIII). Im Westen grenzt daran die sogenannte Westeinfriedung (Tafeln 24, 25). Umgeben wird sie von zwei mehr als 9 m hohen,
gekrümmten Mauerzügen. Sie bilden die massigste Struktur auf dieser
Anhöhe und gleichzeitig das massivste Bauwerk im ältesten Mauerstil.
Türmchen und Monolithe krönen sie (Tafeln 19, 20). Das Innere dieser Einfriedung hatte ursprünglich unebenen Felsboden, doch bevor man begann,

29

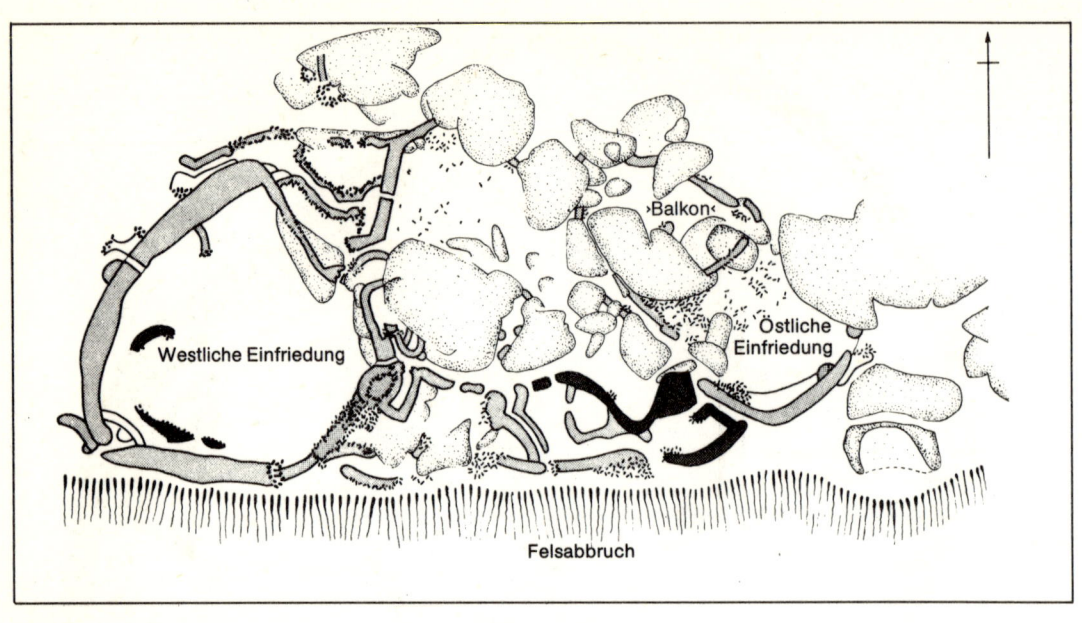

Balkon

Östliche
Einfriedung

Westliche Einfriedung

Felsabbruch

unregelmäßig geschichtetes Mauerwerk

Mauerwerk aus regelmäßigen Lagen behauener Steine

Nicht lagerhaftes, ruinöses oder restauriertes Mauerwerk

0   10   50 m

10. Plan der Berg-
ruine, Groß-
Simbabwe.

die Mauern zu errichten, glich man die Unebenheiten durch *daga*-Masse
aus, die man aus Gruben rings um den Bergfuß bezog. Dann errichtete man
daga-Bauten; diese verfielen und wurden niedergerissen, um neuen Bauten
Platz zu machen, und auf diese Weise füllte sich die Einfriedung nach und
nach immer mehr mit Ablagerungen, die eine Mächtigkeit von gut 4 m erreichten. Die Umfriedung ist fünfmal so groß wie jede andere Einfriedung
oben auf der Höhe und hatte Raum für etwa 14 Wohnstätten aus *daga*. 61 m
davon entfernt liegt am östlichen Ende der Ruinenstätte die Osteinfriedung
(Tafel 26). Ihre Südmauer weist regelmäßigere Steinlagen auf als die anderen Mauern auf dem Berg. Einst krönte sie ein Fries mit einer Art Zahnmu-
ster aus zwei Reihen schräg zur Sichtfläche verlegter Blöcke, die eine Folge
kleiner, dekorativer Einlässe in Dreiecksform bildeten. Innerhalb dieser
Ost-Einfriedung steigt der Boden steil an und ist mit einem wahren Wirr-
warr abgestürzter Steinbrocken übersät. Ursprünglich war dieser Teil wohl
terrassiert, und die Terrassen trugen Gruppen runder Steinplattformen. Auf
jeder derartigen Plattform erhob sich einst eine beträchtliche Anzahl jener
Monolithe, die man innerhalb der Umfassungsmauer gefunden hat, darun-

30

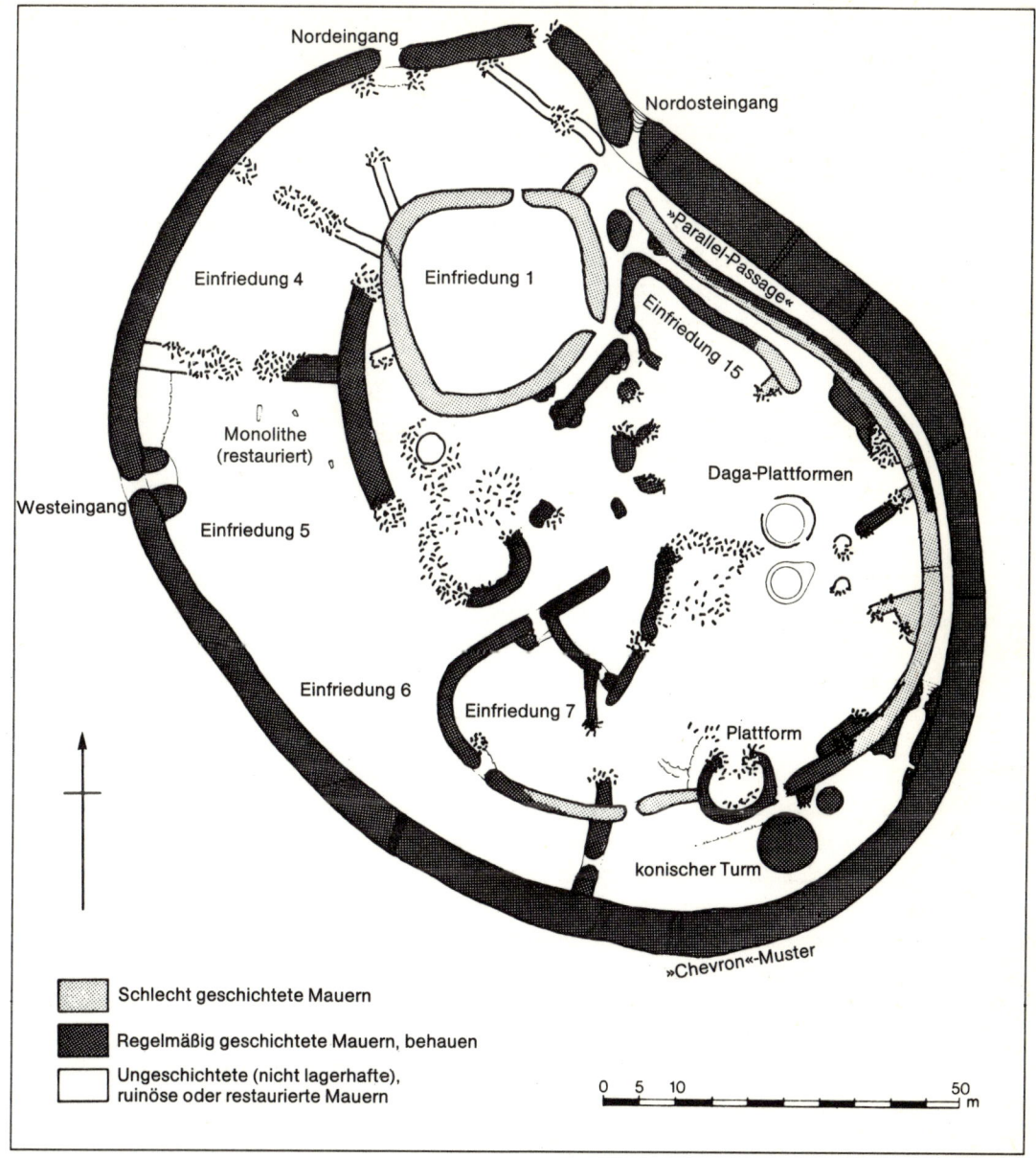

Nordeingang

Nordosteingang

»Parallel-Passage«

Einfriedung 4

Einfriedung 1

Einfriedung 15

Monolithe
(restauriert)

Daga-Plattformen

Westeingang

Einfriedung 5

Einfriedung 6

Einfriedung 7

Plattform

konischer Turm

»Chevron«-Muster

Schlecht geschichtete Mauern

Regelmäßig geschichtete Mauern, behauen

Ungeschichtete (nicht lagerhafte),
ruinöse oder restaurierte Mauern

0 5 10   50
                 m

ter waren monolithische Steinpfosten mit Vogelskulpturen an ihrem oberen Ende (Tafeln 27, 53). Ein enger Gang windet sich von hier aus zwischen
Felsen hinauf auf die Fläche eines riesigen Felsblocks. Weitere Mauern umgaben diesen Abschnitt und bildeten so eine hochgelegene Einfriedung – die
höchste dieses Berges, den sogenannten ›Balkon‹, der die Osteinfriedung

11. Plan des
elliptischen Bau-
werks, Groß-
Simbabwe.

31

und das Tal darunter weit überragt (Tafel 28). Unmittelbar gegenüber liegt unterhalb der Osteinfriedung unter einem gewaltigen Felsblock eine riesige Höhle. Ihr Boden ist noch heute mit Eisenerzknollen übersät (Tafel 29). Geräusche aus dem Innern dieser Höhle werden von ihren Wänden reflektiert und sind im Tal darunter vernehmbar: Die Höhle ist eine Art ›Flüstergalerie‹. Infolgedessen vermutete man immer wieder, daß sie etwas mit einem Orakel zu tun gehabt haben müsse. Auf einem niedrigen, oben flachen Granitsockel an der gegenüberliegenden Flanke der breiten, flachen Talmulde unterhalb der Bergruinen-Südklippen erhebt sich das größte Bauwerk Simbabwes (Abb. 11). Die Karanga nannten es *Mumbahuru*, ›das Haus der großen Frau‹.[5] Im Englischen bezeichnet man es gewöhnlich als ›Tempel‹, daneben jedoch auch als *Circular Ruin*, ›Runde Ruine‹, *Great Enclosure*, ›Große Einfriedung‹, sowie schließlich wohl am zutreffendsten und am wenigsten emotionsgeladen als *Elliptical Building*, ›elliptisches Bauwerk‹ (Tafeln I, II, III). Die Außenmauer dieses Bauwerks ist mehr als 244 m lang, an ihrer breitesten Stelle 5,20 cm dick und 9,80 m hoch. Sie bildet eine unregelmäßige Ellipse mit einem größten Durchmesser von 89 m. Diese Mauer ist bei weitem das größte prähistorische Einzelbauwerk auf dem gesamten Territorium Afrikas südlich der Sahara, und man hat ihre Steinmasse auf 5160 m³ geschätzt – dies ist mehr als die Masse aller anderen Ruinen zusammen.[6] Im Innern dieses Bauwerks gab es nur eine einzige vollständig ummauerte Einfriedung. Sie ist als *Enclosure 1* (›Einfriedung 1‹) bekannt (Tafel 30). Es handelt sich um ein etwa kreisförmiges Gebilde von ca. 21 m Durchmesser, das genügend Raum für etwa fünf *daga*-Wohnbauten bot. Sein Mauerwerk repräsentiert eine Übergangsphase zwischen der älteren und jüngeren Lagen-Bauweise.

Damit gehört diese Einfriedung in die Zeit unmittelbar nach den meisten Mauerbauten im Bereich der Bergruine und ist folglich eines der ältesten Bauwerke im Tal sowie wohl das Kernstück des ›elliptischen Bauwerks‹. Eine geschwungene Mauer geht von der Einfriedung 1 ab. Sie weist einen weitgehend ähnlichen Mauer-Baustil auf und bildet die Innenwand der ›Parallel-Passage‹ (Tafel 13). Ihre Bestimmung war, *daga*-Wohnbauten südöstlich der Einfriedung 1 zu schützen. Ganz sicher war in einer frühen Phase das Gelände hier mit einer gleichmäßigen *daga*-Bodenschicht bedeckt. Später errichtete man dann einige kürzere, radiale Mauerzüge mit bastionenbewehrten Zugängen. Diese Mäuerchen bildeten radiale Höfe zwischen den einzelnen *daga*-Hütten.

Anscheinend gingen die Bewohner schließlich daran, ein größeres Geländestück zu umfrieden. So begann man mit dem Bau der großen Außenmauer (Tafel 31). Eines ihrer ganz besonderen Merkmale ist ihr allmählicher Wandel, was Format und Meisterschaft der Bauweise angeht. An ihrem nord-

1.–2. Das elliptische Bauwerk in Groß-Simbabwe. *Oben:* Blick von Westen mit der weiten Einfriedung der Hügelruine im Vordergrund sowie der steil talwärts abfallenden Renders-Ruine ganz links. *Unten:* Blick von Norden über die Talruinen auf die große Umfassungsmauer, die ›Chevron‹-Muster und Monolithe krönen.

3. Ausgewählte, aneinandergepaßte, in außergewöhnlich regelmäßigen Schichten verlegte, behauene Steinblöcke bilden eines der großartigsten Beispiele hervorragender Maurerarbeit in Groß-Simbabwe. Die Aufnahme zeigt die Innenfassade der Außenmauer, die hier den Gang (die ›Parallel-Passage‹) des elliptischen Bauwerks flankiert.

4. Dieses eingestürzte Ende der Innenmauer des Ganges (der ›Parallel-Passage‹) verdeutlicht, wie man Mauern errichtete. Die Sichtflächen (Mauerschalen) bestanden jeweils aus wohlgefugten Blöcken, dazwischen jedoch gab es eine Hintermauerung (Füllwerk) aus nicht lagerhaften Blöcken von unregelmäßiger Form.

5. Charakteristisch für die Mauern von Groß-Simbabwe ist es, daß aneinander angrenzende Mauern nie miteinander verbunden sind. Vielmehr ließ man zwischen ihnen eine offene Fuge, wie nebenstehend abgebildete Ecke zwischen einer ›Bastion‹ und der Außenmauer am Westeingang des elliptischen Bauwerks zeigt.

6.–7. Alte Mauern in der Bergruine verdeutlichen (*oben*), wie Mauern an einige der mächtigen Geröllblöcke anstoßen, sie überlaufen oder gar in ihr Gefüge einbeziehen und so den natürlichen Schutz verstärken, den das Gelände gewährt. *Unten:* Eine Lücke zwischen Felsblöcken, durch ein kurzes Mauerstück verschlossen. Möglicherweise ist der Ursprung der Architektur von Groß-Simbabwe in derartigen Adaptionen natürlicher Formen zu suchen.

8. Sämtliche Torgänge in Groß-Simbabwe
waren einst übermauert. Das Mauerwerk
ruhte auf steinernen oder hölzernen Türstürzen. Deren Bruch führte stets dazu, daß
die Mauern in der Weise einstürzten, wie
man es bei diesem nicht restaurierten Torweg der Bergruine (*rechts*) erblickt.

9. Bei dem einzigen noch intakten Torgang von Groß-
Simbabwe (West-Einfriedung der Bergruine) erkennt
man deutlich das Mauerwerk über dem steinernen Tür-
sturz.

10.–11. *Oben:* Niedriger *daga*-Hügel innerhalb des elliptischen Bauwerks, ein Überbleibsel eines kreisrunden Baus. Er grenzte an die oben an beiden Seiten sichtbare, heute eingestürzte Mauer. *Rechts:* Fassade der großen Außenmauer des elliptischen Bauwerks im Nordostteil, wo sie ihre größte Höhe und Breite erreicht. Gleichzeitig ist hier die Ausführung ganz besonders hervorragend. Am oberen Rand ein Fries von ›Chevron‹-Mustern. Im Profil erkennt man die leichte Einwärtsneigung von Mauern dieses Stils. Sie wird durch ein geringfügiges Zurücksetzen der einzelnen Steinlagen bewirkt.

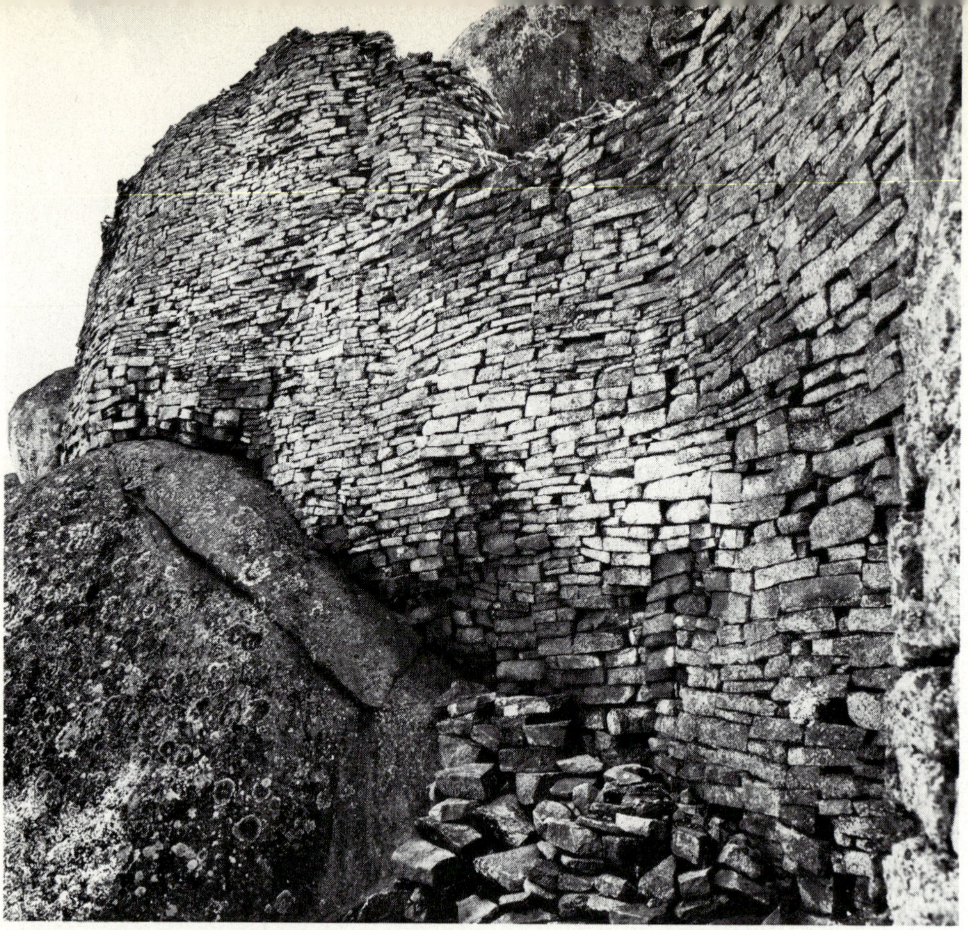

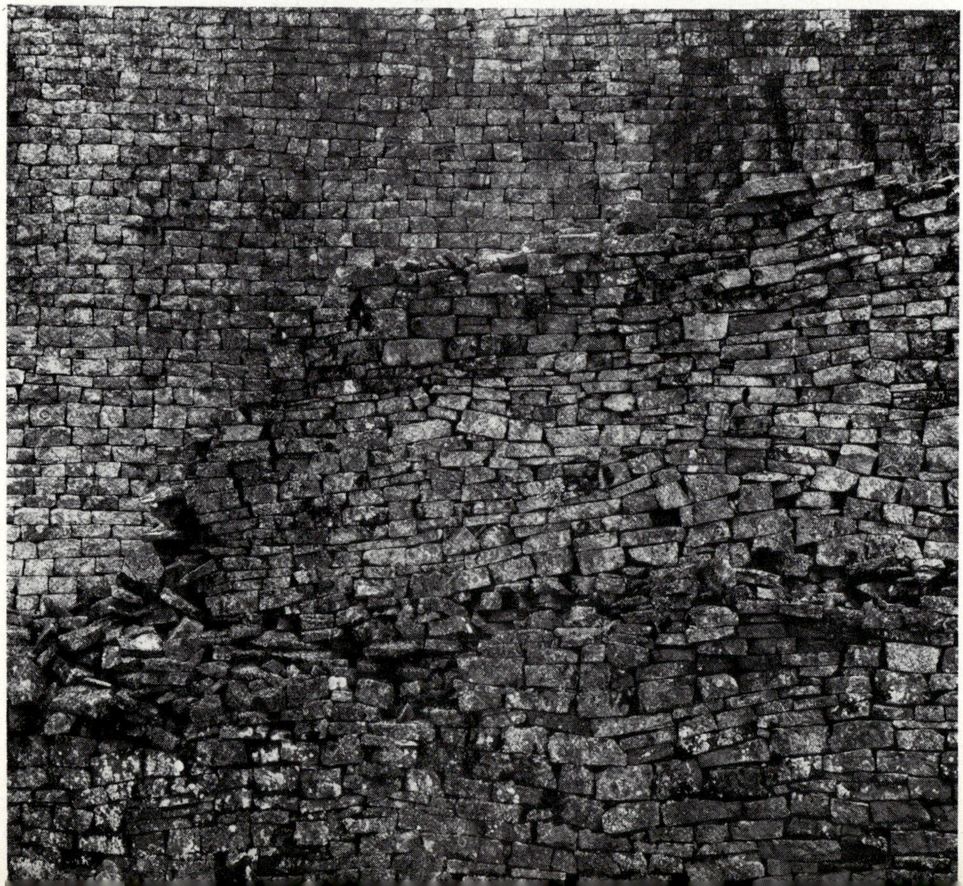

12.–14. Drei unterschiedliche Mauerwerks-Stile lassen sich in Groß-Simbabwe registrieren. *Links oben:* Mauer aus unebenen, gewellten, kurzen Lagen unbehauener Blöcke in der West-Einfriedung der Bergruine. *Unten links:* Ähnlich unregelmäßige Mauerlagen erblickt man im Vordergrund (innere Mauer der ›Parallel-Passage‹), im Hintergrund dagegen regelmäßige Lagen wohlgefugter, hervorragend aneinanderschließender, behauener Mauerblöcke (innere Sichtfläche der Außenmauer des elliptischen Bauwerks). *Oben:* Niedrige Mauern aus lose aufgeschichteten, unregelmäßig geformten und kaum oder gar nicht in Reihen verlegten Bruchsteinen (Hügelruine und andere, mehr randständige Bauten).

◄
15. Die reizvolle, von baulichem Fingerspitzengefühl zeugende geschwungene Form der Stufen am Nordeingang des elliptischen Bauwerks: ein charakteristisches Element des entwickeltsten Architekturstils in Groß-Simbabwe.

▼
16. Ein weiteres charakteristisches Element der Architektur späterer Bauwerke sind ›Bastionen‹ wie die auf dem Bild, die an der Innenfassade einer Einfriedung im elliptischen Bauwerk lehnt. Ihre ursprüngliche Aufgabe war es wohl, Zugangswege zu verlängern und gleichzeitig abzuschnüren. Über der Felsenkante im Hintergrund erblickt man die Westeinfriedung der Bergruine.

17. Bastionen aus Mauerwerk verengen und blockieren einen natürlichen Gang zwischen Felsen, der zwei Einfriedungen der Bergruine verbindet.

18. Eine Bastion am Ende der ›Parallel-Passage‹ im elliptischen Bauwerk nach dem konischen Turm hin. In ihrem Mauerwerk befindet sich ein senkrechter Spalt. Derartige Einlässe sind sehr verbreitet und nehmen sich aus, als wären sie zur Aufnahme von Türpfosten bestimmt. Tatsächlich fand man in zahlreichen Spalten dieses Typs senkrechte Steinmonolithe ohne jedes Zeichen einer Türbefestigung oder auch nur Abnutzung. Sehr wahrscheinlich hatten diese Monolithe daher eine rein dekorative oder symbolische Funktion wie viele andere, die sich anderswo befinden.

19.–21. Als dekoratives oder symbolisches Element sind in den Ruinen aufrechtstehende Monolithe aus Saponit oder unbehauenen Granitplatten weit verbreitet. *Oben links:* Die von gemauerten Türmchen und Monolithen gekrönte Außenmauer der Westeinfriedung auf dem Berg (Zustand von 1903). *Oben rechts:* Die gleiche Mauerkrone nach ausgedehnten Restaurationsarbeiten in den zwanziger Jahren. *Rechts:* Ähnliche Monolithe – sehr häufig gleichfalls restauriert – erheben sich unweit vom konischen Turm auf der Außenmauer des elliptischen Bauwerks.

22.–23. *Oben:* Südabsturz des Berges über dem Tal und dem elliptischen Bauwerk. Rechts umschließt die Mauer der Ost-Einfriedung die riesigen Granitblöcke, die hier die Grenze des Blickfelds bilden. Zugang ist nur ganz links hinter und unterhalb der West-Einfriedung möglich. An den waldbedeckten Abhängen befinden sich zahlreiche, von Steinen abgestützte Plattformen. *Rechts:* Die Treppe, die auf den Berg hinaufführt, verläuft zum größten Teil zwischen der felsigen Bergflanke und riesigen Geröllblöcken. Sie ist gerade breit genug für eine einzige Person.

24.–25. Die Westeinfriedung auf dem Berg. Ein Vergleich zwischen dem Bodenniveau rechts im Hintergrund (*oben*) und dem Rest zeigt, wie viel von der *daga*-Füllung und den *daga*-Bauten bei den ›Rettungs‹-Arbeiten des Jahres 1915 entfernt wurde.

26. Die Osteinfriedung im Bereich der Bergruine. Auf dem Sockel im Vordergrund erhoben sich einst vielleicht einige der zahlreichen Monolithe, die in dieser Umfriedung gefunden wurden. Viel von dem Mauerwerk rechts im Bild wurde restauriert und ist infolgedessen viel regelmäßiger, als es ursprünglich war.

27. Eine andere Ansicht der Ost-Einfriedung mit Blick auf den diese beherrschenden, steinummauerten »Balkon«. Wegen der zahlreichen Monolithe und Figurinen – einschließlich der meisten Vogelskulpturen –, die hier gefunden wurden, gilt diese Umfriedung als rituelles oder religiöses Zentrum der Ruinen. Die steinübersäten Böschungen waren wahrscheinlich terrassiert und enthielten *daga*- sowie Stein-Plattformen, auf denen sich ganze Bündel von Monolithen erhoben. Tafel 53 zeigt einen Teil dieser Einfriedung im Zustand von 1894.

westlichen Endpunkt beginnt sie in einer Technik, die gegenüber den ältesten Mauern kaum einen Fortschritt bedeutete. Die Steinlagen sind
verhältnismäßig kurz, und sie erreicht hier nur die Hälfte ihrer späteren
Länge und Breite. In dem Maße jedoch, in dem sie sich zuerst nach Süden
und dann später nach Osten wendet, nimmt sie beträchtlich an Größe zu,
und auch ihre Bauweise bessert sich zusehends, bis sie schließlich an der
Ostseite ihre größte Höhe und Breite erreicht und gleichzeitig mit den re-
gelmäßigsten Mauersteinlagen, die man in Simbabwe je zuwegebrachte,
einen nur als grandios zu bezeichnenden Anblick bietet (Tafel II). Monolithe und ein doppelreihiger Chevronmuster-Fries krönen hier das Mauerwerk. Hier beginnt die Dopplung von Außenmauer und alter Einfriedungsmauer. Beide laufen – ganz dicht aneinander – parallel, und nur ein sehr
enger Zwischenraum bleibt zwischen ihnen frei, der sogenannte ›Gang‹
bzw. die ›Parallel-Passage‹ (Tafeln 3, 4, 13). Diese Mauerdopplung hat nicht
ihresgleichen und läßt sich auch funktional nicht erklären. Es will einem
kein vernünftiger Grund einfallen, daß man eine derart riesige Mauer wie
die Außenmauer an dieser Stelle baute, nur um einen so engen Gang zu
schaffen. Gewiß – diese Außenmauer ist sehr viel großartiger als die innere,
bietet jedoch keineswegs größeren Schutz. Allein zu Verteidigungszwecken
hätte die innere Mauer durchaus genügt. Eine denkbare Erklärung für diese
seltsame Doppelmauer ist: Man begann mit dem Bau der Außenmauer am
Nordwestteil der Anlage. Hier kam das größte Geländestück zu dem alten
Baukomplex hinzu, und hier läßt sich auch kaum ein handwerklicher Fortschritt gegenüber der älteren Mauerbautechnik feststellen. Doch in dem
Maße, in dem die Arbeit am Mauerbau voranging, erweiterte man sein Können, verfeinerte die Methoden, schraubte die architektonischen Ansprüche
höher, gleichzeitig war auch immer mehr Arbeit nötig, um die erforderlichen Steinmassen herbei zuschaffen. Alles in allem: Als die Umfriedung der
neu hinzugekommenen Geländeabschnitte vollendet und der Zeitpunkt
gekommen war, einfach an die schon vorhandene, ältere Mauer anzuschlie-
ßen, hatte sich bei den Bauleuten die Lust, ihre neuerworbenen Fähigkeiten
unter Beweis zu stellen, derart vergrößert, daß nun die alte Mauer zu klein
und zu ›altmodisch‹ erschien und man sich mit ihr nicht mehr zufriedengab.
Man richtete daher unmittelbar neben ihr die neue Mauer auf, die sie beträchtlich überragte. Vielleicht zerstörte man die alte Mauer nicht ganz und
gar, beutete ihr Steinmaterial nicht völlig aus, weil man stellenweise nicht
einmal vorübergehend auf ihren Schutz verzichten konnte, und die vollständige Zerstörung hätte einen zu großen Bruch bedeutet.
Auf dem neuummauerten Gelände westlich der Einfriedung 1 entstanden
innerhalb des neuen Mauerzugs keinerlei neue Steinbauten. Doch einige
Abschnitte der alten Einfriedungsmauer im Osten wurden zerstört, und

zwischen der alten und der neuen Mauer baute man einen massiven Rund-
turm von 5,50 m Durchmesser und gut 9 m Höhe. Sein Oberteil schmückte
ein Fries mit Zahnmusterung. Die wunderschön gleichmäßigen Steinlagen
seines Mauerwerks zeigten die übliche Versetzung gegeneinander. Dies gibt
dem Turm die Form eines leicht unregelmäßigen, etwas verstümmelten
Konus – und daher die Bezeichnung ›konischer Turm‹ (Tafel 34). Rein op-
tisch ebenso wie technisch bildet er das bedeutendste Einzelelement und
den architektonischen Brennpunkt des Gebäudes in dessen Endform. Die
alte Mauer versah man mit einem Tordurchlaß, durch den man zu ihm hin-
gelangte. Beiderseits zierten Lagen aus dunklem Amphibolit die Wände
dieses Torgangs (Tafel VII). Seitlich schloß sich wiederum eine Plattform
von 7,60 m Durchmesser an – die größte, die je in Simbabwe angelegt wurde
(Tafel 32). Gleichfalls in den alten Mauerzug eingefügt, erhoben sich Stufen
bis zur Krone empor. Später entstanden dagegen nur noch einige wenige,
rohgefügte Gemäuer aus nichtlagerhaften Steinen im jüngsten Mauerstil
(Tafel 31). Sie unterteilten die weiten, offenen Räume im Westabschnitt des
elliptischen Bauwerks, blockieren einige seiner Tore und umfassen großflä-
chige Geländepartien außerhalb des Bauwerks oben auf dem Granitrücken,
der sich westlich davon erstreckt.

Zwischen dem elliptischen Bauwerk und der Bergruine zieht sich eine
Reihe kleinerer Einfriedungen hin, die man heute als Talruinen zu bezeichnen pflegt (Tafel VI). Als man diese Ruinen Touristen zugänglich machte,
unterteilte man sie ganz willkürlich und benannte sie ohne jeden zwingenden Grund nach früheren weißen Besuchern. Noch heute haften ihnen diese
Namen an. In der Nähe des elliptischen Bauwerks bilden die fraglichen
Reste eine enggefügte Gruppe. Ihre Mauerzüge wiesen nur kurze, wellenförmige Steinlagen älteren Stils auf, die auf gleiches Alter wie die Bergruinen und der älteste Bauabschnitt – die Einfriedung Nr. 1 – innerhalb des elliptischen Bauwerks hindeuten. Es handelt sich um die Renders- und
Mauch-Ruine (Tafeln 35, 36). Etwas davon entfernt gibt es vier weitere, isolierte und voneinander unabhängige Einfriedungen: heute bezeichnet man
sie als Posselt-, Philips-, Maund- und Ostruine (Tafeln 2, 37). Bis auf die
zuletzt genannte sind alle aus behauenen, in regelmäßigen Lagen vermauerten Steinen errichtet. Dies läßt vermuten: Man baute sie wohl ziemlich
genau um die gleiche Zeit, als das elliptische Bauwerk erweitert und vollendet wurde. Wenn auch in viel kleinerem Maßstab, geben sie doch fast alle
architektonischen Züge dieses Bauwerks wieder: Abschnitte krummlinig
verlaufenden Mauerwerks, die strahlenförmig von *daga*-Hügeln ausgehen,
Kurvenformen an Torgängen, die von paarweise angeordneten Bastionen
mit senkrechtem Spalt flankiert wurden, kegelstumpfförmige Türme und
runde Stufenplattformen (Tafel 38, Abb. 3, 9). Wie intensiv die Konzentra-

12. Phönikische Münze mit der Abbildung eines kleinen Kultschreins, eines Heiligtums und eines Baitylos, mit dem man oft den konischen Turm verglichen hat.

tion der Bautätigkeit in Groß-Simbabwe war, zeigt sich geradezu dramatisch am West- und Südhang des Berges: Beide sind von oben bis unten terrassiert und von kleinen, unzusammenhängenden, gewundenen Mauern aus in Lagen versetzten Steinen durchzogen. Diesem Gemäuer geben von Menschenhand geschaffene Füllungen aus Geröll und *daga* Halt, die Plattformen bilden, auf denen wiederum *daga*-Bauten errichtet waren.

Fraglos gibt es keinerlei vollständige oder wirklich genaue Parallelen zwischen Groß-Simbabwe und anderen Steinbauten außerhalb von Süd-Zentralafrika. Dennoch hat man Simbabwes Architektur zu den Architekturen ganz verschiedener Kulturen, Perioden und Länder in Beziehung gesetzt, und oberflächliche Stilvergleiche bildeten die zählebigste und beliebteste Basis für theoretische Erörterungen des Ursprungs dieser Ruinen. Selbstverständlich lassen sich zufällige Übereinstimmungen und Berührungen feststellen, ganz besonders dann, wenn man irgendwelche Allerwelts-Elemente miteinander vergleicht oder nur oberflächliche, verallgemeinernde Vergleiche zieht. Vor- und Frühgeschichte ist indessen weit mehr als nur eine Sache architektonischer Schnappschüsse, und es ist außerordentlich riskant und fragwürdig, ohne jede Rücksicht auf all das andere Belegmaterial, das eine Kultur definiert, datiert und einem nahebringt, willkürlich herausgegriffene Elemente miteinander zu vergleichen. Zwei Beispiele mögen genügen, um die Verfänglichkeit dieser Methode klarzumachen. In beiden Fällen handelt es sich um zählebige, immer wieder zu hörende Auffassungen. So hat man oft das Chevron-Muster und den konischen Turm in Groß-Simbabwe mit einem *Baitylos* auf einer mit einem Rautenmuster gezierten Plinthe in einer Tempeleinfriedung verglichen, die man auf einer Münze römischer Kolonisten aus Byblos dargestellt findet.[7] Freilich – selbst wenn dieser Vergleich stichhaltig wäre: Beweisen würde er nichts. Aber immerhin ist es lehrreich, sich zu verdeutlichen, wie diese beiden oberflächlichen Übereinstimmungen strapaziert wurden, um einen

51

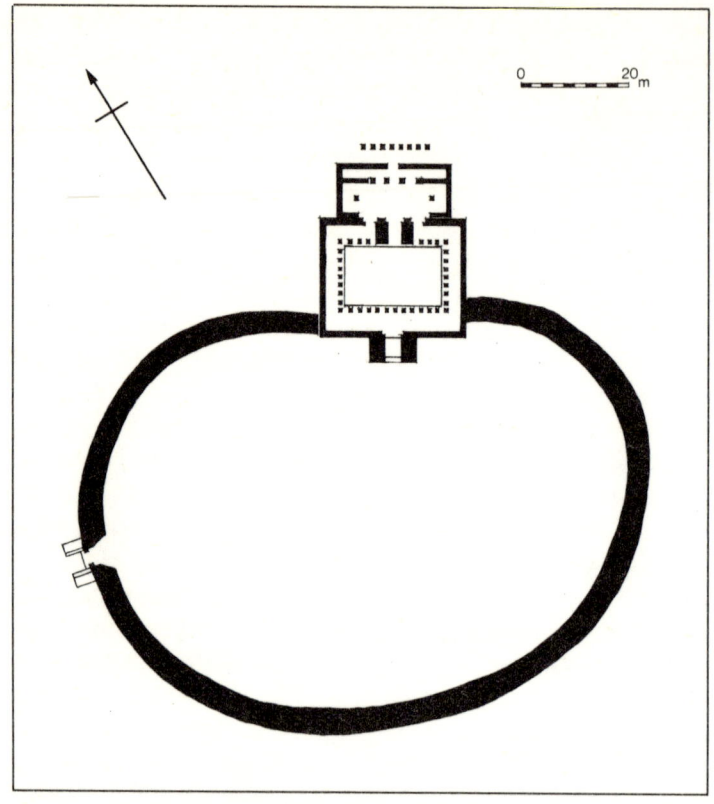

13. Plan des Haram-Bilqîs-Tempels ('Awwām-Tempels) von Mārib (Yemen), mit dem man das elliptische Bauwerk oft verglichen hat.

Zusammenhang zwischen Groß-Simbabwe und der Welt der Phöniker zu konstruieren. Gewichtige Gegenargumente wie den rechteckigen Grundriß des auf der Münze abgebildeten Bauwerks, dessen Säulenvorhalle sowie die Tatsache, daß der Kultschrein Balken und Dach hatte, ließ man einfach beiseite.

Oft hat man Groß-Simbabwe auch mit Haram Bilqîs verglichen, dem auf das 7. Jh. v. Chr. zurückgehenden 'Awwām-Tempel in der alten Sabäerhauptstadt Mārib in Ost-Yemen (Abb. 13).[8] In der Tat gehört zu diesem Tempel eine offene, unüberdachte Einfriedung, die dem elliptischen Bauwerk Groß-Simbabwes in Form und Größe durchaus nicht unähnlich ist. Die Sichtflächen der Umfassungsmauer verraten äußerste bauliche Sorgfalt. Sie bestehen aus in mörtellosen Lagen gesetzten Steinblöcken, haben eine leichte Einwärtsneigung, und zwischen seiner äußeren und inneren Schale enthält auch hier das Mauerwerk eine lockere Innenfüllung. Doch darin erschöpfen sich die Vergleichsmomente bereits. Die Kalksteinblöcke des Haram Bilqîs sind mindestens zehnmal so groß wie die Steine, die man in Simbabwe verwendete. Man hatte ihnen eine vollendete Rechteckform

52

gegeben, sämtliche Kanten liefen rechtwinklig zueinander, und ihre der Fassade zugewandten Seiten zeigten intensive Bearbeitung. Um den Rand jeder Steinblock-Sichtfläche lief eine deutlich markierte Kante. Untereinander waren die Mauerschalen durch ein ausgeklügeltes System von Quermauerungen verbunden. Ein wesentlicher Bestandteil dieses Tempels war eine Reihe rechteckiger, überdachter Torbauten mit Säulen – hierzu gibt es in Groß-Simbabwe wirklich nichts Vergleichbares. An weiteren grundsätzlichen Unterschieden sei die etwas starre, lineare Geometrie der skulpierten Kapitelle, Karniese und Friese hervorgehoben; nimmt man dazu die in die Mauern geritzten Inschriften, die Bronzetüren, die Innenausstattung und die Reliefs in Wandnischen, so hat man ein Bild einer Tradition und Technologie, die mit Groß-Simbabwe nicht das mindeste zu tun hat.

Auf der einen Seite hat keiner der bisher angestellten Architekturvergleiche zwischen Groß-Simbabwe und anderen Kulturen zu einem wirklich überzeugenden Nachweis eines kulturellen Zusammenhanges geführt, andererseits läßt sich im Fall einer weiterhin häufig behaupteten Beziehung leicht durch Architekturvergleich das Gegenteil beweisen (Tafeln 39, 40). Und zwar hat man oft die mittelalterlichen Suaheli-Städte wie Kilwa und Mogadischu an der ostafrikanischen Küste als Quelle des technischen Wissens, des handwerklichen Könnens und der organisatorischen Fähigkeiten betrachtet, die nötig waren, um Groß-Simbabwe zu bauen – wenn Simbabwe nicht überhaupt eine ›arabische Kolonie‹ war.[9] Doch die Unterschiede im Baustil gehen viel zu weit, als daß man sie nur auf Unterschiede im Klima, der Umweltbedingungen oder auf die Verschiedenheit der verwendeten Baumaterialien zurückzuführen hätte. Vielmehr muß man wohl davon ausgehen, daß von einem Einfluß im Bereich der Architektur überhaupt keine Rede sein kann.[10] Und zwar bestanden die Gebäude in den Städten der Ostküste aus unregelmäßig geformten Korallenblöcken, die in dicke Mörtelschichten eingebettet waren, mit denen zusammen sie eine Art homogener, plastischer Zementmasse bildeten. Selten nur verwendete man zu Quadern behauene Blöcke, und auch regelmäßige Mauerlagen waren eine Seltenheit. Sie beschränkten sich auf die allerältesten Bauwerke. Sämtliche Gebäude waren überdacht, und die Art der Überdachung mit kleinen ›engmaschigen‹ Holzsparren oder Zementwölbungen begünstigte eine Planung, die von kleinen, rechteckigen oder quadratischen Arealen ausging. Die den Moslems eigene Vorliebe für Symmetrie und geometrische Komplexität führte zu starren Grundrissen mit linearer Achse. Das Grundkonzept bestand in der Anordnung zahlreicher rechteckiger Räume rings um viereckige Höfe. Nichts könnte der Bauweise Groß-Simbabwes weniger ähneln – dies betrifft ebenso die ästhetischen Vorstellungen wie auch Systematik und Technik des Bauens selbst und schließlich die erzielten optischen Resultate. Man kann sich kaum vorstellen, daß Bevölkerungen mit so total verschiedenen Bautraditionen auch nur ganz flüchtige und oberflächliche Beziehungen haben konnten, ohne daß sich wirklich der eine oder andere stilistische Einfluß nachweisen ließe.

Die regelmäßigen, rechteckig geformten Blöcke, die man in den Lagen des Mauerwerks von Groß-Simbabwe verbaute, sehen Ziegeln so ähnlich, daß man sich mit Recht fragen muß, ob die Architektur von Simbabwe ihr Vorbild in einer Ziegelbauweise hatte. Aus vielen Gründen ist allerdings auch dies wohl höchst unwahrscheinlich, denn schon die bloßen Elemente und Rudimente der Ziegelbauweise waren in Simbabwe größtenteils unbekannt. So findet sich beispielsweise nirgendwo Mauerverband, um durchlaufende vertikale Mauerfugen zu verhindern, um die Mauersichtflächen miteinander zu verbinden oder den Anschluß zwischen zwei Mauern herzustellen. Und obwohl *daga* reichlich vorhanden war, kannte man doch keine Mörtelbauweise. Das Schichten der Mauersteine in Lagen scheint sich erst nach und nach entwickelt zu haben, was wieder darauf schließen läßt, daß es eher als lokale Erfindung und nicht als Ergebnis eines Einflusses von außen zu betrachten ist. Überdies empfehlen sich Ziegel für den Bau und Neubau kleiner, rechteckiger Räume, während Groß-Simbabwes Architektur auf großräumigen, stark gekrümmten Formen beruht.

Wenn Groß-Simbabwes Architektur so eigenständig ist, wie sie zu sein scheint, so hat man wohl davon auszugehen, daß sie sich an Ort und Stelle als rein lokale Reaktion auf rein lokale Probleme und Möglichkeiten entwickelte. Gewissermaßen auf negativem Wege kommt man zu dieser Folgerung, indem man Schritt um Schritt alle Vergleiche mit fremden Baustilen entkräftet und zurückweist. Doch 1955 ging Whitty den positiven Weg und wies anhand einer Betrachtung der Baustile allein überzeugend nach: Die hier anzutreffende Bauweise ist rein einheimischen Ursprungs und hat sich an Ort und Stelle entwickelt.[11] Die ältesten Mauern liegen auf der Anhöhe – einem Ort, wo man Zuflucht suchte und sich verteidigte. Das felsige Gelände begünstigte dies. Man muß sehr bald darauf gekommen sein, daß sich die Geländevorteile leicht noch verbessern ließen, wenn man die Lücken zwischen Rollsteinen mit Steinen verschloß, wie sie in Hülle und Fülle umherlagen (Tafel 7). Dabei legte die tafelförmige Struktur des Granits eine Bauweise, die im Übereinanderschichten steinerner Platten bestand, nahe. Daran schloß sich die Ausweitung und Nachahmung deckender, schützender Felsblöcke, indem man eine Art künstlichen Felsen schuf. Die sehr eigenwilligen Bauformen Groß-Simbabwes – Torgänge mit gekrümmten Linien, runde Bastionen, Türmchen und Türme – reflektieren geradezu das Erscheinungsbild der gewaltigen Rollsteinblöcke. Und sie bewirken auch das gleiche wie diese. So wenn beispielsweise die Bastionen

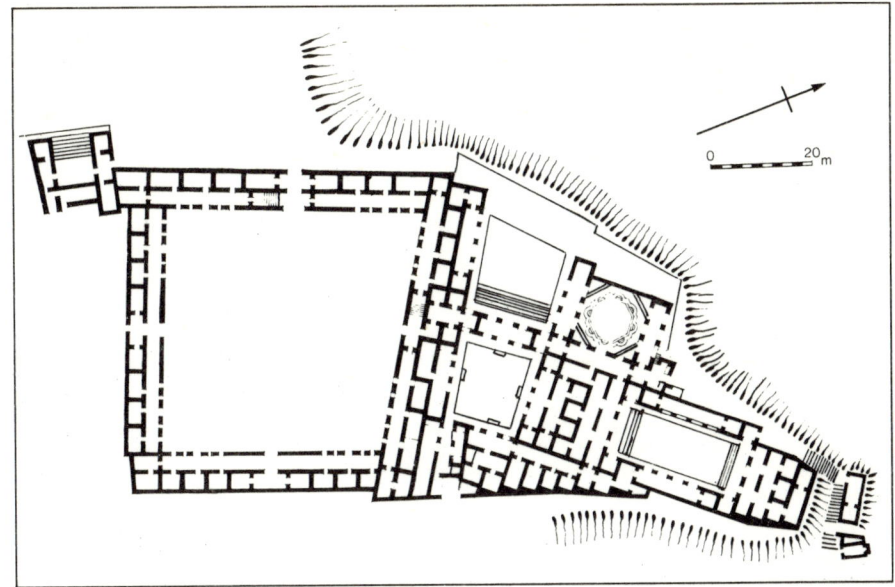

14. Plan des Husuni-Kubwa-Palastes (frühes 14. Jahrhundert) in Kilwa (Tansania) – ein Beispiel für die Planung ostafrikanischer Küstenstädte. Die Räume sind rings um rechteckige Höfe sowie um einen achteckigen Zierteich angeordnet.

Gänge zugleich enger und länger machen (Tafel 17). Die meisten Mauern der frühesten Phase gehen von Felsen aus und beziehen natürliche Felsen ein. Wenn daher steinerne Mauern anfangs als eine Art von Erweiterung natürlicher Felsen gedacht waren, so könnte hierin gleichzeitig die Ursache liegen, daß man aneinandergrenzende Mauern nie miteinander verband, denn man kann auch Felsen nicht miteinander verbinden und Mauerwerk auch nicht mit Felsen (Tafel 6). Weiterhin war es wohl auch die charakteristische Unfähigkeit der Erbauer Simbabwes, sich einzelne architektonische Elemente in größeren Zusammenhängen vorzustellen oder in der Tat entsprechend zu kombinieren, so sind auch die runden Mauerführungen unbewußte Angleichungen an natürliche Formen. Doch während die Übereinstimmung zwischen Natur- und Kunstform ganz sicherlich darauf hindeutet, daß es sich bei dieser Architektur durchaus um eine Eigenentwicklung an Ort und Stelle handeln könnte, bedeutet es andererseits ganz klar eine grobe Vereinfachung, anzunehmen, daß dieser Vorgang sich nur in Groß-Simbabwe abspielte! Diese Ruinen stehen in Rhodesien nicht isoliert da, und Steinbauweise hat dortzulande durchaus ihre Vorläufer, wie man es in einem so riesigen Gebiet mit ähnlichen Granitformationen, das so viele Jahrhunderte von Menschen bewohnt ist, einfach gar nicht anders erwarten kann. Aber die hier vorgebrachte Argumentation wirft immerhin Licht auf den eigenständigen Ursprung des Baustils von Groß-Simbabwe und dürfte zur Erklärung einer architektonischen Eigenentwicklung beitragen, die – in Afrika ebenso wie außerhalb Afrikas – ihresgleichen sucht.

55

Erklärungen zu den Farbtafeln I.–VI. (Seiten 57–60)

I. Das elliptische Bauwerk in Groß-Simbabwe, von einem Aussichtspunkt der Bergruine aus gesehen. Sehr gut erkennt man die Baumsteppen-Vegetation, die das Gelände bedeckt. Obwohl Pfleger das Ruinengelände von allzu großer Überwucherung freihalten, ist es wohl heute stärker bewachsen als einst, solange die Ruinen noch bewohnt waren. Eine ›fremde Zutat‹ sind einzig und allein die großen Gummibäume hinter dem elliptischen Bauwerk. Im Hintergrund begrenzen einige Granithügel das Sichtfeld, die den Platz umgeben. Von ihnen stammen die abgeblätterten Platten, die man als Baumaterial verwendete. Fast das gesamte Gelände zwischen dem elliptischen Bauwerk und der Bergflanke wurde von in Gruppen stehenden *daga*-Hütten bedeckt, als Groß-Simbabwe sich im vierzehnten und Anfang des fünfzehnten Jahrhunderts auf dem Gipfel seiner Macht und seines Wohlstandes befand.

II. Das elliptische Bauwerk aus der Luft. Fast sicher die Residenz eines Königs, ist es bei weitem das größte und bedeutendste Einzelbauwerk im Gesamtruinenkomplex von Groß-Simbabwe. In seinem Innern – gegen links unten – liegt der kleine, unregelmäßige Ring der Einfriedung 1, eines der ältesten Gebäude dieser Ruinenstätte. Rings um das ganze zieht sich die große Außenmauer. Deutlich sieht man: An ihrem westlichen Ende (auf der Fotografie unten) ist ihre Masse sehr viel geringer als in ihren Nord- und Ostpartien (oben und links). Die rote Färbung innerhalb des Mauerrings rührt von den letzten *daga*-Bodenresten, *daga*-Hütten und *daga*-Plattformen her, die einst die Anlage füllten. Die großen Bäume rechts verbergen den konischen Turm. An der linken Seite der Umfassungsmauer beginnt der Gang (die ›Parallel-Passage‹), der zu diesem konischen Turm hinführt.

III. Die Außenmauer des elliptischen Bauwerks. Die durch Flechtenbewuchs teilweise intensiv gelb gefärbte Ostpartie enthält das hervorragendste Mauerwerk, das Groß-Simbabwe zu bieten hat. Unbekannt ist, welche Bedeutung das ›Chevron‹-Muster im oberen Mauerabschnitt hatte. Früher war es eines der am häufigsten zitierten ›Beweisstücke‹, wenn es galt, die Simbabwe-Ruinen mit allen nur denkbaren antiken, entlegenen und exotischen Kulturen in Zusammenhang zu bringen. In Wirklichkeit handelt es sich natürlich um ein zu einfaches, zu weit verbreitetes Allerweltsmuster, als daß es sich tatsächlich für spezielle Analogien als Beweismittel heranziehen ließe. Im Hintergrund die durch ihren kahlen, fast senkrechten Felsabbruch geschützte Anhöhe der Bergruine, ganz links von der Mauer der West-Einfriedung gekrönt.

IV. Gesamtansicht der Bergruinen aus der Luft (Blick nach Westen). Man erkennt die Reihe kleinerer Einfriedungen zwischen den Felsblöcken oben auf der Höhe. Im Vordergrund die Ost-Einfriedung, wo sechs der acht Seifensteinvögel gefunden wurden, die man in diesen Ruinen barg. Oben die Westeinfriedung, der Haupt-Wohnbezirk. Es ist klar, wie viele archäologische Schichten im Zuge mißverstandener ›Rettungsaktionen‹ zerstört und abgetragen wurden. Türmchen und Monolithe krönen die Westmauer dieses Abschnitts. Der Zusammenhang zwischen Steinmauern und Naturfelsen liegt dermaßen deutlich auf der Hand, daß man jeweils das eine Element als natürliche Ergänzung und Erweiterung des anderen zu betrachten neigt. Dies allein schon spricht für die Auffassung, daß die Architektur von Groß-Simbabwe Ergebnis einer ganz und gar eigenständigen Entwicklung ist, die auf langer Besiedlungsdauer und großer Vertrautheit mit dem Gestein von Granitfelsen beruht.

V. Blick von der äußeren Mauerkrone beim konischen Turm über das Innere des elliptischen Bauwerks auf die im Hintergrund sichtbare Bergruine. Im Vordergrund Einfriedung 7; ihren Eingang (dem Betrachter gegenüber) schützt eine Bastion von halbkreisförmigem Grundriß. Man hat dies wohl als Hinweis darauf aufzufassen, daß die Steinbauten einst Verteidigungszwecken dienten. Vor den Stufen im Vordergrund eine niedrige *daga*-Aufschüttung. Es handelt sich um Überreste einer früheren Hütte.

VI. Die Posselt-Ruine im Tal, die größte und am sorgfältigsten gebaute Einfriedung in diesem Bereich. Zahlreiche Einzelheiten in dieser sowie in den anderen Einfriedungen innerhalb des Tales wiederholen Details des elliptischen Bauwerks in kleinerem, mehr hausbackenen Maßstab, bis hin zu den kleinen konischen Türmen in der Posselt-Ruine (vgl. Tafel 38), desgleichen in der Philips-Ruine. Die kleinen Einfriedungen lassen sich in Größe und Plan mit etwa 40 oder noch mehr im weiteren Sinne zeitgenössischen Ruinen auf dem Granitplateau des Mashona- und des östlichen Matabelelandes vergleichen. Wenn das elliptische Bauwerk der Palast eines Königs war, dann handelte es sich bei diesen Umfriedungen wohl fast mit Sicherheit um Wohnungen seiner engeren Verwandten oder seiner bedeutendsten Höflinge, denn der größere Teil der Bevölkerung wohnte in Hütten außerhalb der Einfriedungen. Die flachkronigen Schirmakazien, die mächtigen Euphorbia-Bäume (im Vordergrund rechts) sowie die Aloen im Mittelgrund sind typisch für die Vegetation des Simbabwe-Gebiets.

56

I

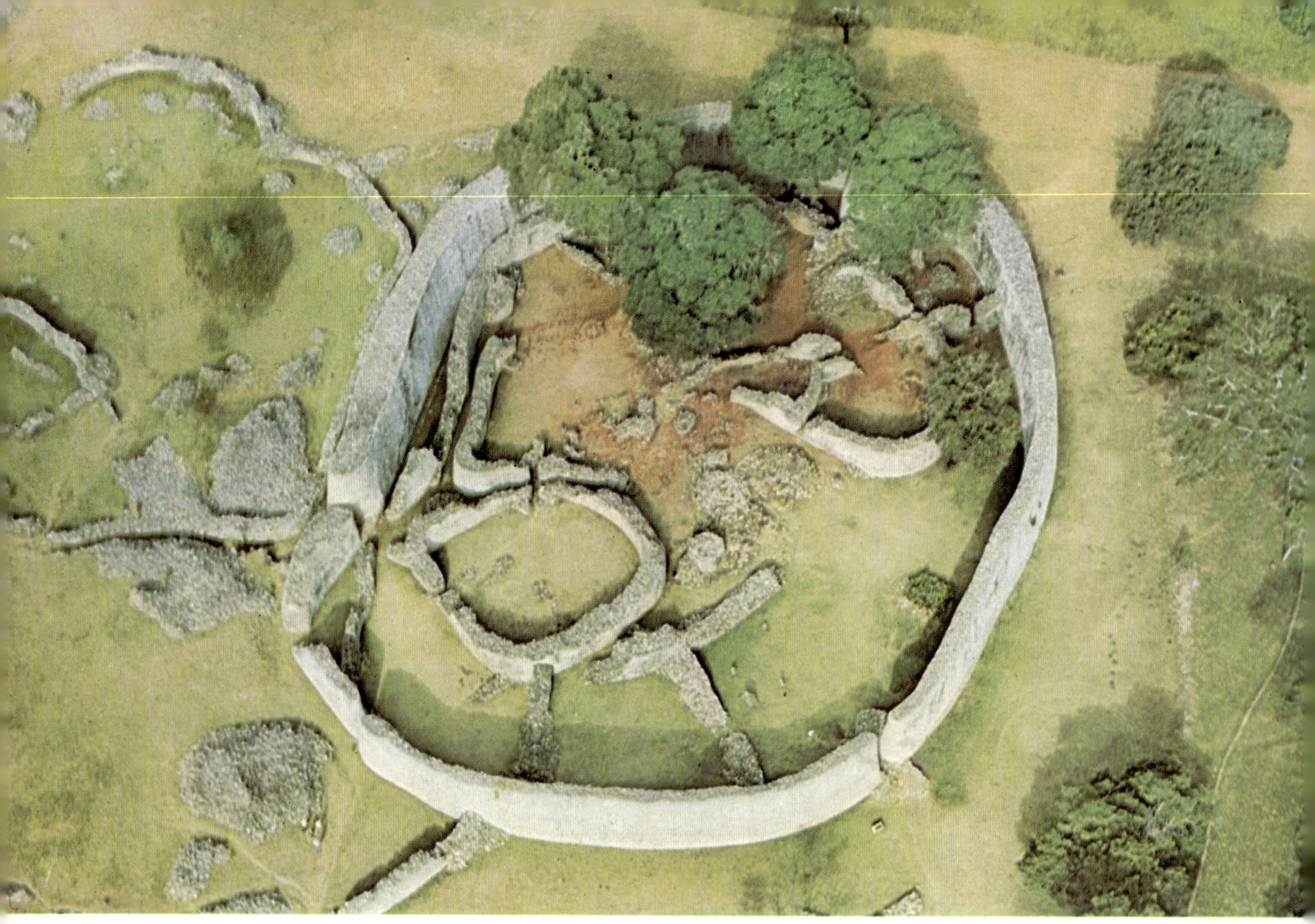

II

III

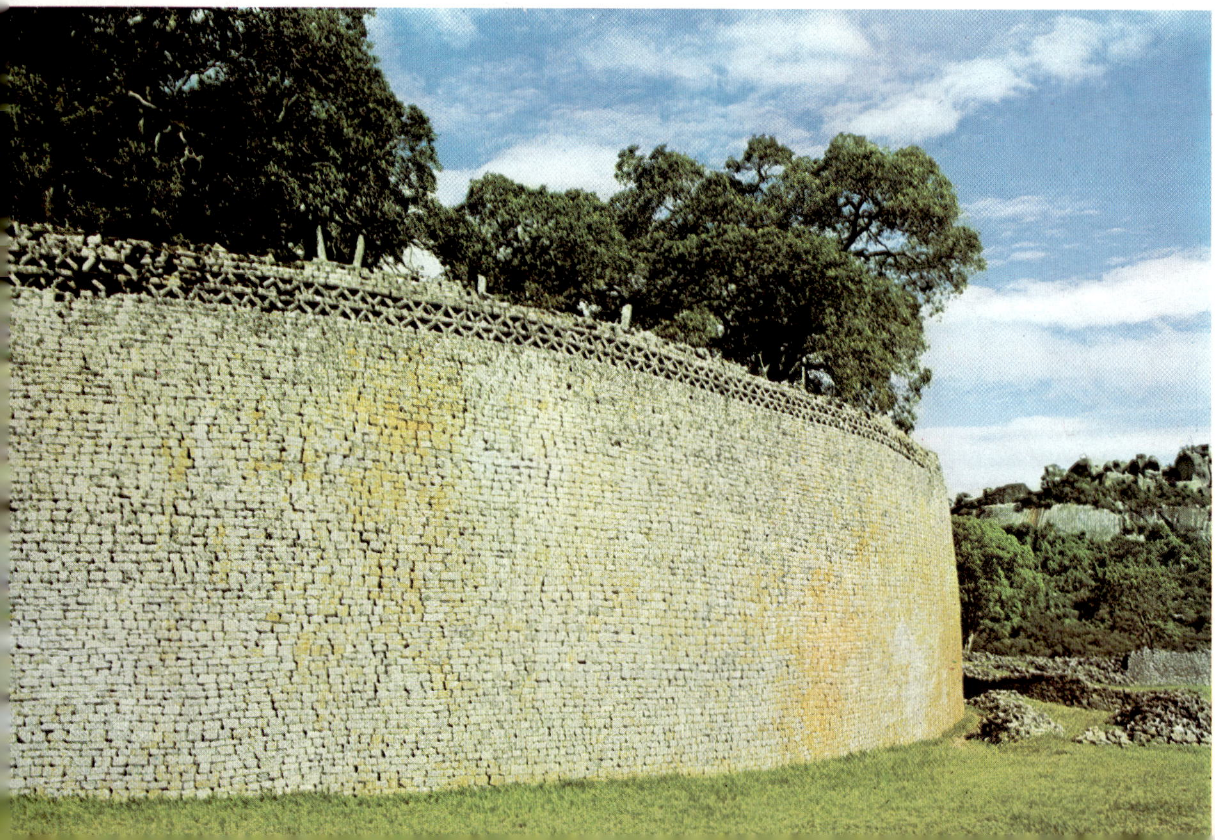

V

VI

Erste Kunde

Anfang des 16. Jahrhunderts begründeten die Portugiesen, Neulinge und Eindringlinge im Bereich des Seehandels auf dem Indischen Ozean, ein Fort bei Sofala, dem südlichsten Handelshafen an der Ostküste Afrikas, und sie versuchten, den südamerikanischen Goldhandel in ihre Hand zu bekommen. Sie forschten daher nach dem Mwene Mutapa, dem Oberhaupt eines reichen Staatenbundes, dessen Territorium sich von der Kalahariwüste bis zum Indischen Ozean hin erstreckte. Bei ihren Darstellungen des Landes handelt es sich um die ältesten schriftlichen Berichte über das Innere dieses Teils von Afrika. Ihre unmittelbare Anschauung allerdings ging wohl kaum über Mwene Mutapas eigenes Karanga-Königreich auf dem Plateau des nördlichen Mashonalandes hinaus. Auch über Steinbauten in Mwene Mutapas Land liegen bereits Äußerungen von Portugiesen vor. Sie bedürfen der Interpretation und geben auf jeden Fall zu denken, sind aber überraschend spärlich. So heißt es beispielsweise 1506 in einem an den König gerichteten Briefe des Diego de Alçacova, in ›Zunbanhy‹, der Hauptstadt des Mwene Mutapa, seien »die Häuser des Königs . . . . aus Stein und Lehm, sehr groß und auf einer Ebene«.[1] Etwa 5 Jahre später gab der Forschungsreisende Antonio Fernandes eine Übersicht über die Stätten, die er persönlich aufgesucht hatte. Nach seinem Bericht war »Embire . . . eine Festung des Königs von Menomotapa . . . jetzt aus Stein . . . ohne Mörtel«.[2] Danach blieb es fast ein halbes Jahrhundert um die Steinbauten still. Sie blieben unerwähnt, bis 1552 João de Barros die erste Dekade seines Werks *Da Asia* veröffentlichte – die vollständigste und zuverlässigste zeitgenössische Darstellung der portugiesischen Eroberungen. De Barros erwähnt eine Ruine in den südlichen Ländereien des Mwene Mutapa: »Dort gibt es weitere Minen in einem Distrikt namens Toroa; man kennt ihn auch unter anderem Namen als Königreich Butua. Beherrscht wird er von einem Fürsten, den man Burron nennt, einem Vasall des Benomotapa. Dessen Land grenzt an das obengenannte, das aus riesigen Ebenen besteht, und diese Minen sind die ältesten,

61

die man im Lande kennt. Sie liegen alle in der Ebene, in deren Mitte es eine quadratische Festung gibt, außen und innen gemauert, erbaut aus Steinen von erstaunlicher Größe, und es scheint, daß kein Mörtel sie verbindet. Die Mauer ist mehr als 25 Spannen breit, ihre Höhe aber ist gar nicht so beträchtlich, wenn man sie mit ihrer Breite vergleicht. Über dem Tor dieses Bauwerks befindet sich eine Inschrift, die einige afrikanische Kaufleute, gelehrte Männer, die dorthin zogen, nicht zu entziffern vermochten. Sie konnten auch nicht sagen, welche Schriftzeichen es waren. Fast zur Gänze wird dieses Gebäude von Bergen umgeben. Auf ihnen erheben sich andere Bauten, die dem großen Bauwerk gleichen, was die Bearbeitung der Steine und das Fehlen von Mörtel angeht. Eines davon ist ein mehr als 12 Faden hoher Turm.

Die Eingeborenen dieses Landes nennen all diese Bauwerke Simbaoe, was in ihrer Sprache ›Hof‹ bedeutet, denn jeder Ort wird so genannt, wo sich der Benomotapa aufhalten kann; und nach ihren Worten tragen auch alle anderen königlichen Wohnungen, da sie ja Eigentum des Königs sind, diesen Namen. Die Aufsicht führt ein Aristokrat. Verantwortlich ist er nach Art des Obersten Alkalden. Man nennt diesen Beamten Symbacayo. Wir würden sagen: ›Wart von Symbaoe‹; und es gibt dort auch ständig einige Frauen des Benomotapa, die der Obhut des Symbacayo anvertraut sind. Da die Landesbewohner die Schreibkunst nicht beherrschen, gibt es keinerlei Aufzeichnung darüber, wer diese Bauwerke errichtete und wann dies geschah. Sie schreiben die Bauten aber dem Teufel zu, denn in Anbetracht ihrer Kräfte und ihres Wissensstandes scheint es ihnen unmöglich, daß Menschen derartiges geschaffen haben sollten. Vincente Pegado, der Kommandant von Sofala, zeigte unsere dortige Festung einigen Afrikanern, die auch jene anderen Bauten gesehen hatten. Er erklärte ihnen die Konstruktion der Fenster und der Gewölbe, um ihnen Vergleichsmöglichkeiten zu bieten. Sie aber erwiderten, der Grad der Vollendung ließe keinerlei Vergleich zu. Die Entfernung dieses Bauwerks von Sofala in gerader Linie nach Westen beträgt 170 Wegstunden oder so ähnlich, und es liegt zwischen 20° und 21° südlicher Breite. Es gibt dort keinerlei antike oder moderne Bauwerke. Die Leute sind Barbaren, und ihre Behausungen samt und sonders aus Holz.

Nach Ansicht der Mohren, die das Bauwerk sahen, ist es sehr alt, und man soll es einst erbaut haben, um den Besitz der sehr alten Minen zu sichern, aus denen infolge der Kriege jahrelang kein Gold gewonnen wurde. Betrachtet man die Lage und die Bauweise dieses so weit im Landesinnern befindlichen Gebäudes, und nimmt man hinzu, daß die Mohren zugeben, es nicht errichtet zu haben, zumal es dafür zu alt ist und die Einheimischen nicht einmal mehr die Charaktere seiner Inschrift über dem Tor verstehen, so dürfen wir wohl annehmen: Dies ist der Ort, den Ptolemaios Agysymba

62

nannte, und hier stellte er seine Meridional-Berechnungen an. Denn an diesen Namen erinnern der Name des Bauwerks und der Name des Beamten, der dafür verantwortlich ist, in gewisser Weise. Die eine Namensform mag durch Entstellung aus der anderen hervorgegangen sein.

Nimmt man alle Tatsachen zusammen, so scheint es: Irgendein Fürst, der sich im Besitz der Minen befand, ließ das Bauwerk als Zeichen dessen errichten. Im Lauf der Zeit verlor er sie dann wieder, waren sie doch so weit von seinem Königreich entfernt! Aber da diese Gebäude einigen anderen sehr ähnlich sind, die man im Land des Priesters Johannes findet, und zwar an einem Ort namens Acaxumo, einer Stadt der Königin von Saba, die Ptolemaios Axuma nennt, scheint es, daß der Fürst jenes Landes auch hier der Minenbesitzer war und deshalb diese Bauwerke dort errichten ließ . . .«.[3]

Klar – die Schilderung der Ruinen beruht nicht etwa auf portugiesischen Forschungen, sondern auf den Erzählungen von Suaheli-Händlern in Sofala, die wahrscheinlich mit Pegado sprachen. Dieser lebte 1538 dort, vierzehn Jahre bevor de Barros' Bericht erschien. Tatsächlich war ein Teil der Angaben zum Zeitpunkt der Veröffentlichung des Werks bereits überholt; denn seit dem Ende des 15. Jahrhunderts waren Butua und Torwa keine Vasallen des Mwene Mutapa mehr. Sehr wahrscheinlich bezieht der fragliche Bericht sich tatsächlich auf die Ruinen von Groß-Simbabwe, auf die de Barros' Ortsansatz relativ gut zutrifft: Sie liegen 330 km ziemlich genau im Westen von Sofala auf 20° 30′ südlicher Breite. Was von der Umgebung der Bauten gesagt wird, vom Material, aus dem sie bestehen, den Techniken, die man anwandte, außerdem einige bauliche Einzelheiten wie der die Szene beherrschende Turm – dies alles entspricht dem, was man in Groß-Simbabwe vorfindet; ja: Größe und Maßverhältnisse der geschilderten Außenmauer passen ganz und gar zur Außenmauer des elliptischen Bauwerks. Gewiß gibt es kein anderes Bauwerk, auf das die angeführte Schilderung auch nur annähernd so gut zuträfe, und die zahlreichen offenkundigen Widersprüche, die sie enthält, lassen sich wohl leichter als zeit- und wiederholungsbedingte Verdrehungen erklären als daß man kurzerhand die sowohl Suaheli-Leute wie auch Portugiesen verblüffende Tatsache als bloße Erfindung abtun sollte, daß es im 15. und 16. Jahrhundert in Südafrika bereits Steinbauten gab.

Die einzige andere gewichtige und originelle Erörterung von Steinbauten fand sich 50 Jahre später in dem 1609 veröffentlichten Werk *Ethiopia Oriental* von João dos Santos. Dieser Autor hatte von 1586 bis 1595 im Land des Mwene Mutapa als Missionar gewirkt. Seine Angaben beruhten daher auf persönlicher Kenntnis und Erfahrung. Der Steinbau, von dem er schrieb, lag am anderen Ende des Landes, Groß-Simbabwe entgegengesetzt, auf dem Fura-Berg (heute Mount Darwin), nahe der Hauptstadt des Mwene Mutapa im nördlichen Mashonaland. »Auf dem Gipfel dieses Berges stehen noch einige Fragmente alter Mauern und antike Ruinen aus Stein und Mörtel. Sie zeigen klar: Hier gab es einst Häuser und massive Wohngebäude, wie man sie in ganz Kaffernland sonst nirgends findet, wo selbst die Paläste der Könige nur aus Holz mit Lehmbewurf bestehen und strohgedeckt sind. Die Eingeborenen, insbesondere einige alte Mohren, versichern: Ihnen sei von ihren Vorfahren überliefert worden, daß diese Häuser einst eine Faktorei der Königin von Saba darstellten. Man habe ihr von hier große Goldmengen gebracht, die man zu Schiff auf den Flüssen Cuamas zum Indischen Ozean transportiert habe ... Nach anderen stammen diese Ruinen von einer Niederlassung König Salomos. Hier sollen seine Beauftragten residiert haben, die aus diesen Landstrichen ungeheure Goldmengen beschafften ... Zwar kann ich mich nicht verbindlich äußern, doch behaupte ich: Der Fura- oder Afura-Berg könnte das ›Land Ophir‹ sein, woher Gold nach Jerusalem gebracht wurde. Dies gäbe der Behauptung eine gewisse Glaubwürdigkeit, daß es sich bei den fraglichen Bauten um eine Faktorei König Salomos handelte«.[4]

Schon kurz nach der Veröffentlichung des Dos-Santos-Berichts, arbeitete Diego de Couto, de Barros' Nachfolger als Historiker der portugiesischen Eroberungszüge, Teile davon in die Dekade IX seines Werks *Da Asia* ein (1616). Und zwar schrieb er nun: »Man vermutet, daß ... die Königin von Saba ... Gold an diesen Orten abbauen ließ ... selbst heute noch gibt es bei den Marktflecken Masapa [dem portugiesischen Posten beim Fura-Berg] und Nabertura große Steinbauten, die sie für sich zu errichten befahl. Von den Kaffern werden sie Simbaoe genannt, und es sind starke Festungswerke«. Allerdings fügte da Couto außerdem hinzu: »Die Kaffern betrachten diese [Bauwerke] stets als das Instrument, mittels dessen Monomotapa ganz Kaffernland beherrschte«.[5] Danach scheint es keine portugiesischen Quellen mehr zu geben, die etwas Neues über Steinbauten mitzuteilen wüßten.

De Barros und dos Santos waren verblüfft, ja verwirrt durch die Einzigartigkeit der Steinbauten und suchten natürlich nach einer Erklärung für deren Ursprung. Sicherlich hätte die Annahme am nächsten gelegen, daß es sich um Bauten der Ortsansässigen, der Karanga also, handelte, zumal Karanga die Torwa-Ruine bewohnten. Bekräftigung hätten dieser Antwort die Berichte des Alcacova und des Fernandes gegeben. Beide kannten aus eigener Anschauung steinerne *simbabwe*, die erst kürzlich als Königshöfe erbaut worden waren, und de Coutos Informanten hatten von den Karanga ja erfahren, daß die Bauten ein wichtiges Instrument der Machtausübung des Mwene Mutapa darstellten. (Tatsächlich widerspricht dies ausdrücklich dos Santos' sabäischer Theorie, die de Couto wieder aufgreift.) Doch gleichviel – de Barros und dos Santos wußten davon nichts. Mehr noch: Den Suaheli-Kaufleuten, die de Barros' Gewährsmänner waren, erzählten die Karanga sogar, sie seien gar nicht imstande, ein solches Werk zu vollbringen. An sich hat die Tatsache dieses Abstreitens keine sonderliche Bedeutung. Es handelte sich bei diesem Bauwerk um einen Königssitz, und bei den Karanga war es einerseits durchaus üblich, alles, was mit dem Königtum zusammenhing, vor Fremden zu verbergen, und sie fanden nichts dabei, bedeutenden Leistungen früherer Könige etwas Übermenschliches anzudichten. Auf jeden Fall waren die Händler dermaßen von Glanz und altertümlichen Flair des Bauwerks übersättigt – hinzu kam, daß sie meinten, es trage eine Inschrift und könne daher unmöglich das Werk eines schriftunkundigen Volkes sein –, daß sie von vornherein jeden Anspruch der illiteraten Karanga zurückgewiesen hätten, den Bau geschaffen zu haben. Dos Santos begnügte sich ganz einfach mit der durchaus nicht überzeugenden Annahme, die Karanga hätten nie Steinbauwerke errichtet, weil sie es gewöhnlich nicht taten. So schafften es die Portugiesen mit vollständig unkritischer Übernahme von Suaheli-Erzählungen und mit Verallgemeinerungen, die einfach durch Mangel an Wissen zustandekamen, daß man an einen lokalen Ursprung der Steinbauwerke nicht glauben wollte. Noch sicherer war es, daß nicht die Suaheli diese Bauten schufen. De Barros' »Mohren-Kaufleute« gaben zu, daß sie über die Erbauer nichts wußten, und dos Santos' »betagte Mohren« wußten im Grunde nicht mehr – dies zeigt sich darin, daß sie Salomo oder die Königin von Saba als Erbauer bezeichneten: Beliebte Gestalten der islamischen Folklore und zwei der wenigen Namen aus ferner Vergangenheit, mit denen jeder Moslem vertraut war. Ihre Behauptungen sind umso verständlicher, denn man hatte ja historische Traditionen entwickelt und bediente sich ganz allgemein historischer Präzedenzen – dies war ein wichtiges Mittel, Rechte und Privilegien zu begründen. Sie waren daher wohl nur zu eifrig bereit, jede Art einer möglichen Beziehung zwischen ihnen selbst und dem Mwene Mutapa, bzw. seinem Land, herauszustreichen, kämpfte man doch gemeinsam gegen die Portugiesen, die den Handel an sich rissen.

Die Karanga und die Suaheli konnten es also nicht gewesen sein – und damit bleiben de Barros und dos Santos ohne irgendwelche Beweise, wie auch immer. Daher suchten sie aus eigenen Quellen zu schöpfen. Sie konnten sich kaum einen Bereich menschlicher Errungenschaften vorstellen, von dem es keine Aufzeichnungen gab, und als zuverlässigsten Bericht über die Vergangenheit des Menschen betrachteten sie die Bibel – vielleicht überarbeitet anhand einiger klassischer Autoren. Ihr Afrikabild war eingefärbt mit den Hoffnungen, die einst das große, verlorene christliche Königreich des Priesters Johann geweckt hatte, desgleichen mit ihrem – wenn auch nach und nach schwindenden – Glauben an einen enormen Goldreichtum im Hinterland von Sofala (Tafeln 41, 42). Verstärkend kam noch das Bewußtsein hinzu, daß Äthiopien tatsächlich Ruinen biblischer Königstümer enthielt, aber dieses Bewußtsein war mit sehr verschwommenen Vorstellungen von der wahren Ausdehnung Äthiopiens verbunden. Unter solchen Voraussetzungen scheint es nachgerade unvermeidlich, daß der Priester Johannes, König Salomo und die Königin von Saba für die Urheber der Steinbauten Mwene Mutapas gehalten wurden.

Immerhin erkannten de Barros und dos Santos, daß sie sich auf eine sehr fragwürdige Spekulation einließen, und so beanspruchten sie keinerlei Sicherheit, was die Resultate anging. Allerdings waren die von ihnen der Öffentlichkeit vorgetragenen Vorstellungen voller Romantik: Ruinenstädte voll von Gold, verloren in einem unerforschten Lande mitten im Innern Afrikas, vielleicht die Quelle des Reichtums der reichsten Herrscher, von denen die Bibel spricht, ja vielleicht sogar das sagenhafte Ophir König Salomos und seines phönikischen Partners Hiram von Tyros:

»Auch Schiffe erbaute König Salomo . . . und Hiram sandte seine Leute, kundige Seefahrer, auf Schiffen mit Salomos Leuten aus. Sie fuhren nach Ophir und holten von dort 420 Talente Gold, das sie Salomo brachten . . . Auch Hirams Schiffe, die Gold aus Ophir holten, brachten von dort kostbare Bauhölzer in Menge und Edelsteine herbei. Der König ließ aus den kostbaren Bauhölzern Pfeiler für das Haus des Herrn und den Königspalast herstellen . . . Auch die Trinkgefäße des Königs Salomo waren aus Gold . . . Silber galt in den Tagen Salomos nichts. Denn der König hatte Tarsisschiffe auf dem Meer zusammen mit den Schiffen Hirams. Je einmal in drei Jahren kamen die Tarsisschiffe und brachten Gold, Silber, Elfenbein, Affen und ›Pfauen‹ (= Perlhühner). So übertraf König Salomo alle Könige der Erde an Reichtum und Weisheit«.[6]

Diese Vorstellungen regten dermaßen die Phantasie an, daß sie einfach nicht aussterben durften. Zweihundert Jahre lang und länger wiederholten die besten Geographen Europas de Barros' und dos Santos' Schilderungen und Ansichten, denen im gleichen Maße exotisches Beiwerk zuwuchs, in dem eine Spekulation, die noch immer etwas mit begrifflichem Denken zu tun hatte, sich in ein fraglos hingenommenes Dogma verwandelte. Wiederholungen dieser Art finden sich beispielsweise in den Werken der Italiener Sanuto (1588) und Pigafetta (1591), der Engländer Purchas (1614), Speed (1627; Tafel 43) und Ogilby (1670), der Holländer Heylin (1656) und Dapper (1668) sowie der Franzosen d'Anville (1727) und Guillain (etwas später). Und dermaßen rasch kamen diese Ideen allgemein in Umlauf, daß zum Beispiel Milton um 1660 in seinem ›Verlorenen Paradies‹ von Sofala sprechen konnte, »das man als Ophir ansieht«.[7]

Es folgten praktische Schritte. So unternahmen die Holländer, die sich 1652 am Kap niedergelassen hatten, mehrere erfolglose Expeditionen nach Norden – sie suchten König Salomos Minen und Tempel. Doch die Sache kam erst recht ins Rollen, als Anfang des 18. Jahrhunderts der portugiesische Gouverneur von Goa, so als ob es das erstemal wäre, eine Expedition nach ›Zimbaboe‹ anregte, »denn es gibt manchen Grund für die Annahme, daß es sich um das Land Ophir handelt«.[8] Im 19. Jahrhundert übten diese Vermutungen ganz besonders auf die Buren eine starke Anziehungskraft aus, die vom Kap nach Norden gewandert waren und sich in Transvaal niedergelassen hatten. Sie glaubten tief, was die Bibel berichtete sei wörtlich wahr, und in ihnen lebte das Gefühl, ihr neues Land müsse an biblisches Gebiet grenzen. Nüchterne Klarstellungen wie etwa die, daß es sich bei den Steinruinen im nördlichen Transvaalgebiet um das Werk einheimischer Stämme handle, tat man als nicht zur Sache gehörig einfach ab.[9] Vielleicht der informierteste, enthusiastischste und beredteste Verfechter des Glaubens, »im Gebiet nordöstlich und östlich von Moselikatse« – d. h. vom Mashonaland – finde man »das antike Ophir Salomos«, war A. Merensky, ein deutscher Missionar im östlichen Transvaal. Er hatte detaillierte Beschreibungen einer großen Ruine im Karanga-Gebiet gesammelt und versuchte vergeblich, diese Ruine selbst zu erreichen.[10] Seine Gedanken inspirierten H. M. Walmsley's *The ruined cities of Zululand*, eine in Romanform verfaßte Reisebeschreibung, die 1869 publiziert wurde. Sie schildert Ruinen »umgeben von einer nun eingestürzten Mauer«, innerhalb derer »eine Menge halbverfallener Gänge nach rechts und links führte, sie endeten jeweils in einer Art Hof, und darin befanden sich Reste steinerner Pfeiler.« Dies zeigt, wie stark der Einfluß der Sachinformationen war, die sich Merensky hatte beschaffen können.[11] 1868 traf Merensky mit dem deutschen Geologen Carl Mauch zusammen, einem mutigen, außerordentlich zupackenden jungen Mann, der aber keineswegs allzusehr von des Gedankens Blässe angekränkelt war. Weiter nördlich im Innern Afrikas hatte er schon Gold entdeckt, und nun erzählte Merensky ihm alles, was er über die Ruinen wußte und von deren Erbauern zu wissen glaubte. Davon begeistert, machte Mauch sich im Mai 1871 auf, um »den reichsten, wichtigsten und bisher rätselhaftesten Teil Afrikas . . . das alte Monomotapa oder Ophir« zu suchen.[12] Ende August erreichte er die Behausung Adam Renders, eines deutschen Händlers, der sich im Karanga-Gebiet niedergelassen hatte, und hier erfuhr er »vom Vorhandensein recht großer Ruinen, die niemals von Schwarzen erbaut sein konnten.«[13] Am 5. September führte man ihn dorthin, und er sah sich am Ziel seiner Suche: in Groß-Simbabwe.

Weil man ein gewisses Mißtrauen hegte, konnte Mauch die Ruinen nur dreimal besuchen, obwohl er sich ganze neun Monate in ihrer Nähe aufhielt. Immerhin war es ihm möglich, zunächst das elliptische Bauwerk oder ›Mumbahuru‹, das ›Haus der großen Frau‹, gründlich in Augenschein zu nehmen, und einige Tage darauf auch die Bergruine oder ›Zimbabye‹, soweit es deren »sehr düstere Umgebung« zuließ; Mauch spricht von »Schuttmassen, Mauerresten, dichtem Unterholz und hohen Bäumen«. Seine Beschreibungen, Pläne und Skizzen legte er in seinen Tagebüchern nieder, später auch in Briefen und schließlich in zwei Schriften, die in Deutschland veröffentlicht wurden. In Anbetracht der Umstände sind sie überraschend exakt, vollständig und detailliert (Tafel 44).[14]

Die einzigen Funde, die Mauch verzeichnete, waren ein dekorierter Saponit-Balken (Tafel 45), der aus einer Mauer der West-Einfriedung herausragte, eine Saponitschale, die unter einem großen, in die Mauern einbezogenen Felsblock bei der Osteinfriedung lag, sowie in ›Außenbauten‹ unweit vom elliptischen Bauwerk, »ein Gegenstand . . . aus Eisen, dessen Zweck mir ganz rätselhaft war, aber aufs deutlichste dartat, daß eine zivilisierte Nation einst hier gewohnt haben muß. Es sind 2 dreikantige Hülsen durch eisernen Bogen miteinander verbunden«.[15] Aus der Skizze, die Mauch dieser Beschreibung beifügte, geht klar hervor: Es handelte sich um einen eisernen Gong von einer Art, wie man sie auch später noch in den Ruinen fand (Tafel 46). Anscheinend kehrte Mauch zurück und barg diese Funde.

Die Ruinen selbst boten Mauch »wirklich nur sehr wenig Anhaltspunkte einer Deutung . . . sie erlauben nur eine Schätzung auf ihr hohes Alter, auf das klar das Nichtvorhandensein von Mörtel hindeutet«. Die hier ansässigen Karanga waren Neuankömmlinge und erhoben keinerlei Anspruch, die Ruinen erbaut zu haben. Sie konnten Mauch nur mit der Behauptung abspeisen: »Die Ruinen wurden zu einer Zeit erbaut, als die Steine noch sehr weich waren, sonst wäre es den Weißen, die diese Mauern bauten, ganz unmöglich gewesen, ihnen eine quadratische Form zu geben«. Andererseits aber beschrieb ein älterer Rozwi Tributabgaben, Zeremonien und Opfer, die noch sein Vater in diesen Ruinen rituell vollzog, derartig detailliert, daß er Mauch überzeugte, einen Abkömmling der ursprünglichen Priesterschaft Simbabwes vor sich zu haben.[16] Bei seinem letzten Besuch der Ruinen suchte Mauch nach irgendeinem konkreten Beweis für das Alter der Bauten. Daher schnitt er ein Stück Holz aus den zusammengebrochenen Türstürzen des elliptischen Bauwerks und fand es ohne Insektenbefall, rötlich, aromatisch und dem Holz seines Bleistifts außerordentlich ähnlich. Das war für ihn der Schlüssel, den er suchte. »Es kann als Tatsache betrachtet werden, daß das Holz, das wir sicherstellten, in Wirklichkeit Zedernholz ist, und dieses konnte nirgendwoher kommen, wenn nicht vom Libanon. Ja mehr noch, nur die Phöniker konnten es hierhergebracht haben. Weiterhin benutzte Salomo eine Menge Zedernholz für den Bau des Tempels und seiner

Paläste; weiter: Zieht man hier den Besuch der Königin von Saba in Betracht und stellt man sich Zimbabwe oder Zimbaoe oder Simbaoe arabisch geschrieben vor (vom Hebräischen verstehe ich nichts), so gelangt man zu dem Ergebnis, daß die große Frau, die das *rondeau* erbaute, niemand anderes als die Königin von Saba gewesen sein muß«.[17] Tatsächlich weisen die Charakteristika der Holzprobe Mauchs eher auf *Spirostachys africana*, ein an Ort und Stelle gedeihendes Hartholz, das später auch noch anderswo in den Mauern des elliptischen Bauwerks gefunden wurde. Die Deutung, die Mauch ihm gab, nimmt sich wie eine seltsame Umkehrung des biblischen Berichts aus. Sie zeigt, wie nebelhaft sich Mauch an seine Quellen erinnerte oder wie verschwommen er überhaupt dachte. Nach dem ersten Buch der Könige wuchs Bauholz (Sandelholz) in Ophir und wurde von dort nach Jerusalem gebracht, wo man es für den Tempelbau brauchte. Zedernholz vom ›Libanon‹ nach ›Ophir‹ zu befördern, nimmt sich fast wie eine biblische Variante des bekannten Sprichworts aus: »Eulen nach Athen tragen«. Auf jeden Fall aber vertrüge sich ein solcher Holztransport schwerlich mit Salomos ansonsten sprichwörtlicher Weisheit. Wie auch immer – in Wirklichkeit hatten diese Erwägungen Mauchs gar nichts mit einer wissenschaftlichen Untersuchung zu tun, sondern Mauch übernahm einfach fraglos, was andere sich vor ihm ausgedacht hatten. Seine ›Ansichten‹ spiegeln ganz einfach seine Quellen wider und nichts sonst – Quellen, ausgewählt, in entsprechende Kanäle geleitet und ausgeschmückt durch Merensky, dem Mauch seine Anregungen verdankte. So setzte Mauch, der mit Gewißheit erste fremde, ausländische Besucher, der die Ruinen betrat, zugleich der erste, der sie für die Welt außerhalb Afrikas beschrieb, auf seine Weise gleichsam nur Erzählungen von Moslems die Krone auf, die schon mehr als drei Jahrhunderte zuvor Portugiesen zu Ohren gekommen waren. Doch diese scheinbare Bestätigung jahrhundertealter romantischer Gerüchte ließ das Interesse an dem Land nördlich vom Limpopo einen neuen Gipfel erreichen und begeisterte auch Landeskenner aufs Neue. Am augenfälligsten illustrieren dies zwei Darstellungen von Thomas Baines, einem Jäger und Künstler, der viele Jahre im Mashonaland umherreiste und mit Talent und Sorgfalt vieles vom dortigen Leben abbildete. Sie zeigen die Ruinen, die Baines selbst niemals sah, nach eingehendem Studium der Beschreibungen Mauchs und geben viel von ihrer romantischen Aura wieder: So steht eine dunkelhäutige Königin vor einer mißratenen Wiedergabe des konischen Turms, um den ihr zustehenden Tribut entgegenzunehmen (Tafel 47), und Nebelschwaden geben einen Berg frei, geheimnisumwitterte Mauern enthüllend (Tafel 48), die an alte schottische *Brochs* (eine besondere Art kreisrunder Wehrtürme) oder an Illustrationen von Schauerromanen erinnern.[18]

Erste Forschungen **3**

Im September 1890 eroberte Cecil Rhodes' *British South Africa Company* das Mashonaland. Was die Siedler dorthintrieb, war der Glaube an reiche Goldvorkommen, die man ausbeuten könne, und die Company und ihre Teilhaber erhofften sich schließlich Profit aus genau der gleichen Quelle. Nachdem es nun eine ständige weiße Bewohnerschaft gab, wurde Groß-Simbabwe von einem Tag auf den anderen berühmt und viel besucht (Tafeln 50, 51). So mancher betrachtete es als konkreten Beweis, daß das sich so barbarisch und rückständig ausnehmende Mashonaland einst fremde Schatzsucher reichgemacht hatte, und man sah darin das Versprechen, daß Ähnliches sich jederzeit wiederholen könnte. Rhodes selbst unterstützte derartige Ideen aus ganzem Herzen, und die Vorstellung, Simbabwe sei Ophir, »trug dazu bei, seine Vorstellungskraft anzuspornen und fand in seiner Politik Ausdruck«.[1] Wie es scheint, kamen Mauchs Funde in seinen Besitz, und 1889 kaufte er andere bedeutende Überreste aus Groß-Simbabwe von einem Jäger namens Willi Posselt: Einen von einem Monolith abgeschlagenen Saponit-Vogel (Tafel 83) – der fragliche Monolith stammte von der Osteinfriedung der Bergruine, es war einer der vier Steinpfosten, die ursprünglich dort standen – und einen Saponit-Zylinder, in der Mitte durchbohrt und mit einem Linienmuster erhöhter Stege geschmückt (Tafeln 69, 70).[2] Als er durch Ägypten reiste, suchte Rhodes dort nach ebensolchen Vögeln, ja der Vogel inspirierte ihn sogar zu bibelexegetischen Versuchen: ». . . es wird sich herausstellen: Simbabwe ist eine alte phönikische Residenz, und alles deutet auf Sofala als den Ort, wo Hiram sein Gold her bezog. Das Wort ›Pfauen‹, dessen sich die Bibel bedient, bedeutet vielleicht ›Papageien‹, und unter den Steinornamenten aus Zimbabye befinden sich grüne Papageien der dort üblichen Art, im übrigen hat es Gold und Elfenbein, hinzu kommt die Tatsache, daß Zimbabye aus behauenen Steinen ohne Mörtel erbaut ist«.[3]

Rasch wurde Groß-Simbabwe auch zum Symbol einer Rechtfertigung des

70

Kolonialismus. Der Versklavung der Shona gab es etwas von einer durch jahrtausendealte Tradition, ja durch die Bibel sanktionierten Institution. So machte man bei Rhodes' erstem Besuch der Ruinen den einheimischen Karanga-Häuptlingen weis, der »große Meister« sei gekommen, »um den uralten Tempel zu sehen, der einst den Weißen gehörte«.[4] Ja, wer Simbabwe für eine phönikische Gründung hielt, konnte einen noch weiteren Schritt tun: »Was das große britische Weltreich im 19. Jahrhundert darstellt, das war Phönikien in der Vergangenheit, als in Jerusalem Salomos Tempel erbaut wurde«[5]: Ein winziges Land, hineingequetscht an die Küste eines Kontinents, das mit allen Völkern Handel trieb, allen technologisch voraus war, dessen furchtlose Seefahrer die fernsten Weltmeere befuhren und dessen Bürger auf der gesamten bekannten Welt Kolonien errichteten.

All dies mag aufhorchen lassen, war aber doch nur eine fragwürdige Spekulation und hatte auf die Dauer wenig Propagandawert, wenn man nicht wenigstens versuchte, so etwas wie ein wissenschaftliches Fundament zu schaffen. Inzwischen war auch unvoreingenommeneres, sachlicheres Interesse an Groß-Simbabwe erwacht und blieb unbefriedigt. Daher fand unter der Schirmherrschaft der *British South Africa Company* die erste Untersuchung Groß-Simbabwes statt, noch ehe ein Jahr nach der Eroberung dieses Gebiets vergangen war. Das Unternehmen genoß die Unterstützung der *Royal Geographical Society* (Königliche Geographische Gesellschaft) sowie der *British Association for the Advancement of Science* (Britische Vereinigung zur Förderung der [Natur-]Wissenschaft). Mit der Durchführung der Arbeit beauftragte man J. Theodore Bent, der auf der Suche nach dem Ursprung der Phöniker die Länder des östlichen Mittelmeerraums sowie am Persischen Golf bereist hatte. Er hatte zwar altertumskundliche Neigungen, besaß aber keine wirkliche archäologische Ausbildung, von praktischer Erfahrung ganz zu schweigen. Er ging das Problem Groß-Simbabwe wie fast jeder andere auch in dem festen Glauben an, der Ursprung dieser Bauten müsse bei einem alten Kulturvolk liegen, das folglich von außerhalb Afrikas gekommen sein müsse. Sonst hegte er jedoch keinerlei vorgefaßte Meinungen, und bevor er in Groß-Simbabwe Hand anlegte, äußerte er: »Nun ist es natürlich eine große Versuchung, von phönikischen Ruinen zu sprechen, wenn sich dort irgend etwas ähnliches wie Gold findet. Aber nach meinen eigenen, persönlichen Erfahrungen mit phönikischen Ruinen, kann ich nicht behaupten, daß sie [die Ruinen von Groß-Simbabwe] mit ihnen auch nur die geringste Ähnlichkeit aufweisen«. In Groß-Simbabwe selbst empfand er dies noch stärker: »Die Namen König Salomos und der Königin von Saba waren in aller Munde und sind uns so über geworden, daß wir kaum noch hoffen dürfen, sie jemals wieder zu hören, ohne daß es uns unwillkürlich kalt den Rücken herabläuft«.[6]

Im Juni 1891 begann Bent mit seinen Grabungen rund um den konischen Turm im elliptischen Bauwerk (Tafeln 54, 55). Die Ergebnisse enttäuschten ihn schon bald: »Wir fanden nur eine geringe Bodenschicht, sehr wenige Trümmer und Anhaltspunkte dafür, daß der Ort bis in die jüngste Zeit von Kaffern bewohnt war«. Nach Bents Gefühl war es damit »nicht gelungen«, durch die Grabungen im elliptischen Bauwerk »irgendwelche definitiven Auskünfte über die Vergangenheit ans Tageslicht zu bringen«. Tatsächlich erinnert sich Bents Führer, Bent habe damals »mit sehr deprimierter Miene« bekannt: »Ich traue dem Alter dieser Ruinen nicht so recht. Ich denke, es sind Eingeborenen-Bauten . . . Alles, was wir bisher haben, stammt von Eingeborenen«. Allerdings ließen sich vorgefaßte Meinungen über rassisch bedingte Unbegabtheit nicht so rasch aus der Welt schaffen. Innerhalb von 14 Tagen war man mit der Arbeit im elliptischen Bauwerk fertig, und nun begannen neue Grabungen in der Osteinfriedung der Bergruinen, »denn es ergab sich, daß eine Stelle an der Schattenseite des Hügels . . . möglicherweise von Kaffern-Unrat frei war«.[7]

Dies sollte sich allerdings nicht bewahrheiten. Überall an den archäologischen Schichten fanden sich große Mengen von Haushaltsgegenständen: Scherben aus handgearbeiteten Gefäßen, ›Spinnwirtel‹ aus Ton; Speerspitzen aus Eisen, Bronze und Kupfer, Pfeilspitzen, Beile, Querbeile und Hacken; außerdem kamen Zubehörteile für die Goldbearbeitung wie Gebläsepfeifen und Schmelztiegel zum Vorschein. Die meisten Gegenstände waren von zeitgenössischen Karanga-Erzeugnissen kaum zu unterscheiden. Die einzigen Ausnahmen waren einige Scherben mit feiner Politur, die nach Arbeit mit der Töpferscheibe aussahen, dazu eine Speerspitze mit Widerhaken und drei eiserne Gongs (Tafel 96), die Bent zwar als afrikanisch klassifizierte, aber mit Vorbehalt der Zeit Mwene Mutapas zuschrieb, da sie keine Ähnlichkeit mit modernen Karanga-Arbeiten aufwiesen. Doch auch diese wenigen Gegenstände bedeuteten keine wirkliche Hilfe, denn Bent war nicht in der Lage, sie näher zu bestimmen. Die einzigen klar identifizierbaren und datierbaren Objekte waren Stücke arabischer, persischer und chinesischer Glas- und Tonwaren, und diese waren eindeutig nicht älter als ein paar wenige Jahrhunderte.

Allerdings enthielt die Einfriedung eine Reihe aus Saponit gearbeiteter Objekte (Tafeln 71–91). Es handelt sich um vier Vogelskulpturen oben auf gleichfalls skulpierten Monolithen. Hinzu kamen andere Monolithe mit eingeritzten geometrischen Motiven, flache Schalen mit abstrakten Mustern oder Tierfriesen rings um den Außenrand, eine große Zahl kleiner, mit Ritzungen versehener Zylinder, die wohl *phalloi* darstellen sollten, und schließlich eine Barren-Gußform. Nichts dergleichen hatte man zuvor in Afrika südlich der Sahara oder sonstwo gefunden. Dies brachte Bent darauf, hier habe er wirklich den Schlüssel für die Ursprungsbestimmung der Erbauer entdeckt, und er hielt nun nach Parallelen Umschau. Die von Vogelskulpturen gekrönten Saponit-Monolithe scheinen Stelen aus Assyrien, Mykene, aus dem phönikischen Zypern, aus Ägypten und dem Sudan widerzuspiegeln. Das in einige *phalloi* und Monolithe geritzte einfache Scheibenmuster erinnerte ihn an phönikische Motive, die Gußform schließlich an einen Barren aus Cornwall, der als phönikisch galt.

Bent wandte sich daraufhin der Architektur Groß-Simbabwes zu. Hier griff er, recht willkürlich und subjektiv, einige Züge heraus, löste sie aus ihrem Zusammenhang und verglich sie mit entsprechenden architektonischen Elementen anderer Bauwerke in anderen Ländern, mit denen er, was die Loslösung aus dem Zusammenhang und ihre willkürliche Auswahl angeht, ebenso verfuhr. So ließen ihn lagenweise versetzte kleine Steinblöcke vermuten, die Erbauer seien »einst gewohnt gewesen, mit Ziegeln zu bauen«, die Form des elliptischen Bauwerks deute angeblich auf Verbindung mit Saba (Südarabien) hin – dies wegen des Tempels in Mārib mit seiner runden Umfriedung (Abb. 13); und das Vorhandensein eines konischen Turms in einer großen Mauerumfriedung habe seine Entsprechung in dem auf der Münze aus Byblos abgebildeten phönikischen Tempel (Abb. 12), desgleichen aber auch in prähistorischen Bauten Assyriens, Maltas und Sardiniens. Schließlich machte Bent sich daran, die Türmchen, Türme, Monolithe, Vogelskulpturen und *phalloi* als Zeugnisse religiöser Vorstellungen zu deuten und brachte so einen weiteren Mischmasch geradezu abenteuerlicher Resultate hervor. So symbolisierten die Vögel angeblich Götter oder Göttinnen, Scheibenmuster wurden als Hinweise auf Sonnenkult angedeutet, und die *phalloi* repräsentierten, so Bent, »derbere Formen einer Naturreligion«.[8]

Dieses närrische Durcheinander architektonischer, stilistischer und ideologischer Bezugslinien kreuz und quer durch fast die gesamte »antike Kulturwelt«, erweckte bei Bent nicht – wie bei heutigen Gelehrten – von vornherein den Verdacht, an seiner Methode müsse etwas grundsätzlich falsch sein, sondern es erwies sich darüber hinaus sogar für ihn selbst noch als zu diffus, um befriedigend interpretierbar zu sein. Dennoch war Bent nicht unzufrieden, nachdem all dies ihm wenigstens zu zeigen schien, daß »die Ruinen und die in ihnen gefundenen Gegenstände . . . auf gar keine Weise mit irgendeiner bekannten afrikanischen Rasse zu tun« hätten: Eine außerordentliche Behauptung in Anbetracht Bents früherer Einschätzung seiner eigenen Beschreibung so mancher seiner Funde. Aus seinen Mutmaßungen über die Religion ergab sich für Bent nur, sie müsse mit irgendeinem frühen und primitiven semitischen Kult in Zusammenhang stehen. Und war dies der Fall, dann gab es für ihn »wenig Raum für Zweifel, daß die Erbauer und

Werkleute Groß-Simbabwes von der arabischen Halbinsel kamen« – weitere Präzisierung war für ihn unmöglich. Endlich gelangte er zu der etwas lahmen und nebelhaften Folgerung: »Eine vorgeschichtliche Rasse erbaute diese Ruinen . . . die schließlich unter [semitischen] Einfluß geriet und vielleicht aufging . . . in den Stammesverbänden der Semiten« . . . »eine Rasse aus dem Norden, die aus Arabien kam . . . eng mit Phönikern und Ägyptern verwandt . . . und aus der sich schließlich die zivilisierteren Rassen der antiken Welt entwickelten«.[9]

Zu Bents Forschungen gehörte eine Vermessung der Ruinen durch einen Bergwerksingenieur, einen langjährigen Freund Bents namens R. M. Swan, der aufgrund seiner Pläne und Maße einige Theorien zu entwickeln versuchte. Wie er meinte, hatte er entdeckt, daß dem Plan der größeren Ruinenabschnitte sorgfältige Entwürfe und komplette Präzision zugrundelagen – basierend auf einem System mit dem Standardmaß *pi* und dessen Vielfachen. Ihm schien diese Verhältniszahl mit fast okkulter Bedeutung angewandt. Außerdem meinte er, in den Zentren der Bögen, die einzelne größere Mauerzüge beschrieben, müßten einst Altäre gestanden haben, von denen er allerdings zugab, daß sie nicht mehr existierten. Diese Altäre hätten zusammen mit Torgängen, Monolithen und Felsblöcken oben auf der Anhöhe Peillinien gebildet, um bestimmte Sterne zu beobachten und Solstitien zu bestimmen. Dies legte nun wieder eine Berechnung des absoluten Datums der Ruinen nach der gleichen Methode nahe, die man in Stonehenge und bei den Pyramiden Ägyptens angewandt hat, denn die Solstitien wandern – ein Phänomen, das mit der Schrägung der Ekliptik zu tun hat und als Präzession der Tag- und Nachtgleiche bezeichnet wird. Überraschenderweise wandte Swan diese Datierungsmethode nicht in Groß-Simbabwe an, sondern versuchte es erst später bei einer Ruine am Lundi-Fluß, für die er ein Datum um 2000 v. Chr. errechnete. Allerdings gab er zu, daß dies nur ein Versuch sei, denn es war »unmöglich [die Peilrichtung] mit genügender Sorgfalt zu bestimmen«.[10] In der Folge wandte dann der Geologe Henry Schlichter diese Methode auf Groß-Simbabwe an und kam hier auf die Zeit um 1000 v. Chr. Swan und Schlichter gingen davon aus, daß außerordentlich komplizierte mathematische und astronomische Überlegungen die Planung Groß-Simbabwes bestimmt hätten und daß dessen Erbauer bei der Planung der einzelnen Gebäude größte Genauigkeit walten lassen konnten. Doch nichts von alledem wurde wirklich nachgewiesen. Tatsächlich brach auch Swans gesamtes theoretisches Gebäude wie ein Kartenhaus zusammen, als sich seine gesamten Messungen als stark fehlerhaft erwiesen oder es sich herausstellte, daß sie an willkürlich herausgegriffenen Punkten vorgenommen worden waren, änderten die schrägen Mauern doch immer wieder ihre Krümmungsrichtung.

74

1892, ein Jahr nach Bent, weidete ein britischer Heeresoffizier, Major Sir John Willoughby, ohne jede Rücksicht auf Verluste drei Ruinen im Tal buchstäblich aus und durchstöberte auch die archäologischen Schichten unmittelbar innerhalb des Nord-West-Eingangs zum elliptischen Bauwerk (Tafel 55). Er stellte keinerlei archäologische Ansprüche und arbeitete »mit dem einzigen Ziel, auszugraben ... so gründlich und rasch wie möglich und ohne jene Vorsicht, die die Aussicht auf einen Bericht von ›Fachleuten‹ bedingt«. Zwar fand er »viele Geräte, Keramik und andere Überreste auf dem gewachsenen Felsboden selbst unter dem Zementboden des elliptischen Bauwerks, doch seine Arbeit – und dies überrascht nicht – führte weder zu Ergänzungen, noch zu Abstrichen an den ›Ergebnissen‹ Bents. Auch eigene Theorien stellte Willoughby nicht auf, sondern seiner Weisheit letzter Schluß war: »Wie es dazu kam, daß die Ur-Bewohner von Festungen, die durch einen Sturmangriff einfach nicht zu nehmen waren, keinerlei Platz in Sage und Geschichte einnehmen, ist eine Frage, auf die man heute nur mit Vermutungen antworten kann«.[11]

Während des nächsten Jahrzehnts überließ man Simbabwe sich selbst. Dennoch bestand weiterhin reges Interesse an der ferneren Vergangenheit des Landes. Die ›klassischen‹ Erwähnungen Ost- und Südafrikas bei frühen griechischen und arabischen Geographen waren in Übersetzungen wohlbekannt und wurden von Bent herangezogen. Rhodes unterstützte nun eine zusammenfassende Veröffentlichung historischer Berichte und Aufzeichnungen in alten Dokumenten aus Archiven in Portugal und im Vatikan. Er erhoffte sich hiervon neue Einblicke in die Vergangenheit, einschließlich selbstverständlich der Vergangenheit der Ruinen Groß-Simbabwes. Das Ergebnis waren H. A. Wilmots Werk *Monomotapa (Rhodesia)*, das 1896 erschien, sowie G. M. Theals *Records of south-eastern Africa*, das zwischen 1898 und 1903 in 9 Bänden publiziert wurde und als Zusammenfassung alter Dokumente aus Portugal noch immer unübertroffen ist.

Stets haben ›antike‹ Goldarbeiten aus dem Mashonaland fast ebenso vielen Spekulationen Nahrung gegeben wie Groß-Simbabwe selbst, und tatsächlich verknüpfte man seit den Tagen de Barros' beides stillschweigend miteinander, obwohl erst Bent einen ersten positiven Hinweis darauf fand, daß hier ein Zusammenhang bestehen könnte: Wir meinen seinen Fund von Schmelztiegeln mit Goldrückständen in Groß-Simbabwe. Weiße Goldsucher waren sich sehr bald über die große Zahl alter Goldfundstätten und über die Erfahrung im klaren, mit der man sie aufgespürt hatte: Fast keine Goldader schien unberührt geblieben zu sein. Oft wurde eine 1897 vorgenommene Schätzung zitiert, wonach der Gesamtausstoß 21 000 000 Unzen noch übertraf – dies war unter damaligen Währungsverhältnissen eine Summe von mehr als 75 000 000 Pfund Sterling.[12] Man argumentierte auch ganz plausibel, eine derart hohe Rate beweise zugleich das hohe Alter der Goldabbaustätten, denn die unermeßlichen Goldmengen, die hier produziert worden seien, hätten einfach exportiert werden müssen, Europa oder Asien aber in historischer Zeit nicht erreichen können, ohne den Markt spürbar zu beeinflussen – und zwar so stark, daß sich dies erkennbar in historischen Aufzeichnungen niedergeschlagen hätte. Irgendein Echo davon aber gab es offensichtlich nicht. Kurz nach dem Einfall in das Matabeleland stieß man 1893 auf noch unmittelbarere, dramatischere Fundzusammenhänge von Gold und Ruinen – die Ruinen, die in dem eben erst eroberten Lande entdeckt wurden. Am Ende des Krieges erteilte Cecil Rhodes einem amerikanischen Abenteurer namens F. R. Burnham, der seinen militärischen Erfahrungen eine gewisse lokale Berühmtheit verdankte, die Ausgrabungsrechte der Dhlo Dhlo-Ruinen, etwa 80 km östlich von Bulawayo. Burnham barg dort alsbald 641 Unzen »Goldeinlegearbeiten und Goldschmuck«[13], und einen Teil davon überließ er Rhodes. Im Mai 1895 fanden dann zwei Goldsucher, W. G. Neal und G. Johnson, fünf bestattete Skelette, geschmückt mit Goldhalsbändern, Fuß- und Armringen, und andere Goldgegenstände lagen in völligem Durcheinander umher. Insgesamt handelte es sich um 208 Unzen Gold; Fundort war die kleine Mundie-Ruine, knapp 113 km südlich von Dhlo Dhlo.[14] Diese Entdeckung hatte etwas Dramatisches. Man verkaufte die Schmuckstücke für 3000 Pfund Sterling und bot sie später Rhodes an. Schließlich führte die Entdeckung zur Bildung einer Firma mit dem Titel: *Rhodesia Ancient Ruins Ltd.* (etwa: Rhodesien[s] Antike Ruinen GmbH). Im September 1895 garantierte ihr die *British South Africa Company* das ausschließliche »Recht zu forschen und nach Schätzen zu graben« – dieses Exklusivrecht galt freilich nur für verschiedene Ruinen im Matabeleland, die Gesellschaft hatte jedoch auch das »erste Anrecht in weiteren Ruinen zu arbeiten«. Man einigte sich, daß die *British South Africa Company* 20% aller Funde erhielt und daß »Mr. Rhodes seitens der *British South Africa Company* das Vorrecht auf die Durchführung jeder Forschung habe. Die Ruinen von Zimbabye [wurden] vorerst auf Mr. Rodes' ausdrücklichen Wunsch ausgenommen«.[15] Bis zum Ausbruch des Matabele-Aufstands – dies war sechs Monate später – gruben sich Neal und Johnson für ihre Gesellschaft durch fünf Ruinen im Matabeleland, hierzu gehörten auch weitere Grabungen in Dhlo Dhlo, wobei ein Hort von 700 Unzen Gold zum Vorschein kam. Er enthielt Goldperlen, Armbänder aus Golddraht und einige Gegenstände portugiesischer Herkunft. Nach dem Aufstand gruben sich die beiden Männer dann vom September 1897 bis Mai 1900, dem Zeitpunkt der Arbeitseinstellung dieser Gesellschaft, in weitere 50 Ruinen ein. Man fand noch fünf weitere kleine Gruppen von Bestattungen mit Goldschmuck – die zwei reichsten Gruppen dieser Art in den Rui-

76

nen von Chumnungwa und Mtelegwa; sie erbrachten insgesamt Gold-schmuck von 178 Unzen. Ansonsten müssen die Funde die Kompanie enttäuscht haben. Zwar wies fast jede Ruine den seltsamen Goldstaub auf, doch insgesamt fand man weniger als 10 Unzen. Einen Teil der Funde er-warb Rhodes, andere gelangten in das Londoner Büro der *British South Africa Company*, doch alle scheinen heute verschollen zu sein.[16]

Allmählich merkte man, welch einen nicht wieder gut zu machenden Schaden die *Rhodesia Ancient Ruins Ltd.* den prähistorischen Denkmälern des Landes zufügte und wie verantwortungslos die *British South Africa Company* handelte, die dieses Zerstörungswerk zuließ. Zu spät erst fand 1901 eine Verordnung, die die Ruinen schützte, die Zustimmung der Gesetzgebenden Körperschaft, doch der Britische Hohe Kommissar em-pfahl, man solle ihr nicht Rechtskraft geben. Seiner Ansicht nach war nicht klar genug definiert, was eine schutzwürdige Stätte war, und außerdem hielt er die vorgesehenen Strafen für zu schwer.[17]

Um sich gegen die Vorwürfe seiner früheren Gesellschaft zu verteidigen und gleichzeitig seiner Arbeit nachträglich so etwas wie den Anstrich wis-senschaftlicher Respektabilität zu geben, überließ Neal sämtliche Informa-tionen über seine Arbeit einem lokalen Journalisten namens Richard Nick-lin Hall, der aus diesem Material ein Buch zusammenstellte: *The ancient ruins of Rhodesia*. Dieser dickleibige Wälzer enthält Beschreibungen jeder Ruine, die Neal dort, wo er arbeitete, im Matabeleland gefunden hatte, be-zog aber auch weniger verläßliche Informationen über Ruinen in den übri-gen Teilen des Landes mit ein. Hall versuchte, diesem Material einen um-fassenden Rahmen zu geben, indem er anhand dessen, was er von Groß-Simbabwe, Dhlo Dhlo sowie ein oder zwei anderen großen Ruinen wußte, vier Steinbautypen unterschied. Zum ersten gehörten Ruinen im Stil der Hauptmauern von Groß-Simbabwe; für den zweiten, der sich bei vielen Ruinen im Matabeleland fand, waren oft reichlich dekorierte Mauern charakteristisch, deren Funktion eher im Abstützen von Terrassen bestand, als daß sie freistanden. Soweit war seine Analyse eine sorgfältige, objektive Architekturstil-Studie, doch es blieben noch zwei Typen, denen er nur ziemlich flüchtige Aufmerksamkeit schenkte: Typ drei leitete er aus einer flüchtigen Bemerkung Bents über kreisrunde Ruinen ab, und Typ vier um-faßte seiner Ansicht nach einfache Umfriedungen aus roh aufgeführtem Mauerwerk wie bei den jüngsten Mauern Groß-Simbabwes.

Hall vertrat dann die Ansicht, die einzelnen Typen repräsentierten ver-schiedene Perioden und demzufolge auch verschiedene Völkerschaften. In einem groben Mißverständnis der Methoden archäologischer Typologie unterteilte er dann die Funde aus den Ruinen, deren genauer Fundkontext ganz und gar unbekannt war, aufgrund ihrer Rohstoffe in zwei einander fast ausschließende Kategorien. Diese wiederum brachte er mit drei seiner vier Bauperioden in Zusammenhang, und zwar die erste Bauperiode mit »soliden und massiven« Goldobjekten und Saponitgegenständen, die zweite mit Goldarbeiten, kaum massiver als Goldperlen, und schließlich die vierte mit Kupfer- und Eisenarbeiten. Da aber irgendwelches Gold sich in fast jeder Ruine fand, verwies er sämtliche Ruinen in die eine oder andere seiner beiden ersten Perioden. Was seine Schlußinterpretation angeht, so berief Hall sich ohne allzuviel kritischen Verstand oder Originalität auf die Arbeiten Bents, Swans, Schlichters und anderer noch maßloserer, abseitigerer Theoretiker Groß-Simbabwes, zugleich aber auch auf das wenige, was er von den Berichten arabischer Gelehrter wußte, und mit Hilfe der von ihm eingeführten Perioden versuchte er, diese Masse unvereinbaren Materials unter einen Hut zu bringen.

So brachte er die erste Periode mit den Sabäern in Zusammenhang und datierte sie auf 2000–1100 v. Chr.; die zweite mit den Phönikern, sie sollte bis zum Beginn der christlichen Zeitrechnung gedauert haben; die dritte mit einer nebelhaften Übergangsphase und die vierte oder ›Dekadenzperiode‹ mit ›Bastardrassen‹: Abkömmlingen der ersten Erbauer und der barbarischen einheimischen Bevölkerung.

Halls Buch fand allgemein freundliche Aufnahme, und dies bedeutete für ihn eine Schicksalswende. Lange hatte er für Rhodesien gestritten, er hatte sich für dieses Land eingesetzt und war bei der Londoner Ausstellung 1899 offiziell als Publizist für Rhodesien in Erscheinung getreten. Anfang 1900 führten jedoch finanzielle Schwierigkeiten dazu, daß die *British South Africa Company* ihn aus Rhodesien wieder nach England abschob. Doch kein Jahr später – er war wieder nach Rhodesien zurückgekehrt und befand sich erneut in der Klemme – überredete er Rhodes, die Company sei ihm verpflichtet. Rhodes intervenierte daher zu seinen Gunsten, und die Gesellschaft erteilte widerwillig ihre Zustimmung zu seiner Einstellung. Für ein paar Wochen bekam er einen Posten am rhodesischen Stand einer Ausstellung in Glasgow. Danach kam er um eine Dauerbeschäftigung ein, und das Erscheinen seines Buchs fiel in eine Zeit, in der eine neue Gesetzgebung bevorstand, um Groß-Simbabwe zu schützen. Dieses Zusammentreffen von Ereignissen veranlaßte örtliche Beamte der Gesellschaft, ihn zum Kurator von Simbabwe zu ernennen. Ursprünglich galt diese erstmals im Mai 1902 ausgesprochene Ernennung nur für sechs Monate, doch später wurde sie zweimal verlängert, so daß sich eine Gesamtzeit von zwei Jahren ergab. Seine Anweisungen bestanden ganz einfach darin, »keine wissenschaftlichen Untersuchungen« durchzuführen, sondern sich allein »der Erhaltung des Bauwerks« zu widmen. Vermutlich hatte man sich vorgestellt, er werde als eine Art Touristenwerber und -führer fungieren.[18]

Wie es scheint, kümmerte sich Hall überhaupt nicht darum, was man mit seiner Anstellung bezweckte. In unablässigen Grabungen, die schließlich das gesamte elliptische Bauwerk und die Bergruine (Tafeln 56–59), ja beinahe auch sämtliche Talruinen um und um kehrten, beseitigte er nicht nur Bäume, Luftwurzeln und Unterholz, die von der Wand herabgestürzten Steine ringsum sowie die Abraumhaufen Bents und Willoughbys, sondern mindestens auch 90–150 cm, ja stellenweise sogar mehr als drei Meter stratifizierten archäologischen Materials. Seine Rechtfertigung für dieses, wie er selbst es sehr unzutreffend nannte, »moderne und von der Zeit gebotene Werk der Erhaltung« bestand darin, daß er ja nur »Schmutz und Abfall der Kaffernbevölkerung« beseitige – vermutlich in der Absicht, die Überbleibsel der ›antiken‹ Erbauer freizulegen.[19] Als seine Demontage andauerte, wurden sicherlich seine Motive auch durch örtliche Zustimmung, die seine Arbeit ihm einbrachte, gefärbt. Jedenfalls fehlte es nicht an Leuten, die ihn als die führende Autorität ansahen, was diese Ruinen anging, und außerdem bot sich ihm Gelegenheit, ein neues Buch zu veröffentlichen, das sich außerordentlich gut verkaufte. In wissenschaftlichen Kreisen außerhalb Rhodesiens beurteilte man seine Arbeit dagegen völlig anders: Sein »rücksichtsloses Plündern« apostrophierte man als »unbeschreiblich«, und ein Archäologe, der Groß-Simbabwe sah, kurz nachdem Hall es verlassen hatte, äußerte: Halls »Arbeit im Feld« sei »schlimmer als alles, was ich je sah«.[20] Solche Stimmen der Kritik blieben nicht ungehört. Schließlich schaltete sich das Londoner Büro der *British South Africa Company* ein, löste den Vertrag mit Hall und entließ Hall im Mai 1904.

Halls verheerendes Wirken ließ innerhalb der Mauern nur noch klägliche Reste, nur noch Spuren archäologischer Schichten übrig – so wenig, daß es künftig mit wissenschaftlicher Arbeit praktisch vorbei war. Es ist daher im Grunde mehr eine akademische Frage, wieviel Schaden schon vor ihm dem archäologischen Material zugefügt wurde. Ganz sicher gab es neben den Arbeiten Bents und Willoughbys auch einige wilde Grabungen, über die keinerlei Aufzeichnungen vorliegen, doch wahrscheinlich war der Umfang dieser Grabungen nicht allzu groß. Die Ruinen standen stets wenigstens dem Namen nach unter der Schirmherrschaft der *British South Africa Company*, und ganz sicher gab es hier nach 1895, dem Gründungsjahr der *Rhodesia Ancient Ruins Ltd.*, keine auf eigene Faust betriebene Schatzsuche mehr. Hall fand die Ruinen dicht bewachsen und bedeckt von einer dikken, noch unberührten Schicht zerfallender, faulender Pflanzenreste, die zum Teil bereits zu Humus geworden waren. In dieser Schicht entdeckte er die Gruben, die Bent und Willoughby gegraben hatten – auch dies deutet darauf hin, daß die wilde Graberei minimal gewesen sein muß (Tafel 55).[21] Und was die Talruinen angeht, so fand er sie gänzlich unbekannt, noch niemand hatte darin gestöbert. Als jedoch einmal der Streit darüber begann, in welcher Position sich die verschiedenen Fundobjekte befunden hatten, versuchte Hall, die Bedeutung eines Lagenachweises dadurch herabzuspielen, daß er sich nun – ganz im Gegensatz zu vielen früheren Behauptungen – aufs Übertreiben warf und gar nicht genug von der Unordnung sprechen konnte, die er vorgefunden haben wollte, als er nach Groß-Simbabwe kam. Noch immer glaubt man in weiten Kreisen diese Verzerrung der Wahrheit; dies gilt besonders für all die, die gern einen exotischen Ursprung der Bauten Groß-Simbabwes bewiesen sähen und am liebsten alle Resultate seriöser archäologischer Forschung in Groß-Simbabwe als nicht sachdienlich beiseite täten. Halls zweites Buch, *Great Zimbabwe*, enthält seinen Bericht über den Hauptteil seiner Arbeit. Verfaßt wurde es sechs Monate, bevor er zu graben aufhören mußte. Hall baute seine in *The ancient Ruins of Rhodesia* gegebene frühere Analyse aus. Er hatte nun erkannt, daß es in Groß-Simbabwe drei Architekturstile gab, und suchte diese nun zu definieren. Allerdings war er der Ansicht, hier eine schrittweise Entartung feststellen zu können. Für ihn führte die Entwicklungslinie von den akkurat verlegten, behauenen Mauern des elliptischen Bauwerks über die Gemäuder der Einfriedungen auf dem Berg mit ihrer sehr viel weniger sorgsamen Bauweise bis hin zu den rauhen, lagenlosen Mauern in Randbereichen, und er hielt noch immer daran fest: Unterschiedliche Stile seien das Werk ganz verschiedener Völker, und jedesmal lägen große, ausgedehnte Zeiträume zwischen den unterschiedlichen Stilphasen.

So jämmerlich Halls Grabungsmethoden sind – sie entsprechen nur seinem Mangel an Verständnis für die Ziele der Archäologie und seinem Unvermögen, sein Material zu interpretieren. Dies zeigt auch die Art und Weise, wie er seine Funde anhand des Materials oder oberflächlicher Qualitätsbeurteilungen verschiedenen Perioden zuordnet, indem er etwa Goldgegenstände »besonders delikater Machart«, Schmelztiegel, Schalen und skulpierte Saponit-Pfosten sowie *phalloi* mit der ersten, ältesten Besiedlungsphase zusammenbringt, wogegen »Goldgegenstände . . . gröber in Entwurf und Ausführung«, Goldperlen, »die schlechte Handwerksarbeit verraten«, Eisen-Gongs und Kupfergegenstände aus einer späteren Phase stammen sollen.[22] Derartige Unterteilungen lassen sich nur auf der Basis stratigraphischer Befunde erkennen und rechtfertigen. Doch Halls Kenntnisse der Stratigraphie beschränkten sich darauf, daß er zwischen unteren »ursprünglichen Zementböden«, Zwischenböden und oberen ›Lehm‹-Böden unterschied (Abb. 15) (die zwei Querschnitte, die er gibt, sind nicht Aufzeichnungen objektiver archäologischer Sachverhalte, sondern Diagramme, die nur zeigen, wie er das Material interpretierte!). Es war dies sowohl eine Unterteilung aufgrund des Materials, aus dem die Böden be-

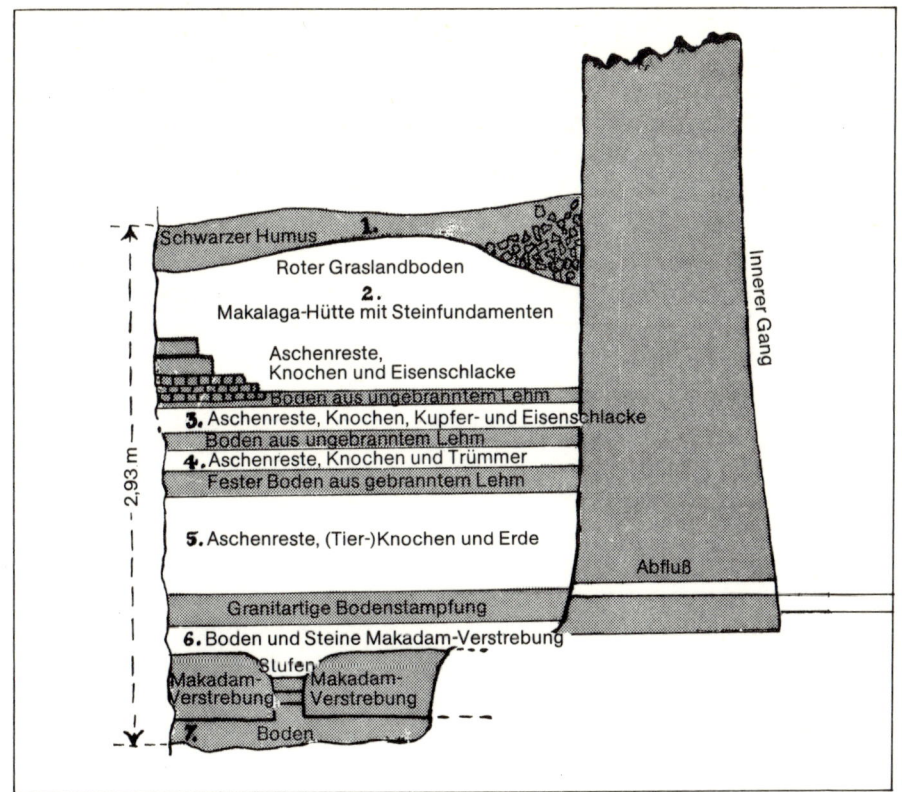

Schwarzer Humus **1.**
Roter Graslandboden
2.
Makalaga-Hütte mit Steinfundamenten

Aschenreste,
Knochen und Eisenschlacke
Boden aus ungebranntem Lehm
3. Aschenreste, Knochen, Kupfer- und Eisenschlacke
Boden aus ungebranntem Lehm
4. Aschenreste, Knochen und Trümmer
Fester Boden aus gebranntem Lehm

5. Aschenreste, (Tier-)Knochen und Erde

Granitartige Bodenstampfung
6. Boden und Steine Makadam-Verstrebung
Stufen
Makadam-Verstrebung Makadam-Verstrebung
7. Boden

2,93 m

Innerer Gang

Abfluß

15. Der von Hall publizierte Schnitt durch die Einfriedung 15 im elliptischen Bauwerk.

standen, als auch aufgrund ihrer Position innerhalb des Schichtenprofils, und es ist ganz klar: Oft datierte Hall Böden und wies sie irgendwelchen Perioden zu – dies ganz allein anhand der Objekte, die man auf ihnen fand, und weniger aufgrund ihrer stratigraphischen Position. Trotz dieser und anderer elementarer Schnitzer, läßt sich doch Halls Buch noch immer genug archäologische Information entnehmen, um Halls eigene Hauptargumente zurückzuweisen. So liegt es beispielsweise auf der Hand, daß es keine abrupten allgemeinen oder wenigstens weitgehenden Veränderungen gab, was die Stratigraphie anlangt, und – noch genauer –: Es gab keine Besiedlungslücke, denn »die heutigen Bäume scheinen die ersten Bäume zu sein, die überhaupt je im Innern [des elliptischen Bauwerks] wuchsen. In dem von älteren Böden entfernten Erdreich gab es keinerlei Anzeichen, daß hier einst eine ältere Baum-Generation bestanden hätte«. Auch die Übergänge im Bereich der Baustile waren alles andere als schroff. Hall gibt dies selbst zu, wenn er äußert: »So unmerklich gehen die bessergebauten [Mauer-]Partien in die nächst schlechtere Klasse über, daß es außerordentliche Schwierigkeiten bereitet [Unterschiede festzustellen]«. Seine Typologie der Artefakte

81

schwächte er selbst sehr stark ab, indem er sagte: »Man kann überzeugend nachweisen, daß die Makalanga ein Volk von Metallschmieden sind, die ganz hervorragende [Goldschmiede-]Arbeiten herzustellen wissen«. Und sogar seine Grundvoraussetzung, daß mit bestimmten Böden bestimmte Typen von Gegenständen in Fundzusammenhang stünden, machte er zunichte, wenn er einräumte, daß von einer präzisen oder absoluten Zuordnung keine Rede sein könne: »Überreste und ›Funde‹ [waren] in der Regel nicht über die zugehörigen Böden verteilt«. Tatsächlich scheint Halls gesamtes Material so bündig, wie dies bei seinen Techniken und Aufzeichnungen nur möglich ist, zu beweisen: Die Ruinen waren ununterbrochen bewohnt, ohne daß von erheblicheren Zeitlücken oder kulturellen Umbrüchen die Rede sein könnte. Wenn man also davon ausging, daß »Beweise für lange und aufeinanderfolgende Perioden einer [Makalanga-]Besiedlung dieser Ruinen nicht nur für alle Forscher sichtbar auf der Hand lagen und durch Funde wie allgemeine Umstände bekräftigt wurden, ja sogar in der Geschichte und der Überlieferung der hiesigen Eingeborenen fortleben«, dann konnten sich die ursprünglichen, ersten, eigentlichen Erbauer dieser Mauern selbst von den Karanga gar nicht so sehr unterscheiden. Doch bei all seinen archäologischen Darlegungen zeigt es sich immer wieder: Hall läßt sich mehr von persönlichen Eindrücken leiten, zu denen er sich durch eine Unmasse zusammengestoppelten, konturlosen Materials veranlaßt sah, und er unternimmt erst gar keinen Versuch, präzise archäologische Befunde zu erheben.[23]

Hall hielt daran fest, daß einst »semitische Kolonisten« vor »drei, wenn nicht vier Jahrtausenden« die Ruinen errichteten, doch gab er es auf, derartige Gedanken selbst weiter fortzuspinnen, sondern »vertraute das Schmieden« des fehlenden »Zwischengliedes« in der Beweiskette zwischen den arabischen Himiariten und den Baudenkmälern Rhodesiens Augustus Keane an, einem emeritierten Professor für Hindustani am *University College, London*, der kurz zuvor geschrieben hatte: *The Gold of Ophir, whence brought and by whom?*[24] Keane jedoch kümmerte sich wenig um Halls Material, sondern trug – wie dieser in seinem eigenen Werk – abermals die üblichen literarischen, stilistischen und aus religiösen Überlieferungen schöpfenden ›Argumente‹ zusammen, um zu ›beweisen‹, daß es in der Antike Verbindungen zwischen Groß-Simbabwe und der Welt der Semiten gab. Die einzige Variante: zwar stimmte er mit der Ansicht der meisten Gelehrten überein, daß man Ophir in Südarabien zu suchen habe, doch versuchte er glaubhaft zu machen, das Ophir-Gold sei aus dem biblischen Havila gekommen, das er zwischen Sambesi und Limpopo ansiedelte. Von dort habe man es im Hafen Tarschisch verschifft, den er für Sofala hielt. Schon Hall hatte gehorsamst sein Lager bei Simbabwe Havila getauft . . .

Archäologische Ausgrabungen

4

Hall wurde entlassen. Über seine Arbeit berichtete er in seinem Buch und in Vorträgen, die er in England hielt. Wer an Afrikas Vergangenheit interessiert war, merkte nun: Man brauchte einen sachkundigen Archäologen, einen wirklichen Fachmann, um das Geheimnis von Groß-Simbabwe zu lüften. Im Jahre 1905 hielt die *British Association* ihr regelmäßiges Treffen in Südafrika ab. Gelder stellte die Rhodes-Stiftung zur Verfügung, und so nutzte man die Gelegenheit, Randall-MacIver zu einer Untersuchung der Ruinen aufzufordern. Seinen Bericht sollte er dann der Versammlung vorlegen. Mit Randall-MacIver hatte man die denkbar beste Wahl getroffen. Er war Schüler und Mitarbeiter Flinders Petries – jenes Mannes, der in den 25 Jahren zuvor durch seine Ausgrabungen in Ägypten einem ganz neuen Verständnis der Archäologie als Wissenschaft den Weg gebahnt hatte.

MacIver war sich völlig darüber im klaren, welchen Problemen er gegenüberstand. Bisherige Versuche, dem Phänomen Groß-Simbabwe historisch beizukommen, sichtete, prüfte und verwarf er, denn: »Abgesehen von ein paar vagen, durchaus nicht eindeutigen Äußerungen, gibt es vor dem Anfang des 16. Jahrhunderts, mit dem die portugiesischen Berichte einsetzten, hierüber keinerlei dokumentarische Belege«, wenn auch die »Volksmeinung . . ., die mittelalterlichen Chronisten mit einer unkritischen Leichtgläubigkeit folgt, wie man sie einst wohl bewunderte, während man sie heute als wertlos betrachtet, Zimbabwe und alle ähnlichen Bauwerke für das Werk eines Volkes aus dem alten Orient erklärt«. Auch die Wertlosigkeit der Stilvergleiche durchschaute MacIver: »Denn der Stil der Bauten bildet an sich noch kein Kriterium. Man kann nicht beweisen, was er fremden Einflüssen verdankt: Es fehlt alles, was für orientalische und europäische Architektur typisch wäre . . .«. Und schließlich bestand für MacIver kein Zweifel: Groß-Simbabwe konnte nur mit den üblichen archäologischen Methoden erforscht werden. Bisher war dies noch nicht der Fall gewesen, denn den früheren Ausgrabungen »verschiedener unerfahre-

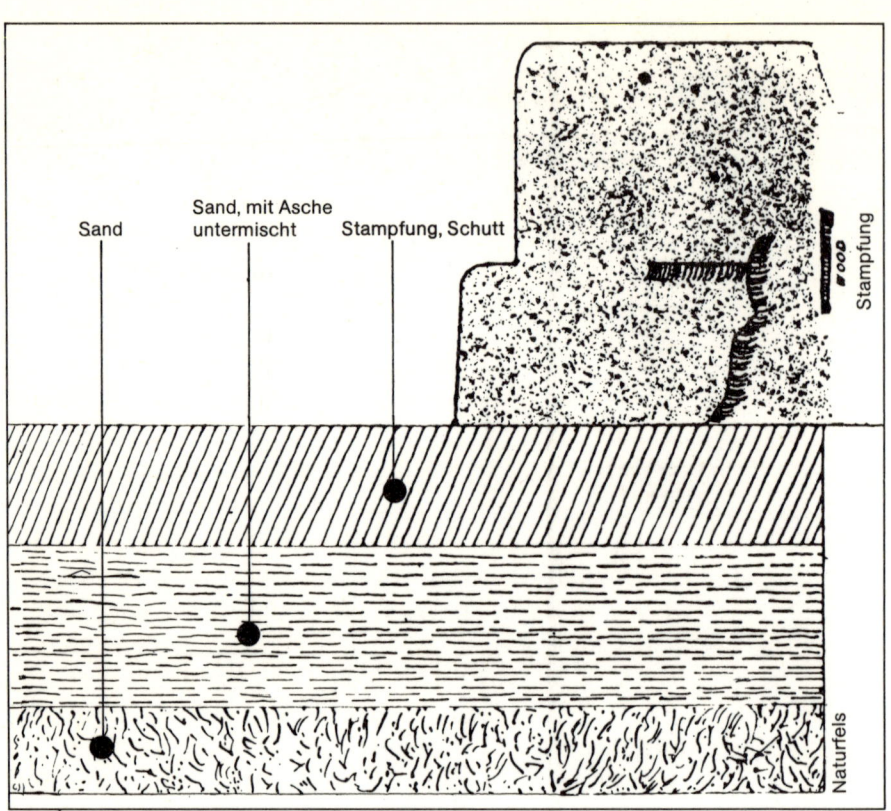

Sand

Sand, mit Asche
untermischt

Stampfung, Schutt

Stampfung

Naturfels

16. MacIver's
Schnitt durch
Einfriedung 15 im
Vergleich zu
Hall's Schnitt,
den Abb. 15 zeigt.

ner Amateure« – so MacIver –, »deren Begeisterung größer war als ihr Sachverstand«, fehlte »jedes System«.[1]

Während der kurzen Zeit, die ihm zu Gebote stand, grub MacIver in den
Ruinen von Injanga, Umtali, Dhlo Dhlo, Naletale und Khami, bevor er sich
im elliptischen Bauwerk Groß-Simbabwes ans Werk machte. Bei seiner ent-
scheidenden Grabung durchdrang er hier die noch übriggelassenen Reste
einer schon von Hall angeschnittenen und in einem seiner Querschnitte
wiedergegebenen archäologischen Ablagerung in einer als Einfriedung 15
bezeichneten Mauerbucht innen hinter dem Nordtor (Abb. 16). MacIver
wies nach: Eine einzige, massive *daga*- oder ›Zement‹-Plattform lag hier
über einer dicken Bodenschicht aus ›Zement‹ und Steinen, die an den Fuß
der Umfassungsmauer stieß. Aschen- und Sandablagerungen folgten auf
diese Schicht, untermischt mit »Spinnwirtel, Kupferdrahtspiralen für
Armbänder sowie mit Haushaltskeramik« – so wieder MacIver –, »die Hall
als Makalanga-Keramik bezeichnet, die tatsächlich aber moderner Kaf-
fern-Tonware bis aufs Haar gleicht«. Ja tatsächlich handelte es sich um »genau die gleichen Gegenstände, wie sie auch oben auf dem neuzeitlichen

28.–29. *Oben:* Ausblick vom ›Balkon‹ über die östliche Einfriedung und das Tal zum elliptischen Bauwerk. Man beachte die vertikalen Einlässe – vermutlich für Monolithe – in der Umfassungsmauer rechts. *Unten:* Die niedrige Naturhöhle unter der Ost-Einfriedung, deren Boden von Erzknollen übersät ist. Geräusche werden von dieser Höhle so reflektiert, daß sie im Tal und im elliptischen Bauwerk zu hören sind. Dies führte zu der Vermutung, die Höhle habe bei einem Orakel eine Rolle gespielt, dem Groß-Simbabwe seine Existenz verdanke.

30.–31. *Oben:* Einfriedung Nr. 1 im Innern des elliptischen Bauwerks und zugleich nach Ausweis seines Mauerstils eines der ältesten Elemente der gesamten Anlage. *Unten:* Nordwestende der Außenmauer des elliptischen Bauwerks. Seine vergleichsweise geringe Masse und die minderwertige Ausführung weisen diesen Mauerabschnitt als eine der ältesten Partien dieser Mauer aus. Bei den primitiven Mauerresten im Vordergrund handelt es sich um einen viel späteren Zusatz.

32.–33. *Links:* Blick über die Reste einer niedrigen *daga*-Plattform zum konischen Turm, den links dekoriertes Mauerwerk und rechts eine hohe Stufenplattform flankieren. *Unten:* Karanga-Behälter aus dem 19. Jahrhundert. Sie wurden hergestellt, indem man Pfähle mit *daga* bestrich, und dienten der Aufbewahrung von Getreide (Fundort in der Nähe von Groß-Simbabwe). Getreideabgaben waren eine übliche Form der Tributzahlung, und der konische Turm ist vielleicht als symbolisches Getreidesilo (und somit als Symbol für Tribut und Autorität) zu betrachten.

34. Eine andere Ansicht des im architektonischen Brennpunkt des elliptischen Bauwerks im schönsten Mauerstil errichteten konischen Turmes. Auf dem Bild sichtbare Anzeichen einer Senkung des Mauerwerks an seiner Basis markieren den Punkt einer frühen Untersuchung seines Innern. Den Forschungen nach ist er vollkommen massiv und ruht auf einem dünnen, ganz normalen Besiedlungshorizont. Seine Spitze umgab einst ein Fries mit ausgezahntem Muster (vgl. auch Tafel VII).

35.–36. *Oben:* Sir John Willoughby plünderte 1892 die Ruine Nr. 1 (unmittelbar außerhalb des elliptischen Bauwerks und im ältesten Mauerstil errichtet) völlig aus. Bei dem vor der Mauer sichtbaren Hügel handelt es sich wahrscheinlich um Abraum von seiner Raubgrabung. *Links:* Die Talruinen mit Blick hinüber zum Berg. In Renders Ruine (Vordergrund) fand man einen bedeutenden Hort von Handelsgütern aus dem 14. Jahrhundert.

37.–38. *Oben:* Die Posselt- und Philips-Ruine im Tal, zusätzliche Einfriedungen, zur gleichen Zeit entstanden
wie die Spätphasen des elliptischen
Bauwerks, als Groß-Simbabwe sich auf
dem Höhepunkt seiner Macht und seines Wohlstandes befand. *Links:* Ein
Turm innerhalb der Posselt-Ruine stellt
eine Replik des konischen Turms in
kleinerem Maßstab dar. Die unterschiedlichen Talruinen scheinen sich
vom elliptischen Bauwerk eher durch
ihre Größe und Pracht als durch ihre
Form, ihre Funktion und ihren Inhalt zu
unterscheiden.

39.–40. Die Architektur der ostafrikanischen Küste aus der Blütezeit Groß-Simbabwes unterscheidet sich von dessen Bauweise ganz und gar – sowohl in ästhetischer Hinsicht als auch im Plan, in der angewandten Bautechnik, im Material und in der handwerklichen Ausführung. Dies beweisen (*rechts*) die kuppelgekrönten Gewölbeanbauten zu der großen Moschee von Kilwa, Tanganjika, in denen achteckigen Säulen kleine, quadratische Nischen bilden und Kuppeln wie Gewölbe tragen, desgleichen der rechteckige Hof im Palast von Gedi, Kenia, der von der streng geometrischen Beherrschung der sonst simplen, sich immer wiederholenden Grund- und Aufrisse ostküstenländischer Wohnbauten zeugt.

LE GRAND ROY— MONO-MOTAPA—

Fort Puissant, et cy Riche en Or   ʠ d'Aucuns l'apelle l'Empereur de
Or, Il a plus.rs Roys ces tributaires, ceprit   Sous l'Ethiopie Inferieure, desquels les
Enfans Sont Eleuez dans Son palais, pó Con   tenir les Peres dans Son Obbeissance Son
Son royaume est de tres grande Estendüe   ʠ'aint de Circuit pres de 800 heues, il Soutien
de fortes Guerres contre le Preste Jan, Empereur   des Abbissins, Il fait Sa Cour à Zimbaoe ou il
Extrevion po. Sa Garde Ord.re des femmes, et 200   tuene, Grands, et furieux, La Relation de l'anée
1631, nous apprend ʠ ce Roy Mono-motapa Cee   toit fut baptisé, avec toutte Sa Cour, par les R.R.
Peres Jesuistes, ce Monarque n'est Serui qu'a   Genoux, ily a en ce Royaume des femmes, qui
Vont à la Guerre, et rendent aussy bon Seruice ʠ les hommes, dans ces Armées, ily a grand nombre
d'Elephans, force Abbondances de Sucre, plusieurs Mines d'Or. Ces peuples Sont Noirs, Vaillans, et ʠ dispot
quils Surpassent à la Course, les plus Viste Cheuaux, les Idolastres, Sorciers, Adulteres, et larrons, y Sont
tres Rigoureusement Punis,

A Paris Chez P. Bertrand Rüe St. Jacques à la Pomme d'Or, proche St. Seuerin,   Auec Priuil. du Roÿ,

41.–42. Dieses aus dem 17. Jh. stammende französische Porträt des Mwene Mutapa (*oben*), »mächtig und reich an Gold, der in Zimbao Hof hält . . .«, beruht auf de Barros' Schilderungen, hat sie jedoch völlig in eine europäische Vorstellungswelt übersetzt – bis hin zu den angeblichen Insignien zweier Speere und einer kleinen Hacke, die hier zum Wappenzeichen werden. *Rechts*: Das Martyrium da Silvas am Hof des Mwene Mutapa (1561) nach einer holländischen Darstellung aus dem Jahr 1778, die ihrerseits keinerlei Unterschied zwischen dem Hof und dem Palast dieses afrikanischen Herrschers und den Residenzen seiner europäischen Zeitgenossen macht.

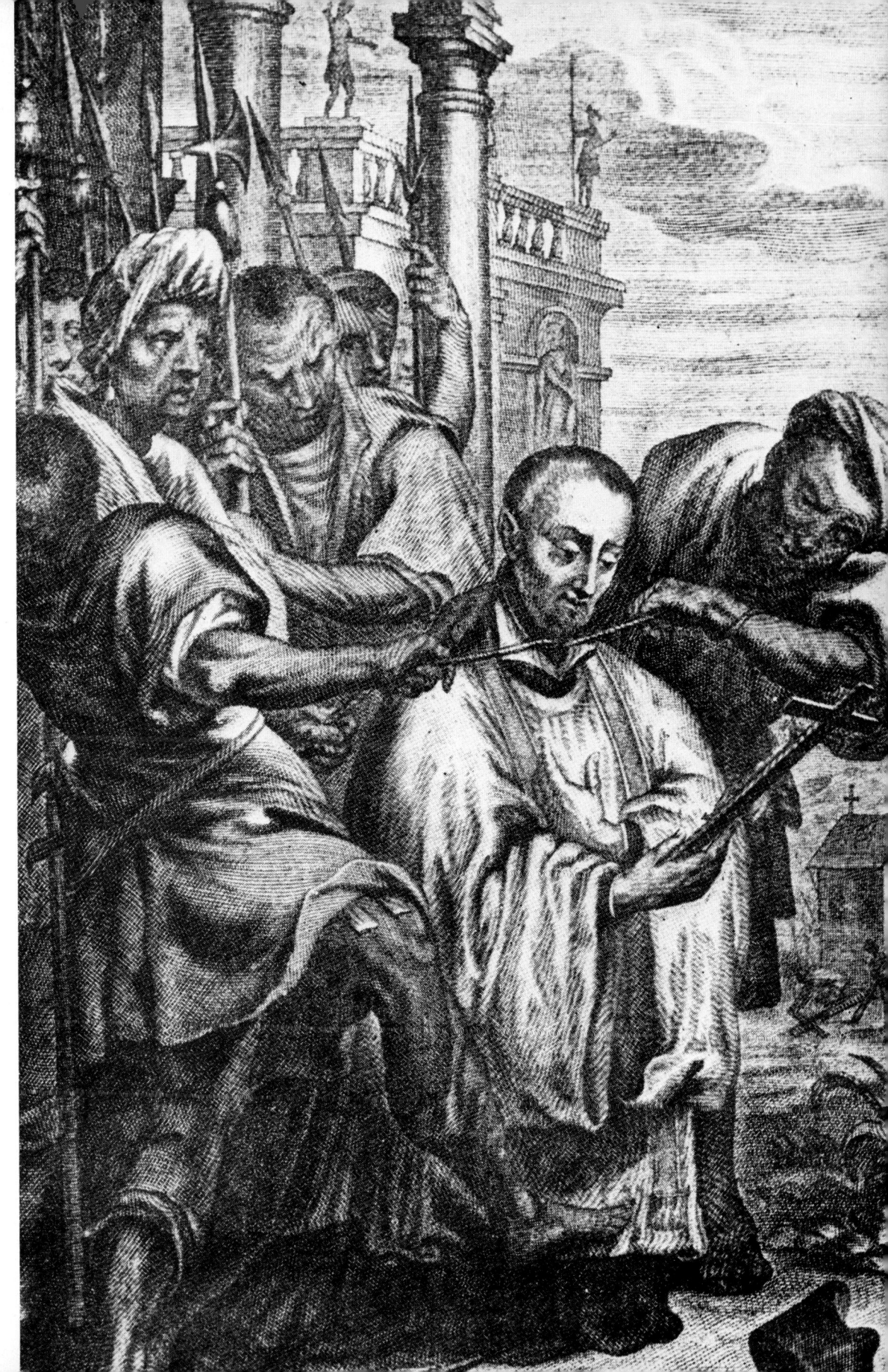

43. Ausschnitt aus der Afrikakarte John Speed's aus dem Jahre 1627, der ersten Karte dieser Art, die in England veröffentlicht wurde. Sie beruht weitgehend auf Angaben de Barros. Im Königreich des ›Monomotapa‹ (Mwene Mutapa) verzeichnet sie eine Stadt namens ›Zimbaos‹.

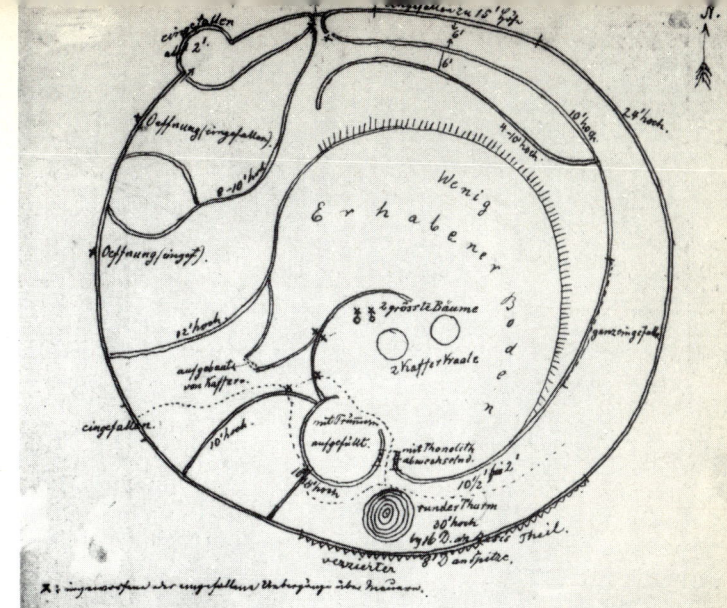

44. Skizze des elliptischen Bauwerks in Carl Mauchs Tagebuch (6. März 1872). Mauch besuchte die Ruinen 1871–1872 und machte sie als erster im Ausland bekannt. Berücksichtigt man die Bedingungen, unter denen Mauch arbeitete, so ist die Skizze überraschend vollständig und zuverlässig. Sie enthält den konischen Turm, die ›Parallel-Passage‹ und verzeichnet Monolithe, Plattformen und Zierfriese.

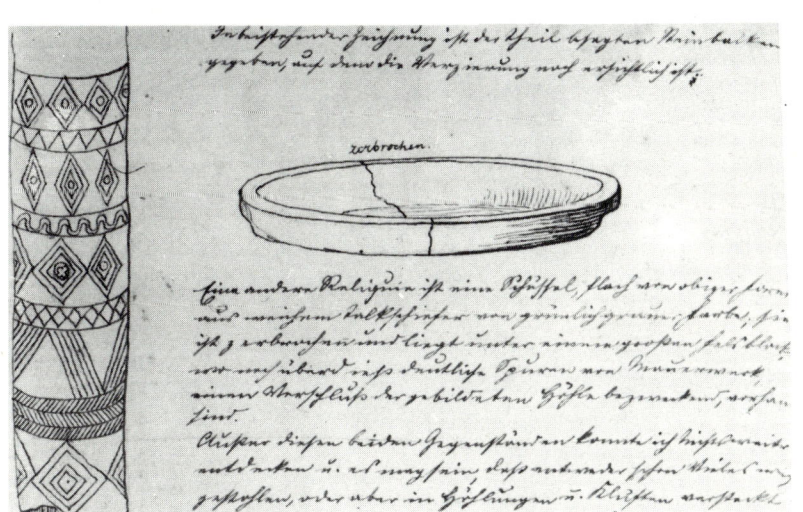

45.–46. Nach einer Tagebucheintragung vom 11. September 1871 bestanden Mauchs Funde aus Teilen eines mit Ritzungen versehenen Seifenstein-Monoliths und einer Saponit-Schüssel (links) sowie einem Paar eiserner Gongs (unten); gleichzeitig enthält die Tagebuchseite Diagramme der steinernen Zierfriese. Mauch muß den Monolith außer Landes gebracht und schließlich scheint ihn Rhodes erworben zu haben, denn ziemlich sicher befindet er sich heute in der Rhodes collection in Groote Schuur, Kapstadt (vgl. Tafel 83).

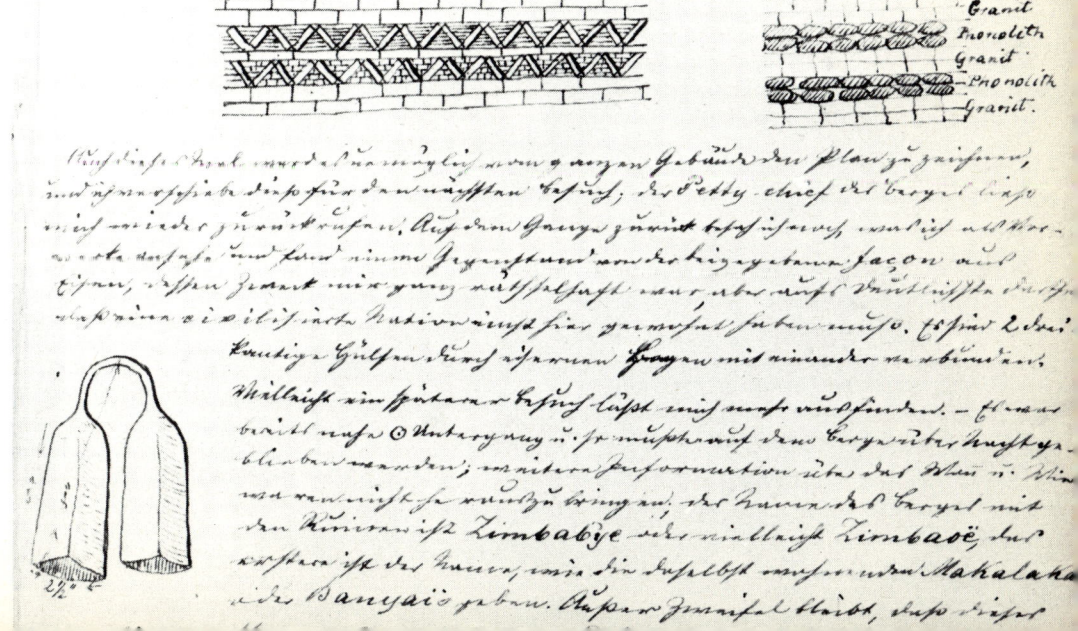

47.–49. Die von Mauch veröffentlichten Beschreibungen Groß-Simbabwes inspirierten Thomas Baines, einen bekannten Künstler und Südafrikaforscher, doch die Sparsamkeit der Schilderung führte zu Mißverständnissen hinsichtlich der Form des Turmes *(oben)* und der Monolithe, die Baines waagerecht aus den Mauern der Bergruine herausragen läßt *(unten)*. Die königinhafte Gestalt *(oben)*, die Opfergaben entgegennimmt, hat ihren Ursprung darin, daß man Mauch das elliptische Bauwerk als ›Haus der großen Frau‹ beschrieb. Der von Mauch beschworene Geist der ›Königin von Saba‹ (und deren Assoziation mit Simbabwe) erhitzte in Rhodesien auch in der Folgezeit die Phantasie, und auf einem Plakat der rhodesischen Regierung aus dem Jahre 1938 *(nebenstehend)* erblickt man einen Negersklaven, der kniefällig einer Geisterkönigin einen Goldklumpen als Opfer darbringt.

THE RIDDLE OF RHODESIA ?

CENTURIES HAVE PASSED . . .

ZIMBABWE

FOR INFORMATION APPLY :—

50.–51. Auf ihrem Eroberungszug nach Mashonaland kamen 1890 die Streitkräfte der B. S. A. Kompanie nach Groß-Simbabwe. Bei diesem Besuch nahm der offizielle Expeditionsphotograph, Ellerton Fry, das damalige Dorf des Karanga-Häuptlings Mugabe (*oben*) auf dem Berg auf, desgleichen etwas apäter auch einige der ersten zivilen Besucher der Ruinen (*rechts*).

52.–53. Im späten 19. Jahrhundert lag die West-Einfriedung der Bergruine, obwohl selbst unbewohnt, dicht bei Mugabes Dorf. Sie wurde von regelrechten Pfaden durchzogen, und Lükken im Mauerwerk verschloß man mit Zäunen (*rechts*), wohl um das weidende Vieh unter Kontrolle zu behalten. In der Ost-Einfriedung gab es damals noch sehr viel mehr Mauerwerk als heute. Die Aufnahme *unten* entstand etwa zur gleichen Zeit und nach den Ausgrabungen Bents (vgl. Tafel 27).

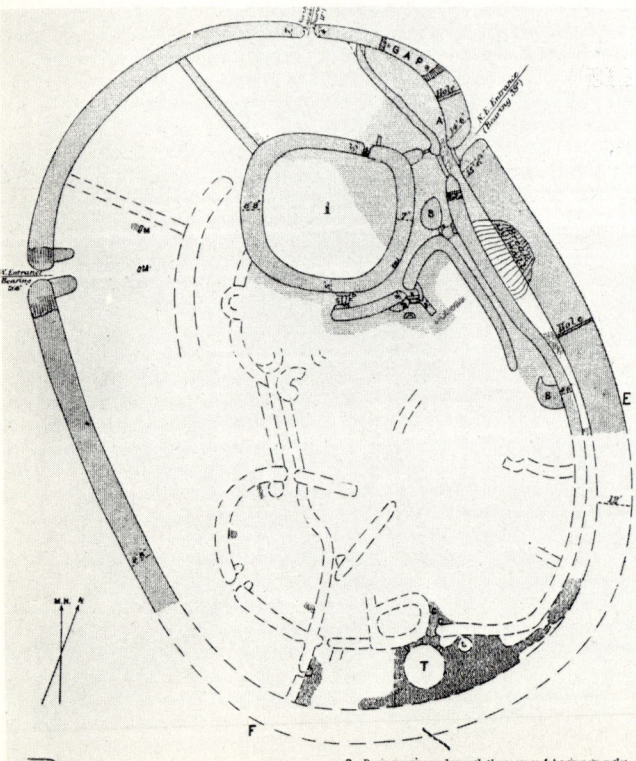

54.–55. Der konische Turm. Aufnahme der Gattin Bents während Bents erster Ausgrabungen im Bereich des elliptischen Bauwerks. Obwohl schon ein Teil freigelegt ist, geben noch immer dichtes Gestrüpp und Schlingpflanzen einen Eindruck von den Verhältnissen, die vor der ›Säuberung‹ durch Hall hier herrschten. Links ein 1892 von Willoughby gezeichneter Plan. Er zeigt die Ausdehnung der Grabungen Willoughby und Bents.

Bodenniveau gefunden wurden«. Darunter befand sich »Natursand«, der »keinerlei Gegenstände enthielt und wohl seit dem Tage seiner Entstehung« nie durchwühlt wurde. Diese Sandschicht führte bis zum gewachsenen Naturfelsen aus Granit hinab. In sieben anderen Gräben, die MacIver anderswo im elliptischen Bauwerk in den Boden trieb, war das Ergebnis das gleiche. MacIver sah sich stets vor der gleichen Situation: Ganz ähnliche Gegenstände lagen auf der Oberfläche des unberührten Sandes, versiegelt unter dem ältesten Boden des Bauwerks. Dieser Schichtungsbefund kann nur bedeuten, daß das Bauwerk, als man es errichtete, »Stämmen gehörte, deren künstlerische Ausdrucksformen und handwerkliche Fähigkeiten sich von denen der heutigen Makalanga nicht unterschieden«.[2]

Damit stand fest, welcher Kultur die Erbauer angehörten. Unsicher war freilich noch immer das Erbauungsdatum. Mit der Vorsicht eines Wissenschaftlers bemerkt MacIver: »Die Formen der Geräte und Waffen, desgleichen die primitive Machart und Dekoration der Tonware, sind ... als Beweismaterial [für eine Datierung] wertlos, [denn] Formen und Muster können sich fast unbegrenzt halten und tun es auch, und es ist allgemein bekannt, daß auch heute noch in vielen Teilen der Welt Tonware hergestellt wird, die sich von prähistorischer Tonware in nichts unterscheidet ...«. Unter diesen Umständen sei ein Zeitansatz nur möglich, wenn »in den ... Ruinen Gegenstände zum Vorschein kämen, die nachweislich ausländische Importware sind und die man in ihren Ursprungsländern ganz bestimmten, klar umrissenen Perioden zuordnen kann«. Die einzigen Reste von Einfuhrware aber, die MacIver im elliptischen Bauwerk gefunden hatte, waren »zwei Fragmente von weißem Porzellan«. Sie lagen im Schutt unter dem untersten ›Zement‹-Boden (Abb. 15) unweit vom Westeingang, und weder ihr Alter war bestimmbar noch ihre Herkunft. Allerdings hatte Hall in seinem Schnitt durch Einfriedung 15 in einiger Tiefe das Vorhandensein von »Nanking-Porzellan« und »arabischem Glas« verzeichnet. Nach MacIvers Überzeugung bewies seine Ausgrabung: Diese Einfriedung war ganz von einer einzigen, homogenen *daga*-Masse erfüllt, die zum ältesten Boden gehörte und gleichalt war wie die Mauern, die ihrerseits zu den ältesten in dem Bauwerk gehörten. So folgerte er: Halls Funde müßten aus dieser *daga*-Masse stammen und, soweit es sich um Importware handelte, auch eine Aussage über den Entstehungszeitpunkt der Mauern erlauben. Weiterhin entsprach nach MacIvers Annahme Halls Fund Porzellan »etwa [dem] frühen 16. Jahrhundert«, wie er es in der Khami- und Dhlo Dhlo-Ruine geborgen hatte. Bestärkt sah er sich darin durch eigene Funde »arabischen Glases« und »persischer Fayencen«, die »wahrscheinlich aus dem 14. Jahrhundert stammten« irgendwo (die Ausgrabung beschrieb er nicht) in der Renders-Ruine im Tal. Aus diesem Material folgerte er, das elliptische Bauwerk sei »nicht älter als das 14. oder 15. Jahrhundert, die Periode, aus der das arabische Glas stammt, ja, da sich hier auch Nanking-Porzellan fand, ist es wahrscheinlich sogar ein Jahrhundert später« entstanden.[3]

MacIvers Auffassung traf genau ins Schwarze, seine Grabungen waren mit aller Sorgfalt durchgeführt, und unangreifbar war seine Einschätzung der Kultur der ältesten Siedler in Groß-Simbabwe. Allerdings ließ sein Datierungsmaterial Fragen offen, beruhte sein Zeitansatz doch nur auf einer Neubewertung der Funde Halls und auf dessen stratigraphischem Befund in der Einfriedung 15. Tatsächlich haben Ausgrabungen im Jahre 1958 ergeben, daß Hall dort mehrere Schichten entfernt hat, die jünger waren als MacIvers daga-Masse.[4] Und überdies hat eine Neuüberprüfung der Keramik 1967 gezeigt: Hall hat seine Funde völlig verkehrt geschildert. Es war niemals ›Nanking-Porzellan‹, was er in Groß-Simbabwe fand![5]

MacIvers Resultate polarisierten die Ansichten über Groß-Simbabwe dermaßen, daß die Theorien über den Ursprung der Ruinen seither stets – und oft sogar in recht extremer Form – die traditionelle Verachtung der weißen Siedler für ›Experten aus Übersee‹ zum Ausdruck bringen, die blind auf Eingeborene hereinfallen. Andererseits fanden MacIvers Entdeckungen außerordentliche Zustimmung in der akademischen Welt Großbritanniens. Männer wie Sir Arthur Evans, der Ausgräber von Knossos; Sir Hercules Read, Sachbearbeiter für Ethnologie am Britischen Museum; Sir John Myres, Sekretär am Royal Anthropological Institute, sowie David Hogarth, einer der an Wissen reichsten Kenner des antiken Südarabien und später Leiter des Ashmolean Museum – sie alle standen hinter MacIver[6], sie alle hoben hervor: Von irgendeinem fremden Einfluß auf Simbabwe könne schlechterdings nicht die Rede sein. Ihnen stellte sich Hall entgegen. Mit namentlicher Unterstützung fast des gesamten südafrikanischen ›Establishments‹ veröffentlichte er 1909 Prehistoric Rhodesia, eine massive Erwiderung auf MacIver. Sie brachte abermals nur die alten Thesen, die er schon in früheren Publikationen verfochten hatte, nur noch dogmatischer, noch unduldsamer als bisher. Fast die einzige neue Information von Belang war die Beschreibung, wie die Importware in der Einfriedung 15 gefunden wurde: »Fast ganz oben in einer 3 Fuß hohen Schicht alten Kaffern-Unrats des üblichen Typs, etwa 1 Fuß oder 18 Inches östlich der Abzugsgraben-Öffnung . . . doch an die 2 Fuß oberhalb der Grabenöffnung«. Dies zerstörte natürlich sehr wirkungsvoll MacIver's Beweis für die Datierung des elliptischen Bauwerks.[7] Gleichviel – für Archäologie blieb nur wenig Raum in diesem Buch. Halls Hauptangriff richtete sich gegen MacIvers Deutung der von ihm besuchten Stätten, die seiner Auffassung nach eine »Entwicklung der Bauform« von roherem Mauerwerk und schlichten Bauplänen bis hin zu der vorzüglichen Arbeit in Simbabwe erkennen ließen. Für Hall war dies

102

nicht nur eine Art Randbemerkung, sondern »Grundvoraussetzung natürlicher, schrittweiser Evolution« – eine Vorstellung, die für einen konservativen Engländer damals noch immer ein rotes Tuch war. Hall setzte daher alles daran, dieses Konzept zu zerstören und es durch seine Vorstellung kulturell voneinander unterschiedener Perioden zu ersetzen, von denen jede gegenüber der vorangegangenen einen Abstieg bedeutete. Um die Zwangsläufigkeit eines solchen Abstiegs darzutun, behauptete er, »die Bantu« seien »kein progressives Volk«, und »der Niedergang der Eingeborenen« sei »ein Prozeß, der schon seit sehr vielen Jahrhunderten im Gange« sei und »von allen Autoritäten zugegeben« werde. Die Ursache war, so glaubte Hall, »ein plötzlicher Entwicklungsstillstand der Intelligenz und der geistigen Fähigkeiten«, der »jeden Bantu in der Pubertät befalle«.[8] Hier wurden erstmals jene Rassentheorien offen ausgesprochen, die unausgesprochen schon vorher hinter der Ausklammerung der Afrikaner aus allen Erwägungen über den Ursprung von Groß-Simbabwe gestanden hatten. Seit Hall wurden sie immer und immer wiederholt – aus Voreingenommenheit und in offenem Widerspruch zu jedem anderslautenden archäologischen Befund. Hier ist nicht der Ort, ihre Gültigkeit oder Ungültigkeit unter die Lupe zu nehmen, es mag genügen, auf das Unlogische dieses Standpunkts hinzuweisen. Die Grundfrage, die Bent und Hall sich in Groß-Simbabwe selbst gestellt hatten, war die nach der Rasse der Erbauer, und sie suchten diese Frage durch Ausgrabungen zu beantworten. Man darf daher wohl voraussetzen, daß sie die Archäologie als die beste Methode ansahen, eine Antwort zu finden. Somit widersprach es aller Konsequenz und war geradezu eine Verkehrung ihrer eigenen Grundanschauung, wenn nunmehr versucht wurde, gegen archäologische Beweise auf außer-archäologischem Terrain zu Felde zu ziehen. Wenn es einen Konflikt gab, dann war es Sache der objektiven archäologischen Evidenz, der in Groß-Simbabwe erhobenen Befunde, die Rassentheorien zu widerlegen, und nicht umgekehrt. Halls rassistischen Auffassungen, so subjektiv und archäologisch bedeutungslos sie sind, steht die Ansicht eines Mannes wie Frederick Courtenay Selous gegenüber, der viele Jahre durch Mashonaland reiste, Land und Leute wie kein anderer kannte und daher angeheuert wurde, die Besatzungstruppen der *British South Africa Company* zu führen. Er hörte nie auf zu versichern, er sähe keinerlei Grund, weshalb nicht die Karanga Groß-Simbabwe erbaut haben sollten. Von ihrer Organisation her, begabungsmäßig und technologisch wären sie dazu durchaus in der Lage, und es hätte ihnen auch an der Chance nicht gefehlt, einen solchen Bau auszuführen: »Es gibt zahlreiche Beweise dafür, daß . . . die Vorfahren der heutigen Bewohner des [nordöstlichen] Mashonalandes in wohlgebauten, ummauerten Städten lebten . . . Es brauchte nur vor hundert Jahren, als es bei den Eingeborenen noch üblich war, Mauern aus wohlgefügten Granitsteinen zu bauen, einen tatkräftigen Häuptling zu geben, so sehe ich keinerlei Grund, warum ein solcher sich nicht ein Bauwerk wie Groß-Simbabwe errichten lassen sollte«.[9]

Erst eine ganze Generation später, 1929, entsandten die *Rhodes Trustees* und die *British Association* abermals einen Archäologen, der Groß-Simbabwe untersuchen sollte. Abermals setzte eine Versammlung der *Association* in Südafrika, bei der die Ergebnisse vorgelegt werden sollten, eine Zeitgrenze. Diesmal fiel die Wahl auf Gertrude Caton-Thompson, deren Stellung in der Fachwelt, deren Fähigkeiten und Erfahrung denen MacIvers zumindest ebenbürtig waren. Und ebenso wie MacIver hatte sie zuvor ihre wissenschaftliche Qualifikation durch jahrelange archäologische Arbeit in Ägypten erworben und unter Beweis gestellt. Von Anfang an war ihr klar, daß die Art des Streits um die Ruinen und die Tatsache, daß es MacIver nicht gelungen war, einen schlüssigen Beweis für die Datierung zu finden, nur eines bedeuten konnte: Sie hatte sich selbst auf die eng genug gefaßten Grundfragen – die Fragen nach dem ›Wer?‹ und ›Wann?‹ – zu beschränken, und es galt, diese Fragen auf die schlüssigste und elementarste Weise zu beantworten. Mit anderen Worten: Sie mußte datierbare Importware in stratigraphischem Zusammenhang mit dem Bauwerk finden: »Im Brennpunkt meiner Forschungen stand in erster Linie das Sammeln stratigraphischer Fakten, die direkten Bezug zu den Daten der Errichtung, des Höhepunkts und des Verfalls der . . . Bauwerke [aufwiesen] . . . Die wichtigste Grundfrage schien für mich eine Datierung der Gründung und des Besiedlungsbeginns«.[10]

Um diese Ziele zu erreichen, wählte Gertrude Caton-Thompson ein Bauwerk in Groß-Simbabwe aus, das erstens bei früheren Grabungen am wenigsten beschädigt worden war, das zweitens alle von Hall aufgestellten architektionischen Merkmale eines ›ursprünglichen‹ Baus aufwies, so daß, was immer sie fand, nur mit den Ur-Erbauern in Zusammenhang gebracht werden konnte, und das schließlich drittens eine praktikable Flächenausdehnung und eine entsprechende Tiefe der archäologischen Schichten aufwies, denn sie war der Auffassung: »Man muß ein vollständiges Areal vom Bodenniveau bis hinab zum natürlichen Felsgrund ausgraben, dabei die Fundamente sämtlicher Mauern, die dieses Terrain enthält, freilegen, um über jeden Zweifel hinaus die Beziehung der untersten Besiedlungsschicht zu den ausgelegten Fundamenten klarzustellen«.[11] Dies war das erste und einzige Mal, daß in Groß-Simbabwe eine regelrechte Flächengrabung unternommen wurde. Sie versprach Einblick in die Funktion der Einfriedungen und die soziale Organisation ihrer Bewohner, desgleichen aber auch die Gewinnung voll repräsentativen datierbaren Materials, das Zufallsfunde kaum je in diesem Maße erbringen konnten.

Gertrude Caton-Thompsons Wahl fiel auf die Maund-Ruine (Abb. 3), ein Bauwerk, das, vom elliptischen Bauwerk aus gesehen, am jenseitigen Talende liegt. Es besaß zahlreiche Abschnitte vorzüglich in Lagen gemauerten und behauenen Mauerwerks, die in Torgängen mit runden Konturen ausliefen, oft flankiert von gekerbten Bastionen. Sieben Arbeitswochen waren hier erforderlich, um Belegmaterial für die gesamte Geschichte der Ruinen zu gewinnen. Doch mehr noch: Gertrude Caton-Thompson war die erste und einzige Ausgräberin Groß-Simbabwes, die ihr gesamtes Material mit vollständigen Fundverzeichnissen und detaillierten Beschreibungen sämtlicher Funde veröffentlichte, so profan diese sich im einzelnen auch ausnehmen mochten, und die ihrer Veröffentlichung schließlich auch Fotos der meisten Gegenstände beifügte.

Den granitnen Naturfelsen unter den Ruinen bedeckte – ein Verwitterungsprodukt – eine Schicht gelben Sandes. In seinen oberen Partien war dieser Sand weiter ausgewittert, so daß er einen rötlichen Boden bildete: Eine für die dortige Gegend völlig normale Formation. Der Sand war unversehrt, doch in der Bodenschicht darüber fanden sich verstreut einige Artefakte: eiserne Hacken, Speere und Pfeilspitzen, aus Bronzedraht gefertigte Reifteile sowie dicke, rötliche Topfscherben aus grobem Material, verziert mit Abdrücken viereckig gezählter Kämme. Auch die Basen sämtlicher Mauern wurden freigelegt, und es zeigte sich: Alle bis auf eine ruhten auf oder unmittelbar unter der Oberfläche der rötlichen Bodenschicht. Dieses Erdreich und die Gegenstände, die sich in ihm fanden, bedeckte eine 0,30 m dicke *daga*-Bodenschicht. Sie erstreckte sich über die gesamte Innenfläche der Einfriedung und stieß gegen die Füße der Mauern. In und auf dieser *daga*-Schicht hatte man aus einer *daga*-Masse von etwas anderer Farbe und Beschaffenheit große Rundbauten errichtet. Die Granitmauern der Ruine stießen unmittelbar an diese *daga*-Bauten und bildeten mit ihnen ein zusammengehöriges Ganzes aus *daga*-Hütten mit kleinen, steineingefaßten Höfen ringsum. Die enge zeitliche Zusammengehörigkeit von *daga*-Boden, *daga*-Hügeln und Mauern bewies vor allem eine Mauer, die auf Naturboden errichtet war und dann nach und nach erweitert wurde – zuerst über den *daga*-Boden, dann über eine *daga*-Schüttung von einem der Hügel, doch ihr Stil – feinstes, lagerhaftes und behauenes Mauerwerk – blieb unverändert.[12] Die *daga*-Hügel enthielten eiserne Gegenstände genau wie die, die man unter dem Boden fand, doch die Tonware in ihnen war nun anders (Abb. 19). Es handelte sich nun um Scherben dünnwandiger Gefäße mit glänzendem, metallischem Graphitschimmer oder von dickwandigen Gefäßen mit weicher Oberfläche und einfachen, plump modellierten Gefäßrändern. Schließlich hatte sich eine dünne Schicht schwarzer Erde über den Ruinen der Einfriedung angesammelt. In ihr fanden sich zwei Fragmente skulpierter Saponit-Schalen sowie sechs Tonscherben mit eingeritzten polychromen Mustern (Tafel 91). Dieser Befund läßt mehrere Deutungen zu, die sich voneinander leicht unterscheiden. Gertrude Caton-Thompson hielt die *daga*-Hügel für etwas jünger als den Boden. Sie betrachtete sie als Überreste von *daga*-Neubauten, die man anstelle früherer *daga*-Bauten genau gleicher Größe und Form errichtet habe. Heute sieht man dies etwas anders. Zwar wurden ganz sicher all diese Bauten nicht genau zur gleichen Zeit errichtet, doch bei den meisten muß es sich wohl um die ursprünglichen Bauwerke handeln, die mehr oder weniger aus der gleichen Zeit stammten wie die Mauern selbst.

Gertrude Caton-Thompson meinte auch, die Hersteller der älteren, mit Kamm-Abdrücken verzierten Keramik, die man unter dem *daga*-Boden fand, seien die Mauer-Erbauer gewesen. Sie hätten Frondienste für spätere Eroberer geleistet, die die Graphik-Keramik benutzten. Bei späteren Arbeiten hat sich indessen herausgestellt, daß in Wirklichkeit die Hersteller der beiden Tonwaren zeitlich durch mehrere Jahrhunderte voneinander getrennt waren und daß die ältere, frühere Bevölkerung nichts mit den Steinmauern zu tun hatte. Dennoch wurden mehrmals die grundlegenden Fakten auf breiterer Basis und unter sehr viel weiter entwickelten Grabungsbedingungen demonstriert: »Wenn wir unter einem *Eingeborenen* jemanden verstehen, der in dem Lande geboren ist, wo er auch sein Leben verbringt, dann sind die Ruinen, meiner Ansicht nach, im vollen Sinne des Wortes ›eingeboren‹«.[13] Allerdings fehlte jedweder Gegenstand exotischer Herkunft, und dies machte Gertrude Caton-Thompsons Datierungsbemühungen ebenso erfolglos, wie es die entsprechenden Bemühungen ihres Vorgängers vereitelt hatte.

Caton-Thompson suchte dann das Beweismaterial, das ihr bisher entgangen war, außerhalb der West-Einfriedung auf der Anhöhe, wo es den Anschein hatte, als ob die Bewohner des Platzes ihren Abfall hingeschüttet hätten, bevor man die Abhänge terrassierte. Die Grabung bewies: Genau dies war in der Tat der Fall, und unter einer bis zu 5,50 m mächtigen Schüttung aus *daga* und Steinen wurde ein bis zu 1,80 m starker Køkkenmøddinger festgestellt, der auf dem kahlen Felsboden der Anhöhe ruhte. Der Abfall, der sich hier angesammelt hatte, enthielt nur sehr wenige kleine Eisengegenstände, und obwohl die Tonscherben im Grunde denen in der Maund-Ruine sehr ähnlich waren, fehlten doch die dickwandigen Gefäße, und ein großer Teil dieser Keramik wies nur eine sehr kümmerliche Oberflächenbehandlung auf. Ein neues Element waren kleine Tonzylinder, die den von Bent und Hall gefundenen *phalloi* sehr ähnlich waren, und schließlich gab es auch importierte Ware: hundert winzige, zylindrische Glasperlen, fast alle von gezogenen Glasröhrchen abgeschnitten und dann nochmals erhitzt, um die

Kanten zu ›entschärfen‹ (Tafel IX). Die Farbtöne waren: Schwarz, Weiß, Gelb und Rot, außerdem gab es verschiedene Blauschattierungen. Schon früher hatte man derartige Perlen gefunden, doch hatte man noch nie den Versuch unternommen, sie zu datieren. Tatsächlich war und bleibt dies ein schwieriges Problem, denn es handelt sich um Produkte einer sehr einfachen Technologie, und obwohl man heute ähnliche Perlen von zahlreichen Fundstätten in Zentral-Südafrika sowie von der Ostküste her kennt und sie sehr wahrscheinlich aus Ländern am Indischen Ozean kamen, die Handelsbeziehungen zu Ostafrika hatten, so wurden doch die Zentren ihrer Herstellung und Verbreitung nie definitiv lokalisiert, geschweige denn erforscht oder datiert. Gertrude Caton-Thompson ließ ihrerzeit diese Perlen durch einen Experten mit anderen entsprechenden Stücken aus außerafrikanischen Sammlungen vergleichen. Alles, was sich damit nachweisen ließ, war: Die Assemblage als ganzes hatte nicht die mindeste Ähnlichkeit mit irgendwelchen Funden aus dem vorrömischen Nahen Osten oder dem Mittelmeerraum. Dafür ähnelten einige dieser Perlen entsprechenden Stücken in einem südindischen Hortfund aus dem siebenten oder achten Jahrhundert oder einer verwandten malayischen Gruppe, die wahrscheinlich aus dem neunten Jahrhundert stammte.[14] Doch die Entsprechungen waren keineswegs vollständig und noch weniger schlüssig. Dieses etwas unbefriedigende Resultat war umso ärgerlicher, da eine *daga*-Rundhütte außerhalb der Ostruinen am entlegensten Ende des Tales zwei chinesische Seladon-Scherben erbrachte, die sich sehr viel leichter und verläßlicher in »die Sung-Periode, 10.–13. Jh. n. Chr.« datieren ließen. Doch weil die Hütte isoliert stand, läßt sich dieser Zeitansatz nicht ohne weiteres auf die Steinmauern übertragen.[15]

Schließlich demonstrierte Gertrude Caton-Thompson die Wahrscheinlichkeit, daß ihre Ergebnisse sich auf alle Bauwerke Groß-Simbabwes anwenden ließen, indem sie in verschiedenen Abschnitten außerhalb des elliptischen Bauwerks sechs Suchgräben anlegen ließ und sogar auf höchst dramatische Weise unter dem konischen Turm einen Stollen von einer Seite zur anderen grub. Nach all dem blieb »nicht ein einziger Punkt, der sich nicht mit der Feststellung vereinbaren ließ, daß Bantu-Leute die Erbauer waren und daß das Bauwerk aus dem Mittelalter stammte«.[16]

Während der nächsten 30 Jahre geschah dann kaum etwas Bedeutendes. Erst die fünfziger Jahre unseres Jahrhunderts brachten erneut einen großen Aufschwung des Interesses und der Aktivität im Hinblick auf die Erforschung des jüngeren Vor- und Frühgeschichtsphasen des afrikanischen Kontinents. Rhodesiens Ruinen boten einen großen Anreiz, und in Rhodesien hatte archäologische Feldarbeit bereits Geschichte. Daher stand Rhodesien zwangsläufig im Brennpunkt dieses Interesses. Während dieser

Phase wurden mehrere kleinere Ausgrabungen überall im Lande durchgeführt, desgleichen untersuchte Keith Robinson in seiner Eigenschaft als *Inspector of Monuments* in aller Gründlichkeit die Khami-Ruinen. Und diese Forschungsarbeiten ermöglichten bereits eine Art zusammenfassender Synthese. Notgedrungenermaßen war dies fast ausschließlich die Domäne isoliert arbeitender landesansässiger Archäologen. Vielleicht ist es darauf zurückzuführen, daß die Arbeit, die getan wurde, sich sehr stark in Richtung auf die bloße Aufstellung einer lokalen Keramiksequenz orientierte.

Kurz vor Beginn des Jahrzehnts begann sich eine Lösung des noch immer anstehenden Problems abzuzeichnen, wie man Simbabwe verläßlich datieren könne, obwohl Importwaren entweder nicht datierbar oder außergewöhnlich selten waren. Die Lösung hieß: Radiokarbondatierung. 1950 entdeckte man im elliptischen Bauwerk zwei Pfähle aus *Spirostachys africana*. Sie stützten einen Abflußgraben durch die innere Mauer der Parallel-Passage, eine der ältesten Mauern des Bauwerks, die stilistisch mitten zwischen der unregelmäßigeren und der regelmäßigen, lagerhaften Bauweise liegt. Von beiden Pfählen datierte man Proben. Die Ergebnisse: 590 n. Chr. ± 120 Jahre (C-613) und 700 n. Chr. ± 90 Jahre (C-917) bzw. 710 n. Chr. ± 80 Jahre (GL-19).[17] Diese Daten weisen viel weiter zurück als MacIvers und Gertrude Caton-Thompsons Schätzungen des Alters dieses Gebäudes, doch strenggenommen bezogen sie sich ja auch nicht auf dieses.

Sie lassen einzig und allein erkennen: Die Mauer muß irgendwann nach dem 5. Jahrhundert unserer Zeitrechnung erbaut worden sein. *Spirostachys africana* wird bis zu 500 Jahren alt. Entnimmt man daher sein Testmaterial den inneren Holzpartien, so können die Radiokarbondaten einen Zeitpunkt angeben, der sehr viel früher liegt als die Zeit, in der das fragliche Holzstück tatsächlich verarbeitet, zugeschnitten wurde. Mehr noch – wie schon Mauch bemerkte, als er *Spirostachys*-Pfosten im gleichen Bauwerk als Türstütze verwendet sah und daraus seine Theorie wob, ja wie die Erhaltung dieser Pfosten bis in unsere Tage zeigt: Dieses Holz ist äußerst dauerhaft, haltbar, widerstandsfähig. Insekten, Termiten und Witterung können ihm fast gar nichts anhaben. Die Pfosten können daher von sehr viel älteren Bauwerken stammen, von denen keine Spuren mehr erhalten sind, und es ist durchaus möglich, daß man sie immer wieder und wieder verwendete, bevor sie schließlich in den Abzugsgraben eingefügt wurden. Um all dieses klarzustellen und auch um die zunehmende Masse neuer Informationen von anderen Grabungsstätten artikulieren zu helfen, unternahm man 1958 neue Grabungen in den Ruinen. Das Hauptziel war außerordentlich eng gesteckt.

Es lautete: ›Aufstellung einer Keramiksequenz in Simbabwe‹.[18] Um die-

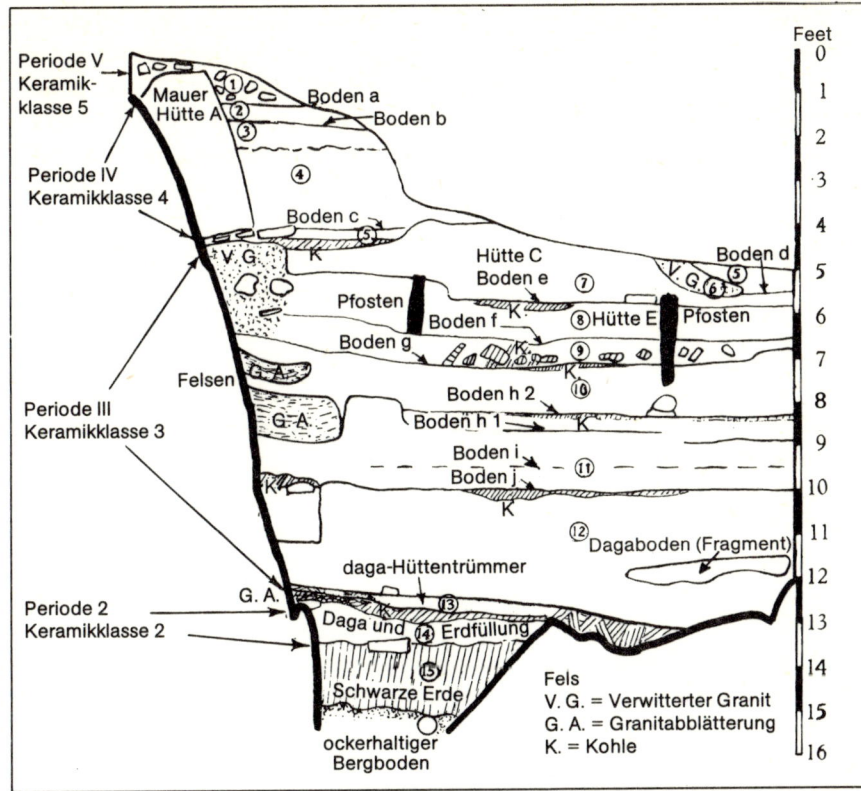

Periode V
Keramik-
klasse 5

Mauer
Hütte A
Boden a
Boden b

Periode IV
Keramikklasse 4

Boden c

V. G.
K

Hütte C
Boden e
Boden d
V. G.

Pfosten
K
Hütte E
Pfosten
Boden f
Boden g
K
K

Felsen
G. A.
Boden h 2
Boden h 1
K

Periode III
Keramikklasse 3

G. A.
Boden i
Boden j
K

K
Dagaboden (Fragment)

daga-Hüttentrümmer

G. A.

Periode 2
Keramikklasse 2

Daga und
Erdfüllung

Schwarze Erde

ockerhaltiger
Bergboden

Fels
V. G. = Verwitterter Granit
G. A. = Granitabblätterung
K. = Kohle

Feet
0
1
2
3
4
5
6
7
8
9
10
11
12
13
14
15
16

17. Robinsons
Hauptschnitt
durch die Böden
und Trümmer
aufeinander-
folgender *daga*-
Bauten in der
westlichen Ein-
friedung der
Bergruinen.
Robinson unter-
teilt das Material
in ›Perioden‹ und
›Keramikklassen‹.

ses Ziel zu erreichen, entschloß sich Robinson, in der Westeinfriedung
auf der Anhöhe einen Suchgraben anzulegen. Hier hatten einst die archäologischen Schichten ihre größte Mächtigkeit besessen, obwohl Hall 1903
davon 1,50 m abgetragen hatte und 1915 viel von dem, was übriggeblieben
war, dem *Public Works Department* zum Opfer fiel, das einen großen Teil
des Materials ausschaufeln und über die Felsklippen gehen ließ, um den
Druck zu verringern, von dem man fürchtete, daß er die Mauern beschädi-
gen würde.[19]

Doch immerhin – an dem von den Mauern am weitesten entfernten Punkt
blieben für Robinsons Zwecke noch genügend archäologische Schichten
übrig (Abb. 17). An einem Ende des Grabens, den Robinson anlegen ließ,
traten die erodierten Überreste einer Hütte mit kreisrunder Außenwand aus
der Oberfläche hervor.

In ihrem Innern fanden sich neun kleine Glasperlen, eine Speerspitze, etwas
Kupfer- oder Bronzedraht und Teile von vier kleinen Töpfen oder Näpfen
mit kugelförmigem Gefäßkörper, deutlich sich abzeichnenden senkrechten
Hälsen und mit Graphit behandelten Außenwänden, dazu zwei größere,

109

dickere Gefäße mit schwer ausgeformten Mündungslippen (von einem Hals kann man in diesem Fall kaum sprechen) (Abb. 19). Diese Keramik entsprach ganz der Tonware, die Gertrude Caton-Thompson in der Maund-Ruine fand. Aus diesem Material abstrahierte und definierte Robinson eine ›Periode IV‹. Unter der Hütte befanden sich fortlaufende Schichten von *daga*. Ihre Gesamtmächtigkeit betrug ca. 2,50 m. Sie bestanden aus Böden und aus nacheinander erbauten Hütten mit dicken Wänden aus fester *daga*-Masse. Auch in und zwischen den Hütten wurden einzelne Strukturen wie Herde, Gräben und Topf-Abstellplätze freigelegt, doch unterließ man den Versuch, einen vollständigen Hüttenplan aufzudecken. Alles schien »von besserer Machart« als die obere Hütte, und die unteren Schichten enthielten »die kunstreichsten und vollendetsten *daga*-Bauwerke«. Außerdem barg man Teile von 25 Gefäßen und 3 offenen Schalen oder Näpfen. Die Töpfe besaßen die gleiche Grundform wie die in der oberen Hütte.

Allerdings zeigten ihre Hälse meist eine Einwärtsneigung, und in einigen wenigen Fällen besaßen sie einen Graphitüberzug. Es scheint sich um Gefäße gehandelt zu haben, die etwas einfacher waren als die, die Gertrude Caton-Thompson in dem Abfallhaufen an den Hängen unterhalb dieser Einfriedung fand. Ganz sicher aber besteht keinerlei Unterschied zwischen den mehreren hundert kleinen zylindrischen oder kugelförmigen Perlen aus diesen archäologischen Schichten und den entsprechenden Stücken, die Frau Caton-Thompson in der Abfallhalde barg. Aus diesen Funden setzte sich Robinson's ›Periode III‹ zusammen. Stücke eines verkohlten Holzpflocks im obersten *daga*-Boden wurden auf 1440 n. Chr. ± 150 Jahre (M-915) datiert. Unter diesen Ablagerungen befand sich eine Schicht von *daga*-Fragmenten, die Spuren von Feuer-Einwirkung aufwiesen. Man erkannte noch die Spuren der Holzpfähle, die einst von der *daga*-Masse umgeben waren. Untermischt war das ganze mit einigen Scherben der Periode III. Die Pfostenreste wurden auf 1075 n. Chr. ± 150 Jahre (M-914) datiert.[20]

Der Hauptgraben stieß nur auf Taschen von Naturboden, die sich in Spalten zwischen den Felsblöcken der Anhöhe gehalten hatten. Doch konnte Robinson die untersten Schichten in drei Gräben untersuchen, die näher bei den Mauern in die Tiefe getrieben wurden (Abb. 18). Sie zeigten: Die Schicht von *daga*-Fragmenten mit Pfahl-Abdrücken bedeckte einst die gesamte Einfriedung, und wo sie nicht unmittelbar auf Felsblöcken auflag, versiegelte sie in der Regel Abfallmaterial, das sich in Felsspalten abgelagert hatte. Dieses Abfallmaterial enthielt sehr viel mehr Gefäßscherben als jede der oberen Schichten; die Fragmente müssen von nicht weniger als 77 Gefäßen herrühren. 29 Töpfe hatten die gleiche Grundform wie die entsprechende Nachfolge-Keramik, nur daß die Mündungen in der Regel recht weit

110

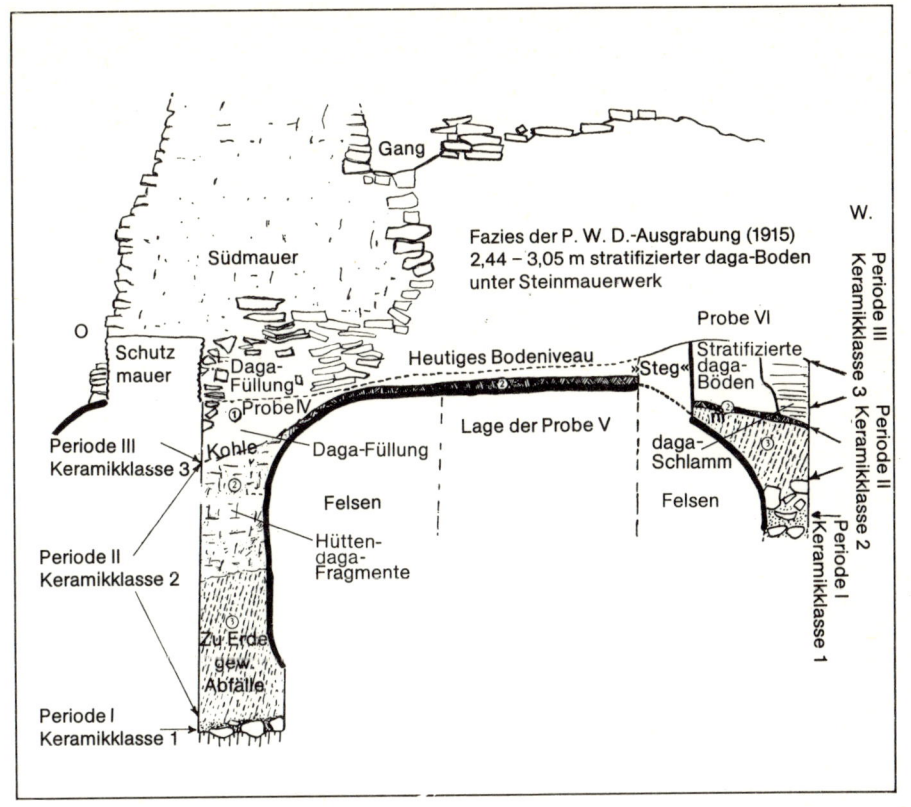

Fazies der P. W. D.-Ausgrabung (1915)
2,44 – 3,05 m stratifizierter daga-Boden
unter Steinmauerwerk

Gang

W.

Südmauer

Probe VI

Periode III
Keramikklasse 3

O

Schutz
mauer

Daga-
Füllung

Heutiges Bodeniveau

Probe IV

»Steg«

Stratifizierte
daga-
Böden

Periode II
Keramikklasse 2

Periode III
Keramikklasse 3

Kohle

Daga-Füllung

Lage der Probe V

daga-
Schlamm

Felsen

Felsen

Periode I
Keramikklasse 1

Periode II
Keramikklasse 2

Hütten-
daga-
Fragmente

Zu Erde
gew.
Abfälle

Periode I
Keramikklasse 1

18. Robinson's
Schnitt durch
Schichten an der
Südmauer der
westlichen Ein-
friedung. Man er-
kennt das Ver-
hältnis zwischen
Steinmauern und
daga-Lagern.

waren, die Hälse sich kaum vom Gefäßkörper abhoben und die Gefäßoberflächen oft nur recht ärmliche Bearbeitung erkennen ließen. Bei 48 Gefäßen
handelte es sich um einfache, glatte, offene Schüsseln oder Näpfe – ein in
jüngeren Schichten außerordentlich seltener Gefäßtyp, wenn er dort nicht
sogar gänzlich fehlt. Zweiundvierzig Perlen, die gleichfalls zum Vorschein
kamen, repräsentierten den gleichen Typus wie andere Perlen, die man
schon früher entdeckt hatte. Die einzige Ausnahme bildeten sieben grau-
bis grünlich-blaue, durchschimmernde bis durchsichtige Zylinder mit
scharfen Schnittkanten an den Enden. Außerdem fanden sich in diesen
Müllablagerungen und unter den *daga*-Fragmenten Bruchstücke kleiner
Tonfigürchen von Tieren (Tafel 89) – insbesondere von langgehörnten Rindern –, daneben von Menschenfigürchen und ›phalloi‹; diese unterschieden
sich von den früher entdeckten, entsprachen aber den Funden Gertrude
Caton-Thompsons in der von ihr ausgegrabenen Müllschicht. Robinson
faßte die mit *daga* beworfenen Holzbauten mit diesen Müllablagerungen
zusammen und bezeichnete das Material als ›Periode II‹.
Schließlich fand man zwischen Steinen oder oben auf einer dünnen Ein-

111

sprengung natürlichen Erdbodens in Felsspalten unterhalb des Abfalls Teile von 34 Gefäßen mit eingedrückten Mustern oder breiteingekerbten Linien, ähnlich den Scherben, die Gertrude Caton-Thompson im Erdreich unter der Maund-Ruine entdeckt hatte (Abb. 21). Sie waren deutlich von jüngerer Tonware zu unterscheiden und ließen sich einer damals schon relativ gut bekannten früheisenzeitlichen Tradition zuordnen. Diese Phase bezeichnete Robinson als ›Periode I‹. Das aus einer Holzkohlenprobe vom Boden des Abfalls gewonnene Radiokarbondatum 320 n. Chr. ± 150 Jahre (M-913) sah man als mit der fraglichen Kulturphase vereinbar an.

Auch die stratigraphische Beziehung zu den Steinmauern konnte Robinson klären. Und zwar glückte ihm dies in einem seiner späteren Gräben, der an die Südmauer der Einfriedung stieß – eine Mauerpartie, deren unregelmäßige Steinlagen auf die früheste, älteste Stilperiode zurückweisen (Abb. 18). Sie ruhte auf einer Füllung aus solider *daga*-Masse, und unter dieser Füllung zog sich die Schicht der *daga*-Fragmente mit Pfahl-Eindrücken hin, die die Fundlager aus Robinsons Periode II verschloß. Demzufolge konnte die betreffende Mauer nur während der Periode III entstanden sein. Robinsons Arbeit über die Keramiksequenz fand ihre Ergänzung durch die Studien Whittys über die Mauerarchitektur. Wie bereits erwähnt, konstatierte Whitty noch einmal die drei unterschiedlichen Bauweisen. Und außerdem wies er nach: Die drei Stile folgten einander stets in der gleichen Reihenfolge. Dies konnte nur eines bedeuten: Die Stilfolge mußte chronologische Bedeutung haben – sie mußte mit der Zeitstellung zusammenhängen. In Verbindung mit den Arbeiten Whittys führte Summers im elliptischen Bauwerk Grabungen durch. Obwohl Hall bei seiner ›Säuberungsaktion‹ nur wenig übriggelassen hatte, deckte er unter den von Hall freigelegten Böden noch immer eine Reihe von *daga*-Lagern auf. Je nach Farbe und Zusammensetzung unterschied er dabei acht verschiedene *daga*-Typen, die – ganz ähnlich wie die Mauerstile – eine gleichförmige Abfolge erkennen ließen. Einige davon stießen an Steinmauern oder liefen unter diesen hindurch. Diese Entdeckungen erlaubten es, die Reihenfolge der Mauerstile archäologisch so weit abzusichern, daß Whittys Architektur-Analyse auch von dieser Seite her als bekräftigt gelten kann.

Infolge der besonderen Zielsetzung und der Lage seiner Ausschachtungen waren Summers' Kleinfunde nur geringfügig. Die Scherben, die er barg, wurden einfach aufgrund der Arbeiten, die Robinson auf der Anhöhe durchgeführt hatte, klassifiziert und nicht etwa dazu benutzt, Robinsons Auffassungen zu modifizieren oder zu erweitern. Allerdings gab es genügend Keramik, so daß man nun die Mauern mit regelmäßigen Lagen behauener Steine der Periode IV zuweisen konnte. In einem Abschnitt des Geländes lag unter den ältesten Böden und unter den ältesten Mauertrümmern eine flache,

112

doch ausgedehnte Grube voll von Haushaltsüberresten. Dies war die einzige Stelle, wo Summers beträchtlichere Mengen von Zeugnissen der materiellen Kultur fand, darunter eine Tonscherben-Assemblage mit mehr Keramikfragmenten als in sämtlichen Schichten der Perioden III oder IV oben auf der Anhöhe. Summers unterschied hier zwei getrennte Phasen. Aus den unteren Schichten, so meinte er, stamme Keramik der Periode III, aus den oberen Schichten dagegen Keramik der Periode IV. Robinson dagegen erblickte in der Tonware der unteren Schichten eine in sich geschlossene, innerlich einheitliche Übergangsgruppe zwischen den Perioden III und IV: »Nichts davon läßt sich als [Keramik der Periode] III ansehen, doch es kann [Periode]III unter starkem Einfluß von [Periode]IV sein«.[21] Holzkohle in der fraglichen Grube lieferte ein Radiokarbondatum um 1380 n. Chr. ± 90 Jahre (SR-47).[22] Für den gleichen Zeitansatz sprach auch ein Fragment bemalten Glases, das unweit vom Rand der fraglichen Grube auf dem ursprünglichen Boden unter den schlecht verlegten Mauern der Einfriedung 1 gefunden wurde (Tafel X) – mithin unter der ältesten Einfriedung im Bauwerk, deren Trümmer noch erhalten sind. Man identifizierte es als »charakteristisches Beispiel einer während des Mittelalters im Nahen Osten viel verbreiteten Glasart«, für das »ein Zeitansatz etwa im 14. Jahrhundert sehr wahrscheinlich ist«, ohne daß »eine zeitliche Phasenverschiebung bis ins 15. Jahrhundert« auszuschließen wäre.[22] Robinsons und Summers' Untersuchungen gaben dem archäologischen Beweismaterial über Groß-Simbabwe eine völlig neue Dimension. Nicht nur, daß sie die Resultate ihrer seriösen Vorgänger bestätigten und erneut feststellten: Die Bauwerke sind klar einheimischen Ursprungs, und es fehlt wirklich jeder Anhaltspunkt für die Annahme, daß je Fremde hier siedelten, sondern auch der Zeitansatz der ältesten Mauern innerhalb der letztvergangenen zehn oder zwölf Jahrhunderte wurde durch neue Methoden bekräftigt. Doch wichtiger noch: Groß-Simbabwes Vorgeschichte erhielt eine neue Perspektive und Dynamik, denn erstmals konnte gezeigt werden: Simbabwe war keine entwicklungslose, statische ›Anomalie‹, sondern hatte sich allmählich über Jahrhunderte hinweg herausgebildet. Freilich war die Menge des zutage geförderten Materials sehr beschränkt, und dies wiederum engte den Spielraum ungeheuer ein, innerhalb dessen Verallgemeinerungen mit Anspruch auf Gültigkeit statthaft und möglich waren. Dennoch: Robinson und Summers gingen sehr viel mehr ins Detail als je einer ihrer Vorgänger. Damit freilich schlugen sie eine Richtung ein, in der ihnen viele Nicht-Archäologen nachfolgten, die sich auf ihr Werk beriefen – die Richtung zu allzu einfachen Vorstellungen vom Prozeß kulturellen Umschwungs und zu einer Starrheit der Chronologie, die eher geeignet war, kreatives Denken im Fall des Simbabwe-Problems zu blockieren.

So betrachtete man alle vier Perioden als ›klar und deutlich‹.[24] Doch offenkundig ließ sich nicht viel Sinnvolles über Periode I sagen, denn in ihrem Fall bestand das Belegmaterial in Groß-Simbabwe aus ein paar verstreuten Scherben, die mit keinerlei Siedlungsniveau, Siedlungsresten oder Trümmern von Bauten in Zusammenhang standen. Gewisse Ähnlichkeiten zwischen der Keramik der Periode II und moderner Karanga-Tonware (das einzige Beispiel dafür war allerdings, daß einige Gefäße in beiden Gruppen hohle Basen besaßen) führte zu der Behauptung, Tonware aus der Periode II sei vielleicht »eine Vorstufe heutiger Keramik, wie gewisse Makaranga-Völkerschaften sie in der Neuzeit herstellen«, und deshalb seien die Leute der Periode II »entfernte Vorfahren der heutigen Karanga«. Periode II, so wurde behauptet, »endete mit der Zerstörung der Hütten im elften Jahrhundert«, Periode III sei dagegen »gekennzeichnet durch drastische Veränderungen und Neuerungen« sowie »neuen Ideen, von Einwanderern eingeführt, die vielleicht Vorfahren der heutigen Shona-sprechenden Stämme waren«. Robinson war auch der Ansicht, dies habe »die Form einer Eroberung durch ein Volk« angenommen, »dessen Kultur der des unterworfenen Volkes überlegen war«. Eine ähnliche, plötzliche Änderung der Verhältnisse machte man für den Anbruch der Periode IV verantwortlich, und es war in diesem Zusammenhang bald vom »Eindringen einer anderen Bevölkerungsgruppe«, von »neuem und kräftigem Blut«, von der »Ankunft eines neuen und vitalen Elements«, von der »Machtergreifung eines neuen Herrschers, dessen Leute, obwohl mit den Bewohnern Zimbabwes vielleicht verwandt, sich doch eine etwas andere Lebensweise angeeignet hatten als ihre Verwandten aus Zimbabwe«, bald aber auch wieder von einem »inneren politischen Umschwung« die Rede. Sowohl »aus Gründen der Überlieferung wie auch aus geschichtlichen Gründen« sah man in den Trägern der Periode IV die Rozwi, und man war der Ansicht, im 19. Jahrhundert sei ihrer Herrschaft durch neue Invasoren ein Ende bereitet worden. Obwohl nach Summers' Vermutungen Perioden »II, III und IV vielleicht nur geringfügige Akzentverschiebungen innerhalb einer ansonsten homogenen kulturellen Einheit« darstellen, so blieb man doch im Grunde dabei, die Geschichte Groß-Simbabwes, so wie sie sich nach den Grabungen von 1958 darstellte, als eine Abfolge von drei mehr oder weniger tiefgreifenden und umfassenden, wenn nicht sogar abrupten, ja katastrophalen sozialen und kulturellen Veränderungen anzusehen. In der Regel nahm man an, diese Änderungen seien an bestimmten chronologisch präzise faßbaren Fixpunkten eingetreten und auf Wanderungsbewegungen zurückzuführen.[25]

Allerdings deutet das Beweismaterial in gar keiner Weise darauf hin und kann dies seiner Natur nach auch gar nicht. Ja mehr noch: An anderen Fundstellen läßt sich der Simbabwe-Befund nicht erhärten! So kennt man beispielsweise Keramik der Periode II nur aus Groß-Simbabwe sowie von geringfügigen Oberflächenfunden (insgesamt 5 noch unausgegrabene Fundstätten) in der Umgebung. Assemblagen der Perioden III und IV waren an keiner anderen Fundstätte als getrennte Gruppen nachweisbar, und alle übrigen Ruinen, die man ausgrub, enthalten, so scheint es, nur homogenes Keramikmaterial einer einzigen Gruppe.[26] Die Perioden II, III und IV definierte man unter Zugrundelegung der Scherben von 111 Tongefäßen, die samt und sonders aus einer und derselben Einfriedung in Groß-Simbabwe stammen und deren Verhältnis in den unteren Horizonten innerhalb dieser Einfriedung sehr unausgewogen ist. Außerdem repräsentierten die fraglichen Gefäße lediglich drei Grundtypen von durchweg sehr einfacher Form und Oberflächenbearbeitung (Abb. 19). Nur zehn Scherben trugen irgendeine Form von Dekoration, und die Ziermuster, die sie aufweisen, sowie die Techniken, mit deren Hilfe man diese Ziermuster anbrachte, waren einerseits so einfach, andererseits aber wieder dermaßen verschieden, daß sich ihnen keine sehr nützliche Information abgewinnen läßt. Zwar wurde dieses Fundmaterial beschrieben, wie es ihm zukam, doch unterwarf man es keinerlei Analyse – weder über seinen Verwendungszweck, noch über die Häufigkeit des Auftretens einzelner Typen machte man sich allzuviel Gedanken. Andererseits waren die Keramikfunde aber auch gar nicht zahlreich genug: Eine derartige Analyse hätte mithin auch kaum zuverlässige Resultate erbringen können. Immerhin scheint es, als ob jene Tongefäße, deren Oberfläche man eine sorgfältigere Behandlung angedeihen ließ und deren einzelne Gefäßpartien – Körper, Hals und Mündungsrand – klarer ausgebildet sind, gewisse Veränderungen erkennen ließen, und leichte Veränderungen gab es auch in der Zusammensetzung der Assemblage: Bestimmte Gefäßformen verschwanden, einige neue tauchten auf. All dies nimmt sich eher wie Anzeichen eines schrittweise vor sich gegangenen, inneren Entwicklungsprozesses innerhalb einer geschlossenen Tradition aus, der mit äußeren Einflüssen nichts zu tun hat, keineswegs aber wie Dokumente einer Reihe plötzlicher, die gesamte Kultur erfassender und umwerfender Umwälzungen. Für eine solche Deutung sprechen auch die zahlreichen Scherben aus der Abfallgrube unter dem elliptischen Bauwerk, die Robinson weder der Periode III noch IV zuweisen konnte; verbanden sich doch beide Stile hier zu einer homogenen Einheit, die den Eindruck erweckte, man habe es typologisch mit einer Übergangsphase zwischen den beiden sonst unterschiedlichen Assemblagen zu tun.

Was für die Keramik gilt, gilt auch für die anderen Funde. Wenn zur Zeit der Periode III der Bau von Steinmauern begann, so kündet dies möglicherweise nur von technischem Fortschritt und von nichts anderem sonst. Ohne Frage gibt es in Groß-Simbabwe eine Fülle von Zeugnissen dafür, daß

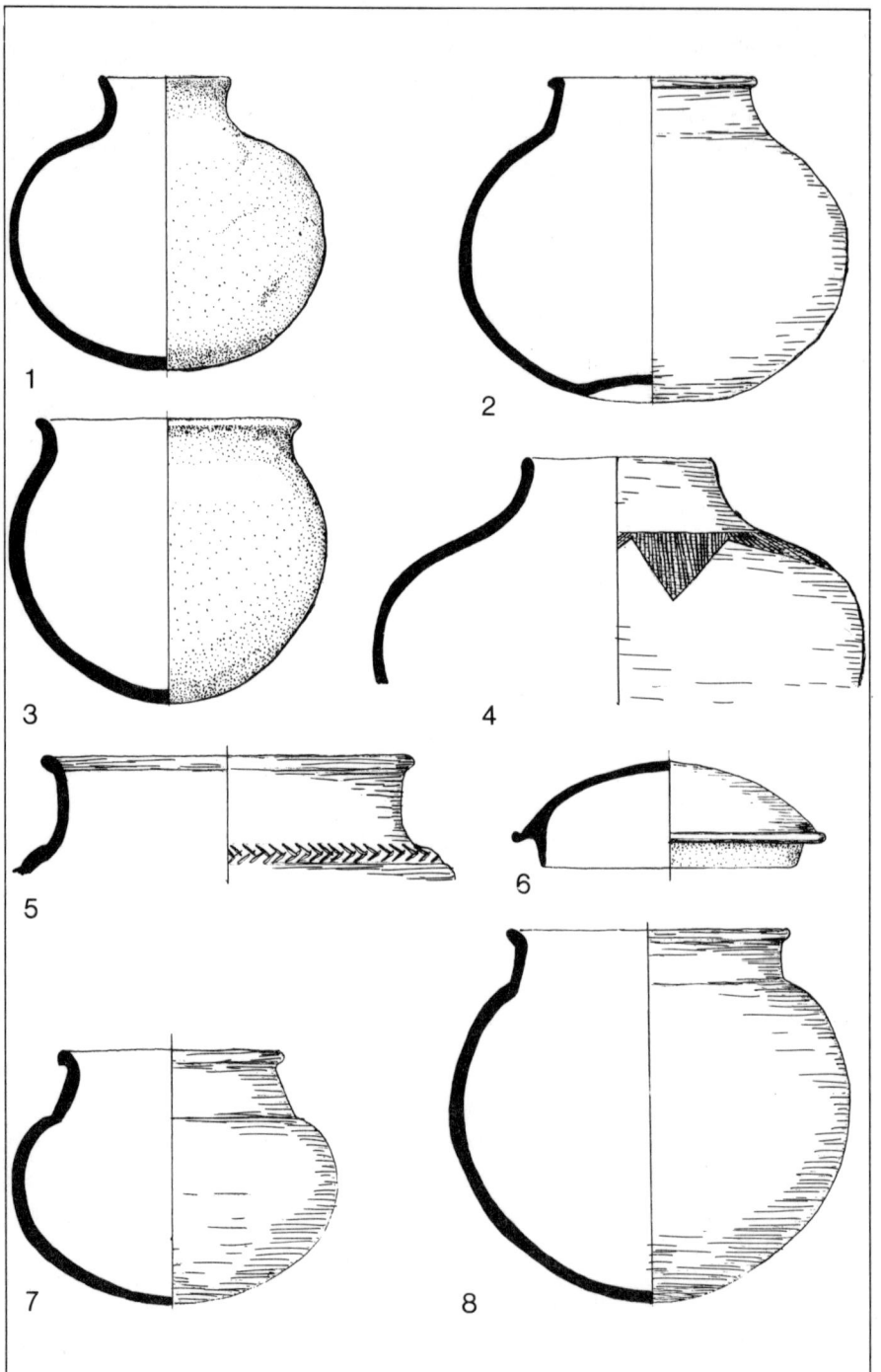

19. In Groß-Simbabwe ausgegrabene Keramik. Nr. 1 und 3 schreibt Robinson seiner Simbabwe-Periode II zu, Nr. 2 der Periode III, Nr. 4 der ›Simbabwe-Periode III unter dem Einfluß von IV‹ und Nr. 7 der Periode IV. Nr. 5, 6 und 8 stammen aus entsprechenden Ruinen und lassen sich gleichfalls als typische Formen der Periode IV betrachten.

116

die Veränderungen des Baustils zwischen den Perioden III und IV einfach Ergebnis einer Weiterentwicklung baulicher Fertigkeiten waren, zu der man sich ermutigt sah, weil mehr Arbeitskräfte und damit auch mehr Material zur Verfügung standen. Noch viel weniger lassen sich irgendwelche Qualitätsunterschiede zwischen der Periode IV zugeschriebenen *daga*-Hütte und den vier oder fünf *daga*-Bauten der Periode III in Robinsons Grabung auf der Anhöhe (noch dazu Bauten, von denen nicht ein einziger mehr vollständig war oder auch nur vollständig aufgedeckt wurde!) als architektonische Spiegelung eines vollständigen Kulturwandels betrachten. Es ist viel wahrscheinlicher, daß sich hier lediglich Unterschiede des persönlichen Geschmacks (oder des baulichen Könnens) bemerkbar machen. Von weit größerer Tragweite ist es vielleicht, daß es während der Periode II Hütten gab, die aus mit *daga*-Putz verkleideten Pfählen bestanden und keine Wände aus solider *daga*-Masse aufwiesen. Allerdings muß noch ermittelt werden, daß es sich hier um einen allgemein verbreiteten Zug handelt. Doch selbst dann könnte ein solcher Unterschied der Bauweise ebensowohl auf gesellschaftliche, funktionale oder technische Andersartigkeit hindeuten – es müssen nicht gleich Verschiedenartigkeit der Kultur oder der Stammeszugehörigkeit eine Rolle spielen! Daß es nur in Periode II Tonfigurchen gab, deutet auf Unterschiede im Denken zwischen Periode II und den nachfolgenden Kulturabschnitten hin. Doch abermals ist es übereilt, dies ausschließlich als Anzeichen weitergehender Veränderungen zu deuten – blieb doch im Bereich fast aller anderen Artefakte die zugrundeliegende kulturelle Basis die gleiche. Schließlich sind zwar die Glasperlenfunde außerordentlich unterschiedlich über die einzelnen Perioden verteilt, doch sind es immer wieder unterschiedslos die gleichen Perlen, abgesehen vielleicht von jenen sieben Exemplaren aus Periode II mit abgeschnittenen scharfen Kanten. Im übrigen würden Unterschiede in diesem Bereich durchaus nicht zwangsläufig auf kulturelle Umschwünge hindeuten, sondern allenfalls auf einen Wechsel der Bezugsquellen und somit vielleicht der Außenhandelsbeziehungen überhaupt. Doch besteht kein zwingender Grund für die Ansicht, daß derartige Änderungen unvermeidlich mit Umschwüngen im Bereich der gesamten Kultur zusammenfallen müssen. Kurz: Es gibt zwar einige Anlässe für die Annahme, daß während der Perioden II und III gewisse Änderungen eintraten – Änderungen auf dem Gebiet der Bautechnik, Änderungen gewisser Denkweisen und im Bereich gewisser Vorstellungen, Änderungen schließlich vielleicht auch der Handelsbeziehungen. Aber es fehlt jeder Hinweis, ob diese Änderungen gleichzeitig stattfanden, ob sie plötzlich eintraten und tatsächlich alles erfaßten. Noch weniger läßt es sich als Beweis für viel tiefer greifende Wandlungen anführen. Und schließlich sind die Unterschiede zwischen den Perioden III und

IV noch sehr viel geringfügiger als zwischen II und III. Tatsächlich: Alles, was sich nachweisen läßt, beschränkt sich schlicht darauf, daß technischer Fortschritt stattfand. Dies aber bedeutete einfach: Man lernte, besser seine Fähigkeiten zu gebrauchen, besser zu bauen und besser zu organisieren. Dies alles aber ist nicht nur haargenau das, was man einfach erwarten darf, sondern es wäre im umgekehrten Falle sogar höchst seltsam und unnatürlich, wenn derartige Veränderungen nicht stattgefunden hätten. Mehr noch: Sämtliche Äußerungen dieser Art waren Teil eines schrittweise ablaufenden Prozesses stetigen inneren Wachstums, und zu diesem Wachstumsprozeß gehörten wohl einfach eine ganze Reihe an sich geringfügigerer innerer Neuerungen, von denen sich ganz gewiß nur die wenigsten heute im archäologischen Befund überhaupt noch abzeichnen. In all diesen Fällen aber können durchaus normale, innere Wachstumsfaktoren wirksam gewesen sein, äußere Einflüsse durch fremde Völkerschaften braucht es dazu keineswegs. Somit beruht das gesamte Perioden-Konzept auf einer außerordentlich dünnen Schicht von Belegen und im übrigen auf falschen Voraussetzungen.

Auch die Zuweisungen der einzelnen ›Perioden‹ an einzelne Stämme sind kaum tragfähiger. Der abgebliche Unterschied zwischen der ›Karanga-Periode‹ (II) und der ›Shona-Periode‹ (III) bedeutet recht wenig, bilden doch die Karanga eine ethnische Untergruppe der Shona-sprechenden Völker. Die Zuordnung der Rozwi, der dominanten Shona-Gruppe seit dem 17. Jahrhundert, zu ›Periode IV‹ in Groß-Simbabwe geschah nicht aufgrund archäologischer Beweise, sondern »aus Gründen der Überlieferung und aus historischen Gründen«. Dies aber ist recht unbefriedigend, denn es wird sich zeigen, daß deutlichen archäologischen Hinweisen zufolge Rozwi-Aktivität in Groß-Simbabwe erst nach dem Ende der Haupt-Besiedlung zu verzeichnen ist, daß die einzigen Steinbauten, die die Rozwi je errichteten und ständig bewohnten, im Matabeleland liegen. Sie unterscheiden sich architektonisch von den Bauten Groß-Simbabwes und stammen auch nicht aus der gleichen Zeit wie diese.

Die einzigen drei Radiokarbondaten für die Steinbauwerke lauten: 1075 n. Chr. ± 150 Jahre; 1380 n. Chr. ± 90 Jahre und schließlich 1140 n. Chr. ± 150 Jahre. Sie lassen eine völlig datenlose Lücke von etwa 300 Jahren. Doch so breit der Rahmen gesteckt sein mag – vollständige Zuverlässigkeit kann man von drei Daten allein nicht erwarten. Sie verraten allenfalls, wann die Ablagerungen der Perioden III entstanden – und damit, wann die Mauern des älteren Stils erbaut wurden –: Nämlich irgendwann zwischen dem frühen 10. und dem späten 16. Jahrhundert unserer Zeitrechnung. Und die fragliche Periode, auch dies lassen die Daten noch erkennen, erstreckte sich vielleicht über einen Zeitraum von 150, vielleicht aber auch von 600 Jahren.

118

Es ist daher eine sehr irreführende Behauptung, Periode II habe »um 1100« begonnen und »ungefähr 350 Jahre« gedauert.

Obwohl Robinson, weil die von ihm entdeckten Schichten aus der fraglichen Periode so außerordentlich flach waren, einräumte, oben auf der Anhöhe könne die Besiedlungsdauer während der Periode IV nur kurz gewesen sein, nahm man andererseits dennoch an, im elliptischen Bauwerk habe die fragliche Periode von »etwa 1450« bis »etwa 1833« gedauert, »bis Simbabwe von Nguni-Invasoren geplündert wurde«. Es fällt schwer, diese beiden Auffassungen unter einen Hut zu bringen. Auch Summers und Whitty setzten die Ereignisse, die die von ihnen für das elliptische Bauwerk aufgestellte Mauer-Sequenz begleiteten, gleichfalls in der fraglichen Zeitspanne an, so zum Beispiel die innere Mauer des ›Parallelganges‹ und Einfriedung I im »fünfzehnten bis sechzehnten Jahrhundert« und dann die große Außenmauer sowie den konischen Turm »im siebzehnten bis achtzehnten Jahrhundert«. Obwohl keinerlei archäologische Anhaltspunkte für eine gewaltsame Zerstörung Groß-Simbabwes vorliegen, setzte man das doch einfach voraus, denn »in gesamt Süd-Rhodesien besteht die jüngste Schicht von Ruinen aus einer tiefen Brand- und Zerstörungsschicht«, weil Hall schrieb, er habe »Aschenhaufen« und Menschenskelette gefunden, die nicht für eine Bestattung zugerüstet gewesen seien, und weil er überdies »sehr viele, spektakuläre Überreste aller Art bei seiner Ausgrabung der Deckschichten« gefunden haben wollte und es »eine archäologische Binsenweisheit« sei, »daß man die reichsten Funde auf Siedlungsniveaus dort macht, wo schwere Zerstörungen zu verzeichnen sind«. Nichts davon aber ist zwingend oder auch nur besonders einleuchtend. Neuere Ausgrabungen in Mashonaland haben inzwischen die erste dieser beiden Behauptungen längst Lügen gestraft, Halls Angaben lassen sich auch anders interpretieren, und seine letzte Behauptung, gewisse Funde ließen sich durch das Vorhandensein einer Zerstörungsschicht erklären, bedeutet noch nicht, daß wirklich eine Zerstörungsschicht vorhanden gewesen sein *muß*.[27]

Eine Neudurchmusterung der gesamten Importkeramik erbrachte 1967 gewichtige Gründe für die Annahme, daß Periode IV falsch datiert war.[28] Die in Groß-Simbabwe am häufigsten anzutreffenden Importscherben waren chinesische Seladon-Ware, eine Keramik mit Glasur in verschiedenen Grüntönen über ganz flach reliefierten Dekormustern (Tafel XII). Jeder frühere Ausgräber fand Beispiele davon, und soweit man sich darüber Klarheit verschaffen konnte, müssen diese aus den jüngeren Siedlungsschichten stammen. Einige Experten weisen einen Teil der Scherben in die Sung-Zeit (960–1279 n. Chr.) und in die Yüan-Zeit (1279–1368 n. Chr.), aber alle stimmen darin überein, daß der größte Teil aus der Zeit der Ming-Dynastie (1368–1644 n. Chr.) stammt. Keine einzige Scherbe stammte aus einer späteren Phase, und keine wurde auch genauer datiert. Die einzigen anderen datierbaren Importe – persische Schalen und islamische Gläser – schrieb man dem 13. und 14. Jahrhundert zu (Tafeln X, XI). Die Vorstellung, man habe auch spätere Einfuhrware in Groß-Simbabwe gefunden, geht auf Halls ungenauen Gebrauch des Terminus ›Nanking-Porzellan‹ zurück – eine Bezeichnung für die blau-weißen chinesischen Porzellane aus der späten Mingzeit sowie aus späteren Perioden (Tafel 109). Hall benutzte diesen irreführenden Terminus lediglich für die obenerwähnte Seladon-Ware. Somit also wurden in Groß-Simbabwe keinerlei Importe nachgewiesen, die aus der Zeit nach dem 15. Jahrhundert stammten. Ganz sicher war die Ostküste die unmittelbare Bezugsquelle, woher die Leute von Simbabwe ihre Keramik-Importe bezogen. Dort erreichte seit der Mitte des 14. Jahrhunderts blau-weiß gefärbtes Porzellan in bedeutenden Mengen die Handelszentren. Im späten 15. Jahrhundert stand es bedeutungsmäßig der Seladon-Keramik durchaus nicht mehr nach, und im späten 16. Jahrhundert hatte es diese fast vollständig verdrängt. In portugiesischen Niederlassungen an der Küste, in jedem Handels-Außenposten, der seit dem 16. Jahrhundert im Mashonaland errichtet wurde, desgleichen in größeren Matabele-Ruinen wie Dhlo Dhlo und Khami kommt blauweißes Porzellan vor, oft sogar in großen Mengen, doch man fand hier nicht eine einzige Seladon-Scherbe. Einen funktionalen Grund für die Bevorzugung der einen oder anderen Ware gab es keineswegs. Demnach scheint das Vorhandensein oder Fehlen von Seladon (bzw. Porzellan) an größeren Fundstätten ein zuverlässiger Anhaltspunkt für deren Zeitstellung zu sein. Sicherlich ist eine Fundstätte ohne Porzellan älter als das 16., aber wohl keineswegs jünger als die Mitte des 15. Jahrhunderts. Groß-Simbabwe ist die einzige Fundstätte im Innern des Kontinents, die beträchtliche Mengen von Seladon-Scherben erbracht hat, es muß daher eine bedeutende Rolle im Küstenhandel gespielt haben. Da aber jedes Porzellan fehlt, muß es seine wirtschaftliche Bedeutung nach der Mitte des 15. Jahrhunderts verloren haben, sicherlich aber gegen Ende des Jahrhunderts. Trifft dies zu, so darf man wohl mit Fug und Recht annehmen, daß sämtliche Gebäude zum fraglichen Zeitpunkt vollendet waren. Dies bedeutet aber nichts anderes als: Ende des 15. Jahrhunderts muß die Periode IV bereits vorbei gewesen sein. Dabei ist es völlig unnötig, diesen Niedergang als urplötzlich anzusehen oder irgendeine Form von Gewaltanwendung zu postulieren. Im Gegenteil. Es gibt gute Gründe für die Annahme, daß er das Ergebnis einer geplanten, kontrollierten und in aller Ordnung abgewickelten Rückzugsbewegung der ansässigen Bevölkerung war, vielleicht sogar eines durchaus freiwilligen Rückzugs, und daß gerade das Interesse am Handel den Niedergang bewirkte (vgl. unten Seite 218).

Handwerk, Symbolik und Handel in Groß-Simbabwe

5

Zweifellos gibt es an Funden in Groß-Simbabwe keinen Mangel. Außen an fast jeder Einfriedung sowie an den Berghängen haben sich enorme Ablagerungen von Hausratsabfällen aufgehäuft. Jeder Ausgräber fand irgendwelche Haushaltsgegenstände, ja manche sprechen von zentnerweise geborgenen Tonscherben. Daß man die Technik des Spinnens beherrschte, bezeugen zahlreiche Spinnwirtel. Außerdem stellte man in diesen Mauern einfache schmiedeeiserne Hacken, Beile, Speer- und Pfeilspitzen, Kupfer- und Bronzeschmuckstücke sowie Goldschmuck her – dies verraten Schlakken, Blasebalgpfeifen, Schmelztiegel, Formen und Werkzeuge. Doch trotz der Menge dieser Funde – präzise Informationen darüber, wann all diese Gegenstände hier in Gebrauch genommen wurden, wie sie sich typologisch entwickelten und wie bzw. in welchem Umfang die fraglichen Handwerke betrieben wurden: Informationen dieser Art sind spärlich und schwer zu erlangen, weil man anfänglich das Belegmaterial als uninteressant und unbedeutend abtat. Es waren Bent und Hall, denen zwangsläufig die Hauptmasse dieses Materials in die Hand fiel. Sie hinterließen Aufzeichnungen, aber es hat sich bereits gezeigt: Diese Aufzeichnungen waren unvollständig, unzuverlässig und tendenziös. Die ungewöhnlicheren, ausgefalleneren und wertvolleren Eingeborenenarbeiten, die im engeren Sinn unter den Begriff ›Kunst‹ fallen – so die zahlreichen Saponitskulpturen, die nicht nur praktischen Zwecken dienten und bei denen infolgedessen eine ganz besonders umfassende Kenntnis ihres archäologischen Kontexts und sorgfältige Interpretation erforderlich wären – wurden mit etwas größerer Aufmerksamkeit bedacht, doch an ihnen hatten sich schon die allerersten weißen Besucher zu schaffen gemacht, ja sogar vor Ankunft der Weißen schon hatte man sie entfernt und versteckt, weil sie einfach durch ihr exotisches Aussehen auffielen und fraglos Seltenheitswert besaßen. Dies geschah, als man im 19. Jahrhundert viele dieser Mauereinfriedungen in Viehkrale umfunktionierte. Handelsartikel kennt man vor allem aus einem einzigen Versteck, auf das Hall stieß, das er aber aber wiederum nicht mit entsprechender Sorgfalt, sondern recht konfus beschrieb.

Handwerk

Wie bereits besprochen, war die Gebrauchskeramik in Groß-Simbabwe während der langen Besiedlungszeit dieser Stätte häufigen Veränderungen unterworfen. Allerdings muß hier noch viel aufgearbeitet werden. Fest steht jedoch schon jetzt: Die Veränderungen waren vorwiegend oberflächlicher Natur.

Fundamentale Umbrüche der Keramiktradition gab es nicht. Wie bei jeder afrikanischen Eisenzeit-Tonware formte man die Gefäße aus Spiralen grobstrukturierten, an Ort und Stelle gewonnenen Tons und brannte sie in einem offenen Buschfeuer. Man drehte sie beim Formen und Glätten der Oberfläche. Daher zeigen einige Gefäße außen horizontale Streifen, und diese Merkmale führten Bent, Hall und MacIver zu der irrigen Annahme, ein Teil dieser Keramik sei auf der Töpferscheibe gefertigt worden.

Spätestens seit dem Auftreten der ersten Steinmauern beherrschte ein einzelner Gefäßtyp das Bild der Keramik ganz und gar (Abb. 19, 8). In seiner Endform besaß er einen leicht kugelgestaltigen Körper von 22,86–30,48 cm Durchmesser. Dabei waren die Gefäßwände lediglich 0,64–0,96 cm stark. Der Hals mit seinen 15,24–20,32 cm Durchmesser war etwa 3,81 cm hoch und besaß etwas verdickte, gerundete und nach außen aufgeworfene Lippen. Die Wand-Innenseite ließ man meist rauh, die Außenseite dagegen wurde poliert und fast unterschiedslos mit Graphit behandelt. Weitere Dekoration war allerdings dermaßen selten und spärlich, daß sie uns außerordentlich wenig sagt. Das einzige standardisierte Formelement war eine horizontale Rippe, die man an der Übergangsstelle zwischen Gefäßkörper und Hals anbrachte. Geziert wurde sie durch ein eingeritztes Fischgrätenmuster. Gelegentlich besaßen Gefäße ein einziges Schmuckband an der Gefäß-Hals-Verbindung oder unmittelbar darunter (Abb. 19,5). Bei den am reichsten dekorierten Exemplaren wurde daraus ein Fries aus sehr regelmäßig eingeritzten, schraffierten Dreiecken (Abb. 19,4), doch sehr viel öfter handelte es sich lediglich um eine Linie eingebohrter oder ausgeschabter Vertiefungen. Einige Gefäße dieser Art besaßen Deckel mit gekrümmter, mit Graphit bearbeiteter Oberfläche und breitem Seitenflansch (Abb. 19,6), eine außerordentliche Seltenheit bei eisenzeitlicher Keramik aus dem südlichen Zentralafrika. Dieser Gefäßtyp ist von gleicher Größe und Form, wie ihn heute noch die bäuerlichen Shona als Trinkgefäß benutzen. Gefäße, deren Graphitüberzug durch allzu langes Brennen zerstört worden war, benutzte man wohl – wie entsprechende Gefäße noch heute – auch zum Kochen von Fleisch oder Gemüse.

Zwischen 5% und 25% der Gesamtfunde bestanden aus weit größeren Gefäßen. Sie waren glatt, ohne jedes Dekor, und ihre kurzen, nach außen geworfenen Lippen bildeten einen Hals von weniger als 2,54 cm Höhe und zwischen 22,85 und 35,56 cm Durchmesser, der allmählich in den wohl kugelförmigen Gefäßkörper überging, dessen Rauminhalt das Drei- bis Vierfache der kleineren Töpfe betrug. In Größe und Form glichen diese Töpfe genau den Gefäßen, die man heute zum Bierbrauen oder zur Aufbewahrung von Flüssigkeiten bzw. Getreide verwendet. Am meisten überrascht bei dieser Keramik der beschränkte Formenreichtum. Ganz anders als jede andere Assemblage der Eisenzeit umfaßt die Tonware von Groß-Simbabwe keinerlei offene Näpfe zum Kochen von Getreide, zum Essen oder zum Auftragen. Außerdem fehlen große Krüge mit genügend engen Hälsen völlig, die sich zum Wasserholen eignen. Diese Einschränkungen gelten allerdings nicht etwa nur für Groß-Simbabwe, sondern fanden sich wohl überall in den Ruinen Rhodesiens. Dies legt die Vermutung nahe: In diesen Bauwerken spielte sich offensichtlich nur ein Bruchteil häuslichen Lebens ab. Eine andere Erklärung für die Unausgewogenheit des Formenbestandes wäre, daß die Leute in Groß-Simbabwe – ganz anders als jede andere Bevölkerungsgruppe der Eisenzeit – Behältnisse für die angedeuteten Zwecke verwendeten, die zum Teil aus verderblichem Material bestanden. Daß aber dennoch gewisse häusliche Funktionen innerhalb dieser Mauern nicht stattfanden, darauf deutet auch das vollständige oder fast vollständige Fehlen von Handmühlen oder Reibsteinen zum Kornmahlen hin – dies gilt nicht nur für Simbabwe, sondern auch für andere Ruinen, obwohl Handmühlen und Reibsteine in anderen eisenzeitlichen Zusammenhängen praktisch überall anzutreffen sind.

Während der gesamten eigentlichen Besiedlungszeit gab es in Groß-Simbabwe auch Eisenindustrie. Schlacke fand man unten im Abfall auf dem Berg, im Erdreich unterhalb der Mau-Ruine und im Abfall unter dem elliptischen Bauwerk. Eisenerzknollen, die nach Groß-Simbabwe gebracht wurden, bedecken noch den Boden der Höhle unter der Osteinfriedung auf der Anhöhe – an dieser Stelle scheinen zahlreiche Handwerker Reste ihres Werkmaterials zurückgelassen zu haben. Hall schreibt, er habe in den oberen Schichten der West-Einfriedung und der Renders-Ruine Öfen vorgefunden. Die Artefakte, die man herstellte, liefern uns nur ganz wenige nützliche Einzelinformationen, denn sie weisen die einfachen, sich nie ändernden Formen sämtlicher süd-zentralafrikanischer Eisenindustrien der letzten 8 Jahrhunderte auf (Tafel 66). So gibt es kleine, dreieckige Pfeilspitzen, häufig unten mit Widerhaken und einem langen, sich verjüngenden rechtecki-

Erklärungen zu den Farbtafeln VII.–XII. (Seiten 125/126)

VII. Die untere Partie des konischen Turmes im elliptischen Bauwerk (Blick durch den Eingang zwischen den Mauern, die ihn umgeben). Seine Form ist typisch für die bei jüngerem Mauerwerk zu beobachtende Einwärtsneigung. Erzielt wurde diese, indem man jede Mauersteinlage gegenüber der nächstunteren leicht zurücksetzte. Der Zugang liegt zwischen zwei Mauerzügen aus feinem, lagerhaftem, behauenem Steinwerk, dekoriert mit Bändern aus dunklem Amphibolit. Diese Mauern wurden in sehr viel älteres Mauerwerk aus nur sehr unzulänglich geschichteten Steinen eingefügt (ein Stück davon erkennt man noch ganz links im Vordergrund), und zwar als man das elliptische Bauwerk erweiterte und unmittelbar am Ende der Hauptgebäudereihe den Turm errichtete. An der Türflanke rechts: Einer der zahlreichen senkrechten Einlässe, wie sie hier an vielen Türflanken der späteren Zeit zu finden sind. Längst ist der *daga*-Putz verschwunden, der einst die untere Mauerpartien deckte, und nur noch einige rötliche Flecke am Mauerwerk weisen auf ihn hin.

VIII. Die kleinen, südlichen Einfriedungen der Bergruine, von der Westeinfriedung aus gesehen (Blick nach Osten).

IX. Glasperlen aus Groß-Simbabwe: Kugeln, Scheibchen und kleine Zylinder von 0,15–0,63 cm Größe, hergestellt aus Flüssen durchsichtigen und undurchsichtigen Glases in den verschiedensten Farben. Gewöhnlich erhitzte man die Perlenenden, um die scharfen Trennkannten zu glätten. Unbekannt ist der Herstellungsort dieser Glasarbeiten, allerdings muß es sich fraglos um eines der mittelalterlichen Handelszentren am Indischen Ozean gehandelt haben. Derartige Perlen kennt man aus den Stadtstaaten der Ostküste, und sie stellen das wichtigste, wenn nicht überhaupt einzige Beweismittel für Fernhandel während der Eisenzeit Zentralafrikas dar. Nach dem Eindringen der Portugiesen in die Gebiete am Indischen Ozean traten größere, unregelmäßiger geformte, undurchsichtige Perlen an ihre Stelle.

X. Importglas aus Groß-Simbabwe. Ein hiermit identisches Glasfragment wurde 1958 klar stratifiziert in den archäologischen Schichten des elliptischen Bauwerks gefunden. Es lag hier auf natürlichem Grund unter Ablagerungen, die mit den ältesten Steinmauern assoziiert waren. Seinen ›Gelbton‹ betrachtete man als »charakteristisch für viele klare Glaswaren aus dem mittelalterlichen Nahen Osten«. Glas wie dieses stellte man im islamischen Vorderen Orient her, und zwar besonders vom 13.–15. Jahrhundert in Kairo, Aleppo und Damaskus.

XI. Von Hall gefundene Importkeramik. Drei Scherben (*links*) stammen aus dem Hortfund der Renders-Ruine. Es handelt sich um Reste einer kleinen irdenen Schüssel, die außen in leuchtender Blauglasur eine Reliefinschrift in Naskhi-Zeichen trug, desgleichen außen eine weitere, kleine Inschrift sowie innen ein verschlungenes Pflanzen- und Rollenmuster. Es handelt sich um persische ›Fayence‹ des 13. oder möglicherweise 14. Jahrhunderts. Gefäße wie dieses fanden sich im Küstengebiet äußerst selten, doch zwei Moscheen in Mogadishu weisen Ziegel aus sehr ähnlichem Material auf, die ihren Datenangaben nach aus dem 13. Jahrhundert stammen. Die irdene Scherbe *unten rechts* mit ›zuckerartiger‹ Zinnglasur an der Innenfläche und linearer Unterglasur-Dekoration in stumpfem Graublau stammt von einem persischen Napf des 14. Jahrhunderts. Gefäße dieser Art benutzte man in Gebäuden im Küstenbereich zu dekorativen Zwecken. Bei der Steingutscherbe *oben rechts* mit ihrer teilweise purpurn-braun schimmernden Glasur handelt es sich wahrscheinlich um chinesische Ware aus dem 13. Jahrhundert.

XII. Chinesische Seladon-Keramikscherben aus dem Hortfund in Renders Ruine. Bei den blaugrünen Stücken handelt es sich um Seladon aus der Ming-Dynastie (1368–1644). Ware des gleichen Typs fand man auch auf Borneo und auf den Philippinen. Sie wurde in großem Umfang für den Export hergestellt. Die Stücke mit meergrüner Craquelée sind Lung-Chuan-Ware (gleichfalls aus der Ming-Zeit). Man findet sie überall in der Küste im Zusammenhang mit anderen Artefakten aus dem 14. oder 15. Jahrhundert. Einige Seladon-Keramiken aus Groß-Simbabwe hat man auch der Yüan-Dynastie (1279–1368 n. Chr.), ja eine einzelne Scherbe sogar der Sung-Dynastie (960–1279 n. Chr.) zugeschrieben. Obwohl Ware mit Seladon-Glasur den wichtigsten keramischen Importartikel in Groß-Simbabwe darstellte, fand man doch nur Scherben von nicht mehr als 13 Gefäßen. Fünf andere Fundstätten im Innern des Kontinents haben Keramik aus der Zeit vor dem 16. Jahrhundert erbracht, enthielten aber wiederum nur sechs Scherben. Dies ist ein sehr deutlicher Hinweis darauf, daß Groß-Simbabwe während des 14. und 15. Jahrhunderts im Innern Zentralafrikas eine beherrschende Rolle als Wirtschafts- und Handelszentrum spielte.

VII

VIII

IX

X

XI

XII

XIII

XIV

XV

XVI

XVII

Erklärungen zu den Farbtafeln XIII.–XVII. (Seiten 127/128)

XIII. Diese Elfenbeinschnitzerei der Jungfrau von der Unbefleckten Empfängnis, die die Jungfrau Maria als Mädchen mit lose fallendem Haar, im Gebet gefalteten Händen und mit auf einer Wolke mit drei Cherubim ruhenden Füßen zeigt, repräsentiert einen besonders im 17. Jahrhundert auf der Iberischen Halbinsel verbreiteten Darstellungstyp. Man fand sie in den dreißiger Jahren in der Füllung einer Goldgrube am Umfuli-Fluß im mittleren Mashonaland. Acht Kilometer davon entfernt erkannte man 1965 bei Teilausgrabungen eine portugiesische Siedlung als die Ortschaft Maramuca, im 17. Jahrhundert die am weitesten nach Südwesten hin gelegene portugiesische Niederlassung im Landesinnern nahe der Grenze zum Rozwi-Gebiet. Sehr wahrscheinlich stammt die Schnitzerei von dort.

XIV. Goldmedaillon mit einer Abbildung (eingraviert und in Repoussé-Technik) des Herzens Jesu, flankiert von zwei Vögeln (wohl Pelikanen), darüber eine Krone. Neal fand dieses Stück 1895 zusammen mit dem Ring und der Kanone, die Tafeln 110 und 111 zeigen, in den Dhlo Dhlo-Ruinen, und man betrachtete es als ein Werk portugiesischer Kolonisatoren des späten 17. oder des frühen 18. Jahrhunderts. Vermutlich gelangte es durch Handel an den Rozwi-Hof, wenn nicht als Beute der Eroberungszüge des späten 17. Jahrhunderts. Von den Portugiesen stammende Objekte dieser Art sind charakteristisch, wertvoll und in ihrer Art bedeutend, doch außerhalb der Grabungen von Dambarare fand man nur diese winzige Handvoll davon.

XV. Diese Saponitskulptur – einen Vogel auf einem Monolith – fand Hall in der Philips-Ruine im Tal. Sie war hier anscheinend in dicken *daga*-Verputz eines kleinen Turmes eingebettet. Derartige Skulpturen hatten eindeutig von vornherein gar nicht realistisch zu sein, und es besteht auch keinerlei Hoffnung, je herauszufinden, welche Vogelart hier dargestellt ist, denn es ging dem Künstler offensichtlich gar nicht um die Wiedergabe irgendeiner bestimmten Gattung.

XVI. Die Naletale-Ruinen, ein Bauwerk des späten siebzehnten oder frühen achtzehnten Jahrhunderts im Matabeleland. Ihre Architektur mit regelmäßig geschichteten, behauenen Mauerblöcken, Stützterrassen oder Bauwerks-Plattformen, oft üppig dekoriert, besonders mit Schachbrettmuster-Friesen, ist charakteristisch für den Stil, den die Rozwi aus dem Stil von Groß-Simbabwe entwickelten.

XVII. Reste einer Rundhütte (Durchmesser 6,70 m) vor den lagerhaften Umfassungsmauern der Ruine von Lekkerwater in Zentral-Mashonaland. Sie hatte Außenmauern und ein Mittelkreuz aus *daga*-Masse mit feinem, hartem Überzug. Durch die Mittelmauer führte eine Tür, und jeder Raum enthielt eine halbrunde Bank. Die auf der Aufnahme sichtbare ist mit einem feinausgeformten Kabelmuster dekoriert. Auch Fragmente eines Guillochen-Frieses aus *daga* gab es in dieser Hütte. *Daga*-Hütten wie hier (Teile einer anderen zeigt Tafel 99) entsprechen völlig den Wohnbauten in Groß-Simbabwe. Sieben Radiokarbondaten, die zwischen dem 12. und dem frühen 16. Jahrhundert schwanken, ergeben einen mittleren Zeitansatz um 1350. Ihrem Stil und den Begleitfunden nach ist diese Ruine ganz zweifellos ein Produkt derselben Kultur, die auch Groß-Simbabwe hervorbrachte.

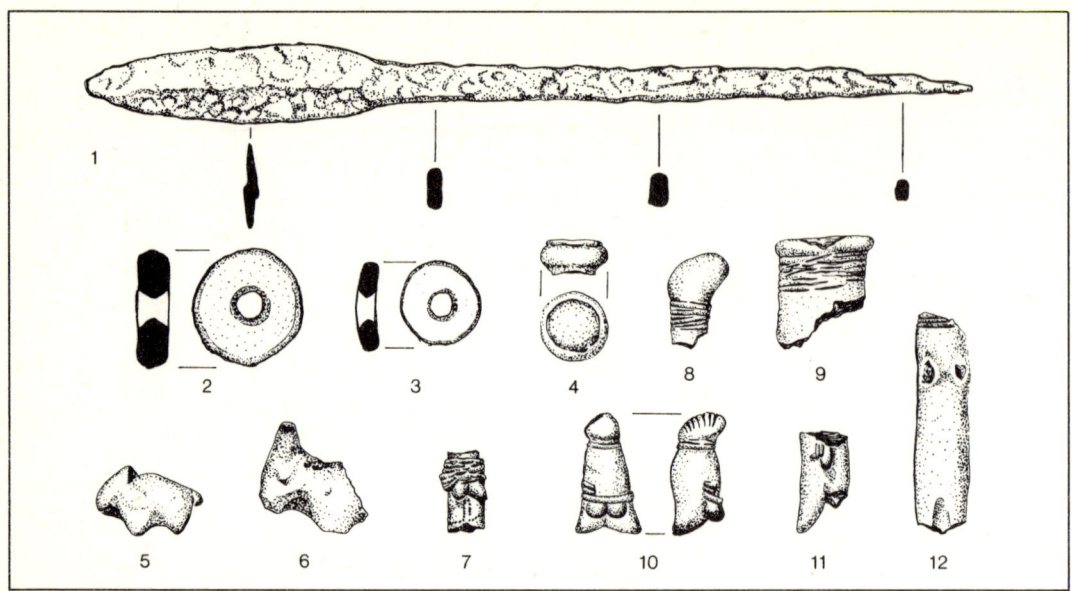

20. 1: Blattförmig erweiterte Speerspitze mit charakteristisch abgestufter Mittelrippe. 2 u. 3: Durchbohrte Tonscheiben (sogenannte ›Spinnwirtel‹). 4–7: Tonfigürchen aus Musengesi-Schichten in der Ruanga-Ruine. 8–12: Tonfigürchen aus Ingombe Ilede-Schichten in Chedsurgwe und in der Nähe.

gen Zapfen, die zur Befestigung an hölzernen Schäften dienten, Speerspitzen mit den gleichen langen Zapfen und kleinen dreieckigen oder blattförmigen Vorderteilen, Klingen, oft beträchtlich größer als die Speerspitzen, deren kurze Zapfen am Ende gebogen sind und somit verraten: Die betreffenden Klingen wurden an kurzen Handgriffen befestigt und bildeten so Messer, abgenutzte Blätter breiter, blattförmiger Hacken mit kurzen, kräftigen Zapfen, dazu kleine Beile mit kurzen, konvergierenden Seiten. Die einzigen aus dem Rahmen fallenden einheimischen Eisenprodukte aus Groß-Simbabwe sind drei Zierbeilköpfe mit halbmondförmigen Klingen. Welchen anderen Formen sie typologisch nahestehen, steht noch nicht fest. Sämtliche Hacken sowie einige Speerspitzen, doch weder Messer noch Pfeilspitzen waren mit einer ›falschen‹ Mittelrippe verstärkt (Abb. 20,1), die beim Hämmern gebildet wurde, indem man die eine Hälfte nur von einer, die andere dagegen dann von der anderen Seite bearbeitete, so daß sich eine Versetzung ergab: Eine sehr eigenwillige Technik, die Shona-Eisenarbeiter in jüngster Vergangenheit anwenden und die sich auch bei Werkzeugen in anderen Steinruinen des Mashonalandes (wenn auch anscheinend nicht in den Eisenarbeiten aus den Khami-Ruinen) nachweisen läßt.

Hall fand eine Reihe von Metallarbeiterwerkzeugen, darunter einige zum Drahtziehen: zwei Paar lange Zangen, die Manschetten, die man darüberzog, mehrere schwere, spitz zulaufende Dorne, Hämmer, eine eiserne Drahtzugplatte (ein leicht gekrümmtes Metallstück mit Löchern, durch die man den Draht trieb), schließlich ein Gerät aus einer kräftigen Eisenschiene

130

mit Haken und Manschetten an beiden Enden (Tafel 62). Diese Schiene lief mitten durch einen schweren eisernen Querstab, und dies erinnert an Krampen und Hebebäume, wie sie bei der Drahtherstellung verwendet werden. Ein ähnliches Instrument fand Bent, außerdem ein Paar Zangen, dazu Hämmer und Dorne – vermutlich alles bei seinen Ausgrabungen oben im Bereich der Bergruine. Einen ähnlichen Werkzeugbestand benutzen neuerdings die Venda, ein eng mit den Shona verwandter Stamm am Südufer des Limpopo. Sie sind für die gekonnten Steinwohnbauten ihrer Häuptlinge sowie für ihre Fähigkeiten als Metallverarbeiter bekannt. Und schließlich entdeckte man die gleichen Werkzeuge bei Bestattungen aus dem 14. oder 15. Jahrhundert in der Nähe von Ingombe Ilede am Sambesi.[1]

Der am häufigsten anzutreffende Schmuck besteht aus feingezogenem Kupfer- oder Bronzeflachdraht von 0,25 cm Dicke und 1 cm Breite (Tafel 63). Man wand ihn in dichten, regelmäßigen Windungen von etwa 0,25–0,38 cm Durchmesser um Pflanzenfasern oder Bast, so daß auf einen englischen Zoll Länge (= 2,54 cm) 35–50 Windungen kamen. Zahllose Ringe aus solchem Draht zierten wahrscheinlich Handgelenke, Vorderarme, Fesselgelenke und dergleichen, und die Drahtwindungen gaben diesem Schmuck wohl genug Elastizität, so daß er die Glieder fest zusammenhielt und keineswegs störend herunterbaumelte. Draht dieser Art findet man überall in sämtlichen Ruinen. Halsschmuck dieser Art trugen zwei negroide Frauen, die in den Dhlo Dhlo-Ruinen bestattet waren, desgleichen einige andere Tote in einem Friedhof des 17. Jahrhunderts beim portugiesischen Posten Dambarare im Mashonaland. Tatsächlich trug eines der Mädchen in Dambarare an jedem Arm fast ein halbes Kilo von solchem Draht und mehr als 2,04 kg an jedem Bein (Tafel 64).[2] Ähnliche Armbänder tragen heute die Venda.

Schmuckglieder wurden gelegentlich gegossen, doch in der Regel stellte man sie her, indem man schmale Metallstreifen zusammenbog. Oft klemmte man ›Perlen‹ dieser Art über Drahtarmbänder. Auch dünne Stäbe bog man zu einfachen Arm- und Fußringen zusammen. Außerdem trug man Ringe aus Eisen sowie – ebenfalls eiserne – Arm- und Fußringe und Armbänder aus gewundenem Eisendraht, diese allerdings sehr viel seltener als ihre Gegenstücke aus Kupfer oder Bronze. Gelegentlich fand bei einem einzigen Armband Eisendraht zusammen mit Kupfer oder Bronze Verwendung. Kleine Stücke dünnen, gehämmerten Kupfer- oder Bronzeblechs mit einer Reihe kleiner Löcher am Rand dienten als Schutzüberzug für Holzgegenstände, an denen sie mit kleinen Metallnägeln befestigt wurden. Zum Vorschein kam auch eine Reihe bronzener Speerspitzen mit tief ausgezähnten Schneidekanten. Ganz sicher kannte und benutzte man Kupfer und Bronze bereits, bevor das elliptische Bauwerk errichtet wurde, denn auch in den Abfallschichten darunter fand sich Draht. Draht fand man ebenfalls im Erdreich unterhalb der Maund-Ruine sowie tief in der Schüttung auf den Bergterrassen. Regelrechtes Kupfer- und Bronzeschmieden indessen gab es wohl erst kurz bevor man mit dem Bau des elliptischen Bauwerks begann, denn die fraglichen Metalle fehlen in den Schichten der Periode III Robinsons, und das einzige Drahtstückchen in Gertrude Caton-Thompsons Abfallschicht auf der Anhöhe war nicht spiralförmig gewunden, sondern diente als Aufziehdraht für Perlen.

Caton-Thompson ließ einige Arm- und Fußreife, Nägel, Drahtstücke und Überzugsbleche analysieren, und bei fast allen ergab sich: Es handelte sich um Bronze, deren Zinngehalt zwischen 8 und 12% variierte.[3] Diese Legierung ist nicht als Sonderfall auf Groß-Simbabwe beschränkt, sondern fand sich auch in anderen Ruinen sowie in Ingombe Ilede. Kupferbearbeitung kannte man in Mashonaland, und sicherlich waren es Ingombe Ilede-Leute, die zwischen dem 14. und 16. Jahrhundert intensive Metallbearbeitung und schwunghaften Handel mit Metall trieben – wahrscheinlich unter anderem auch nach Groß-Simbabwe (Tafeln 65, 66). Nicht nachgewiesen wurden in Rhodesien alte Zinnarbeiten, obwohl man sie im nördlichen Transvaal kennt, allerdings findet sich alluviales Zinn nicht weit von Groß-Simbabwe. Oft hat man die Vermutung geäußert, Bronze wie die, die hier Verwendung fand, sei das Resultat einer zufälligen Mischung von Erzen. Dies allerdings ist unwahrscheinlich, denn den Werkleuten in Groß-Simbabwe standen Kupferbarren von hoher Reinheit zur Verfügung, außerdem erwähnt Hall den Fund eines Klumpens von geschmolzenem Zinn in Groß-Simbabwe, und MacIver fand Zinnschlacke und Klumpen des Metalls in den Ruinen von Dhlo Dhlo und Khami. Unerforscht ist noch, woher man in Zentralafrika das metallurgische Wissen hatte, das nun einmal zur Bronzeherstellung unerläßlich ist.

Gold verarbeitete und benutzte man in Groß-Simbabwe in ganz und gar der gleichen Weise wie Kupfer und Bronze. Man zog Draht daraus und wickelte aus diesem Draht Arm- und Fußbänder, und außerdem hämmerte man daraus kleine Bleche (Tafel 67). Diese Bleche waren ebenso am Rande perforiert und wurden mit winzigen Goldstiften auf Holz festgenagelt. Goldperlen formte man aus an den Enden zusammengebogenen Goldstreifen, in der Regel aber goß man sie in Walzen-, Kugel-, Würfel-, Tönnchen- oder Doppelzapfenform. Außerdem schnitt man walzenförmige Perlen, vermutlich aber auch andere, aus gegossenen Goldröhrchen. In der Regel waren sie klein, ihr Durchmesser betrug weniger als 0,25 cm. Wahrscheinlich goß man auch andere kleine Schmuckstücke aus Gold, so etwa den kleinen glockenförmigen Ohrring, der erst kürzlich in der Nhunguza-Ruine in Zentral-Mashonaland gefunden wurde. Was die Menge angeht, so kann nicht gerade übermäßig viel Gold in Groß-Simbabwe im Gebrauch gewesen sein. Hall spricht davon, er habe nur 6 Unzen Goldblech geborgen, und anscheinend fand er wohl insgesamt nicht mehr als 200 Unzen Gold überhaupt.[4] Seit seiner Zeit stießen Ausgräber nur sehr sporadisch auf winzige Fragmente von Goldarbeiten. So selten dieses Metall indessen war, es scheint nicht, daß man ihm einen höheren Wert beimaß als Kupfer oder Bronze, dies zeigen die verlorenen Stücke, desgleichen die Rückstände in den Schmelztiegeln. Sehr ähnlichen Goldschmuck wie in Groß-Simbabwe fand man auch in anderen Ruinen. So kamen zum Beispiel Goldbleche in Gräbern bei Mapungubwe am Limpopo zum Vorschein. Mit ihnen hatte man Gefäße, Keulen und kleine Tiermodelle überzogen. In Ingombe Ilede dagegen waren fünf Tote mit Hals- und Armbändern aus Goldperlen und gezogenem Golddraht geschmückt.[5] Vermutlich verwendete man Gold in Groß-Simbabwe zur gleichen Zeit wie Kupfer und Bronze, denn es wurde genau wie diese Metalle behandelt. Ebenso wie der älteste stratifizierte Bronzedraht fand sich auch ein Goldkügelchen im Abfall unter dem elliptischen Bauwerk. Robinson fand ein anderes derartiges Kügelchen auf einem der älteren Bodenniveaus seiner ›Periode III‹ im Bereich der Bergruine[6], doch es wäre verfehlt, daraus weitergehende Schlüsse zu ziehen und etwa zu behaupten, regelrechte Goldbearbeitung sei in Groß-Simbabwe der Bronzeverarbeitung vorausgegangen.

Es besteht kaum Zweifel, daß, wie etwa Eisen, auch die anderen Metalle hier verarbeitet wurden. Wahrscheinlich geschah dies in kleinen Maßstab in bestimmten Einfriedungen oder Hütten, die man eigens für diesen Zweck etwas abseits errichtet hatte. Fast alle Metallbearbeitungswerkzeuge, die Hall fand, lagen in Einfriedung 6 auf dem Boden einer Hütte, die wahrscheinlich nahe dem Eingang der Umfassung des konischen Turmes stand. Es handelt sich um drei Schmelztiegel für Gold, sechs Schlackenbehälter aus Tonware und ein Paar Zangen. Eine Platte zur Drahtherstellung sowie zwei roh aus Saponit gearbeitete flache, kreuzförmige Gußformen (Tafeln 62, 65), die Hall gleichfalls im Zusammenhang mit dieser Einfriedung erwähnt, können sehr wohl bei den anderen Stücken gelegen haben. Die benachbarte Einfriedung 10 enthielt sechs oder acht glatte Flußkiesel, die man dazu verwendet hatte, um Gold blank zu reiben. Es waren die einzigen ihrer Art, die Hall fand. In der niedrigen Höhle hinter der Osteinfriedung auf der Anhöhe, wo noch immer Eisenerzknollen umherliegen, entdeckte Bent auch eine kreuzförmige Saponit-Gußform, und daneben barg er Schmelztiegel, Poliersteine für Gold und auch Reste von goldhaltigem Quarz. Nach Hall enthielt dieser Bereich auch noch Kupfererz und Schlacke. Vielleicht war es kein Zufall, daß diese ›Industriebezirke‹ entweder unmittelbar an die Ost-Einfriedung der Bergruine oder an die Einfassung des konischen Turms im elliptischen Bauwerk grenzen – zwei Abschnitte, die nach Ausweis anderer Belege wohl Kultzentren waren.[7]

Daß man spann, und zwar vermutlich Baumwolle, bezeugt eine große Zahl von 2,54–5,08 cm im Durchschnitt messenden Tonscheiben, die man aus Gefäßscherben zurechtgeschnitten hat (Abb. 20, 2, 3). Nur in wenigen Fällen bestehen diese Scheiben aus Saponit. In der Mitte tragen sie Bohrungen von etwa 0,64 cm Weite. Überall in den Ruinen fand man diese Scheiben in großer Zahl: Hall bezifferte seine eigenen Funde auf »Hunderte« und gibt für ein Los, das er inventarisiert hat, die Zahl 200 an. Gertrude Caton-Thompson entdeckte 58 Tonwirtel und 4 Saponitwirtel in einer einzigen Ausschachtung, die ein flaches *daga*-Lager außerhalb des elliptischen Bauwerks durchschnitt.[8] Keines dieser Stücke weist auch nur die geringste Abnutzungsspur auf, und es gibt keinerlei Beweis dafür, daß diese Funde wirklich Spinnwirtel waren, obwohl ähnliche Scheiben sich als Schwungrädchen an den Enden von Spindeln befinden, die einst die Shona benutzten, um die Baumwolle zu spinnen, die sie seit Beginn des 16. Jahrhunderts anbauten und verarbeiteten. Einige – insbesondere die kleineren – Scheiben dieser Art wurden vielleicht auch als Glücksspielmarken benutzt, vielleicht aber dienten sie auch dazu, um die Zukunft zu weissagen. Vor allem zwei Gruppen solcher Scheiben, die auf dem Boden der Nhunguza-Ruine gefunden wurden, lassen an diese zweite Möglichkeit denken, denn auch heute noch ergründet man die Zukunft, indem man eine oder mehrere Vierergruppen solcher Scheibchen wirft. 1609 schrieb dos Santos, jeder im Karanga-Land habe einen Satz runder Holzscheiben bei sich. Sie seien kleiner als Damesteine, in der Mitte durchbohrt und würden als Orakelscheiben benutzt.[9] Die Gefahren derartiger Interpretationen wurden mir aber erschreckend klar, als mir eine Korekore-Töpferin im nördlichen Mashonaland erklärte, es handle sich bei derartigen Scheiben um Mausefallen. Nach ihrer Beschreibung wurde ein solches Scheibchen von einem durch ihre Perforation geführten Strohhalm mitten über einem Wassergefäß gehalten, und man legte Getreidekörner als Köder auf. Die Maus reckte sich aus und legte ihre Vorderpfötchen auf die Scheibe, um den Köder zu angeln, die Scheibe kippte weg, und das Tier fiel ins Wasser.

Wie so vieles andere fand man auch die ältesten dieser Tonscheiben in den Abfallschichten unter dem elliptischen Bauwerk. Jede Steineinfriedung eines der Simbabwe-Stile im Mashona- oder Matabeleland enthielt mindestens ein oder zwei solcher Scheibchen, doch nie fand man sie an Fundstätten oder in Schichten aus älteren Kulturen. Abermals sind sie auch in Schichten des 14. und des frühen 15. Jahrhunderts in Ingombe Ilede und Mapungubwe weit verbreitet, und zwar zusammen mit Goldgegenständen ganz ähnlich denen aus Groß-Simbabwe. An der Ostküste sind Spinnwirtel

134

vor der Mitte des 12. Jahrhunderts sehr selten, danach aber sind sie allgemein verbreitet. Ohne Zweifel breitete sich die Fähigkeit, aus Fasern Gewebsfäden zu spinnen, von hier aus ins Innere Südafrikas aus, als man intensivere Handelsbeziehungen anknüpfte. Ein weiteres Handwerk repräsentieren die Wohnbauten aus *daga*.

Die Mehrzahl dieser Hütten, wenn nicht alle, die gleichzeitig mit den Stein-Einfriedungen entstanden, waren Bauten von kreisrundem Grundriß mit etwa 3–6 m Durchmesser, deren 30 cm dicke Wände aus solider *daga*-Masse bestanden. Sie hatten einen 0,64–1,27 cm dicken, harten, glatten, hervorragend polierten Überzug. Es war kein Bewurf, sondern man hatte ihn mit der Hand aufgetragen und die feine Lehm-Masse gleichmäßig über die Oberfläche verteilt. Auch 7,6–15,2 cm dicke *daga*-Böden erhielten so ihren ›letzten Schliff‹. Holzteile enthielten die Wände nicht, abgesehen vielleicht von Stützpfosten neben Türen. Es muß schwierig gewesen sein, auf diese Weise höhere Mauern zu errichten, und sie können auch kaum dem Druck und der Spannung eines großen Kegeldachs aus Holz und Reet standgehalten haben. Dieses Dach ruhte daher auf einem Ring kräftiger Pfosten, die außen die Mauern umstanden. Größere Hütten besaßen bisweilen einen zweiten Pfostenring im Innern.

Die Nhunguza-Ruine gewährte detailliertere Einblicke in ganz ähnliche Hütten.[10] Die Wände waren hier oft nur 66 cm hoch, niemals aber höher als 1,22 m. Sie hatten glatte, flache Oberkanten, an deren Außen- und manchmal auch Innenseite ein einfaches, halbrundes Profil entlanglief, gelegentlich auch eine Reihe ausgeformter Ovale. Zwischen der Mauer-Oberkante und dem Dach gab es einen freien Zwischenraum, der für Lüftung sorgte, die lichte Dachhöhe im Innern vergrößerte und den Blick auf die Profile freigab. Gewöhnlich waren die Böden solcher Hütten ein wenig eingetieft, und die Türen besaßen eine ausgeformte Schwelle. Die kleineren Hütten hatten 7,6 cm hohe *daga*-Plattformen zum Schlafen, die den halben Innenraum einnahmen. In diese waren drei oder vier kleine, aufrechtstehende Holzpfähle eingefügt, wahrscheinlich trugen sie Regale zur Aufbewahrung aller möglichen Gerätschaften und Kleinigkeiten. Bei den größeren Hütten war das Innere gewöhnlich durch eine Zwischenwand aus solider *daga*-Masse in zwei Räume unterteilt, die durch eine Tür miteinander verbunden waren (Tafeln 100, XVII). Innen besaßen sie halbrunde *daga*-Sitze sowie Abstellgelegenheiten für Gefäße und Hausgeräte. Sie hatten zumindest eine einfache Gehrung zwischen Oberteil und Seitenwand, doch bei manchen liefen kunstreichere Reliefs ring um die Seiten. Stützpfosten im Innern standen oft in ausgeformten Rundschwellen, und gelegentlich gab es auf den Hüttenböden *daga*-Herde (Tafel 99). Ein Raum in einer Hütte der Nhunguza-Ruine besaß in einer Ecke eine 1,22 m hohe Plattform aus in regelmäßigen Lagen versetzten Granitblöcken (Tafel 101). Sie war eingekerbt wie die Bastionen in Groß-Simbabwe und mit *daga* umkleidet. Vermutlich gab sie einst einem Monolith Halt und trug auch andere Gegenstände. Diese Plattform läßt vermuten, daß einige rätselhafte Steinbauten in Groß-Simbabwe – wie etwa Bents ›Altäre‹ – einst Plattformen im Innern von Hütten waren.

Gerade die fragliche Hütte in Nhunguza war ihrer Größe, ihrem Plan und ihrer Einrichtung nach in ihrer gesamten Komplexität weit mehr als nur eine gewöhnliche Wohnhütte (Abb. 28). Ohne Zweifel gab es auch in Groß-Simbabwe Hütten für besondere Zwecke. Hall, der einzige, der je Reste kompletter Hütten in Groß-Simbabwe freilegte, wies darauf hin, daß die meisten von ihnen Mauern aus solider *daga*-Masse hatten.[11] Andere, die Hall als Bauten anderer Bevölkerungsgruppen betrachtete, dienten wohl besonderen Zwecken. Einige Rundbauten zum Beispiel waren durchweg kleiner als die üblichen Hütten und ruhten auf drei bis vier Lagen dicken Mauerungen. Sie hatten keinerlei Wände oder Inneneinrichtung, bis auf ein paar Einfassungen aus *daga* rings um die Dachpfosten. Möglicherweise handelt es sich hier um Schutzdächer für irgendwelche Magazine oder für Werkstätten. Doch wahrscheinlich baute man auch weiterhin zumindest einige Hütten aus mit *daga* verschmierten und verputzten Pfählen.

Die kunstvollen Baupläne, die Großzügigkeit der Bauweise – dies alles setzte Überfluß an Baumaterial und an Arbeitskräften voraus, und auch beträchtliche technische Könnerschaft, ja Virtuosität, die fast zu bildnerischen Resultaten führte, waren nicht zu verkennen. In der Tat waren die *daga*-Bauten innerhalb der Ruinen bauliche Leistungen gleicher Größenordnung wie die Steinmauern. Nichts aus der Eisenzeit Süd-Zentralafrikas kommt ihnen qualitativ gleich, doch im Grunde handelt es sich bei ihnen dennoch nur um Weiterentwicklungen und Verfeinerungen von Traditionen, die praktisch überall in den Kulturen dieses Gebiets und dieser Zeit anzutreffen sind. Zwar reflektieren sie Sinn für eindrucksvolle Bauweise, für ein gewisses Gepränge, ja sogar für Luxus – und zwar ohne Rücksicht auf die Kosten für Material und Arbeitskräfte. Kulturell und technologisch waren sie doch nichts anderes als Weiterentwicklungen. Um neue Erfindungen dagegen handelte es sich nicht.

Symbole

Saponitskulpturen stellen eine Klasse von Gegenständen dar, der Bent, Hall und ihre Anhänger viel Aufmerksamkeit und Phantasie widmeten. Ganze sieben Saponit-Vogelskulpturen und die untere Hälfte einer achten kamen

56.–57. Zwei Aufnahmen aus dem Jahre 1902. Sie entstanden während der Ausgrabungen Halls im Bereich unmittelbar vor dem konischen Turm. Die hinter der Leiter rings um die Bäume erhaltenen Schichten (*oben*) geben einen Begriff von der Mächtigkeit des Materials, das Hall bei seinem katastrophalen Vernichtungswerk hier abtragen ließ.

58.–59. *Oben:* Hall (rechts) und Franklin White, der den ersten auf präzisen Vermessungsergebnissen beruhenden Plan der Ruinen anfertigte, beim Betrachten des dekorgezierten Mauerwerks am Eingang beim konischen Turm. *Unten:* Halls Grabungen innerhalb der West-Einfriedung, unmittelbar nach ihrer Vollendung aufgenommen. Man beachte die links aufgestapelten zahlreichen Monolithe oder Türstürze. 1958 grub Robinson das Gelände unmittelbar davor aus.

60.–61. *Oben:* Einige ungewöhnlich große Monolithe, die es heute nicht mehr gibt, aufgenommen 1902 nach Halls Räumungsarbeiten in einem kleinen Bezirk oberhalb der West-Einfriedung. Der größte Monolith stürzte 1903 um. Tafel 52 zeigt die gleiche Ansicht. *Unten:* Westeingang zum elliptischen Bauwerk (1902) vor seiner nicht sachgemäßen Rekonstruktion in der heutigen Form.

62. Eiserne Pinzette und eine Platte zum Drahtziehen, diese mit Löchern für das austretende Metall. Hall barg diese Stücke in den Ruinen.

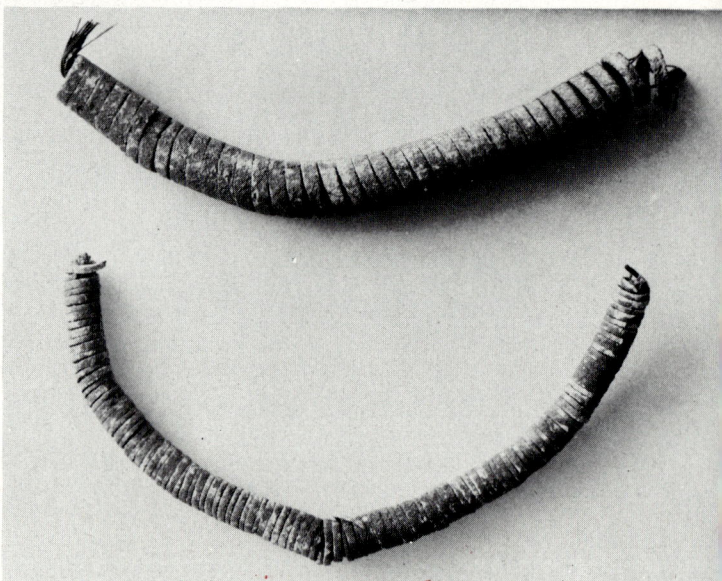

63. Fragmente gezogenen und um ein Faser- oder Bast-Kernstück gewundenen Kupfer- bzw. Bronzedrahts für Armbänder und Fußringe.

64. Beine einer jungen Negerin aus dem Friedhof von Dambarare (17. Jh.), umwickelt mit einer beachtlichen Menge gedrehten Drahtes des auf Tafel 63 gezeigten Typs. Wie man sehen kann, hat das Kupfer auch sehr viel von dem einfachen, lockergewebten Leichentuch aus einheimischer Baumwolle konserviert.

65. Saponitform für Kupferguß aus Groß-Simbabwe. Sie läßt erkennen, wie flach die hier hergestellten Kupferbarren waren.

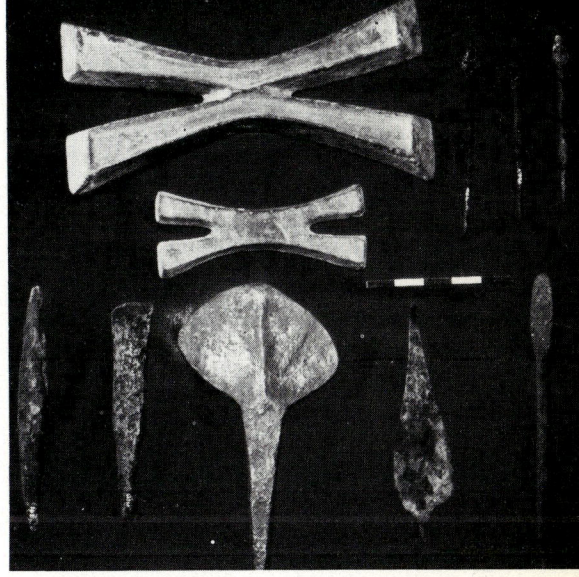

66. Auswahl von Metall-Artefakten, wie sie für die rhodesische Eisenzeit typisch sind: *Oben* breitkantiger Kupferbarren aus einer Ingombe-Ilede-Fundstätte, ein kleinerer Barren wie die aus Groß-Simbabwe sowie drei gestielte Pfeilspitzen. *Unten:* Ein Bergbaugerät, ein Beil, eine Hacke, ein Messer und eine gestielte, blattförmige Speerspitze.

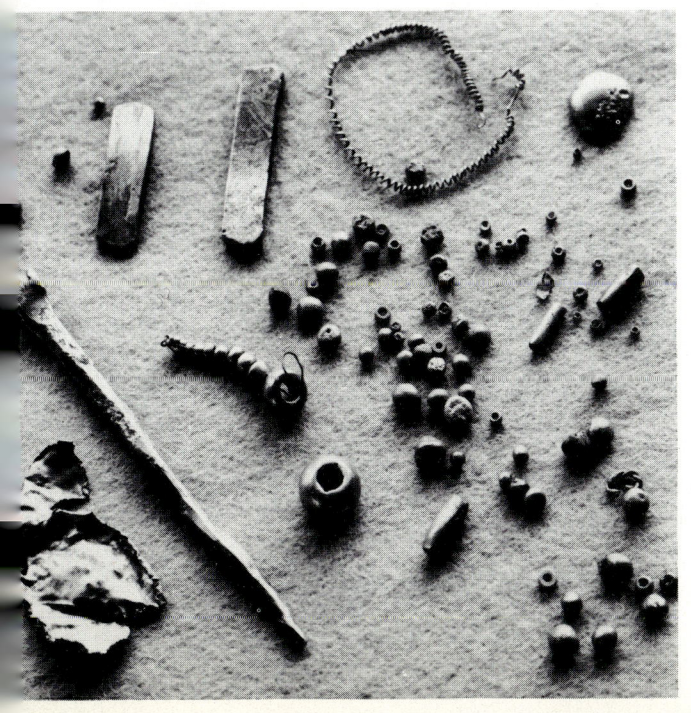

67. Muster der Goldschmiedearbeiten, die in Groß-Simbabwe zum Vorschein kamen, darunter gezogener und gewundener Draht, kleine Streifen und gegossene Goldperlen sowie dünnes Blech mit durchbohrtem Rand für goldene Nieten, mit denen es an einer hölzernen Fläche befestigt war.

69.–71. Den *oben links* und *rechts* dargestellten Saponit-Vogel fand 1889 ein weißer Jäger, Posselt, in der Ost-Einfriedung und verkaufte ihn an Rhodes. Man beachte den erhabenen Perlenschmuck am Hals und am Rücken. Den Vogel *rechts* entdeckte Bent in derselben Einfriedung. Stilistisch gehört er mit seinen eingeknickten Beinen und seinem gerade vorwärts gewandten Vogelkopf zur gleichen Skulpturengruppe. Sein Fuß ruht auf einem ›Chevron‹-Fries (sichtbar auf Tafel 68).

◄

68. Drei Vogelskulpturen aus Saponit, die Bent in der Ost-Einfriedung der Bergruine fand, dazu zwei mit geometrischen Ritzmustern verzierte Monolith-Stücke. Auch sie fand Bent unter den Monolithen auf der Plattform oberhalb der West-Einfriedung, die Tafeln 52 und 60 zeigen.

72.–74. Drei weitere Vögel, die Bent in der Osteinfriedung fand und die zur gleichen Gruppe wie die Skulpturen auf Tafel 70 und 71 gehören. Der Vogel *unten links* und *rechts* hat eingeritzte Linien auf seinen Flügeln und ein leicht hervortretendes Muster auf seinem Rücken.

75.–77. Einer anderen stilistischen Gruppe gehört der Vogel *oben links* an – ein weiterer Fund Bents. Auf einer runden, säulenähnlichen Basis ruhend, hat er gerade Beine, zur Viereckform hin tendierende Flügel und einen nach oben gereckten Hals. Die untere Hälfte eines fünften Vogels (*links*), den Bent fand, gehört zur gleichen Stilgruppe, das von Hall in der Philips-Ruine entdeckte Exemplar (*oben rechts*) dagegen zur Gruppe Nr. 1. An seinem Schaft bemerkt man ein geschnitztes Krokodil sowie Kreis- und ›Chevron‹-Muster, während Perlen die Vogelbrust zieren (vgl. auch Tafel XV).

78.–79. Den Vogelkopf (*oben links*) fand Hall in der Westeinfriedung. Viele Jahre später entdeckte man, daß er zum Unterteil einer Skulptur in Berlin paßte, die man sogar noch vor Bents Untersuchungen in Simbabwe gefunden hatte. Ein Abguß (*rechts*) zeigt das Ensemble aus beiden Skulpturhälften. Insgesamt gehört das Stück der zweiten Stilgruppe an. Man beachte das gehörnte Rindersymbol zu Füßen des Vogels!

◄

80.–81. Die näheren Umstände der Entdeckung dieser beiden menschengestaltigen Saponitfiguren sind völlig unbekannt, obwohl beide angeblich aus Groß-Simbabwe stammen sollen. Sie haben keinerlei Gegenstück, allerdings ähnelt das geometrische Muster der linken Figur dem auf dem Monolith, den Tafel 82 zeigt. Da alle weiteren Informationen fehlen, läßt sich der Zusammenhang der beiden Stücke mit Simbabwe keineswegs mit Sicherheit behaupten.

82.–83. *Rechts:* Saponitmonolith mit einge-
ritztem, bzw. eingekerbtem Rautenmuster aus
den Ruinen von Dhlo Dhlo (dort kurz nach Entdeckung der fraglichen Ruinen gefunden). Es
ist der einzige in dieser Weise dekorierte Monolith, der bisher außerhalb von Groß-Simbabwe
entdeckt wurde. *Unten:* Stück eines Saponit-
monoliths mit geometrischen Ritzmustern in
der Sammlung Rhodes (Groote Schuur, Kapstadt). Nach Ausweis von Tafel 45 war es
Mauch, der ihn 1871 fand. Das Stück ragte damals aus einer Mauer in der Westeinfriedung
hervor.

84.–85. Einige kleine, skulpierte Saponitfigürchen, die in bestimmten, klar abgegrenzten Ruinenbereichen in großer Zahl zum Vorschein kamen. Einige sind von phallischer Gestalt, andere dagegen (so das mit Nabel und Brüsten: *unten ganz rechts*) sind eindeutig anthropomorph (menschengestaltig) und erinnern sehr stark an Keramik-Torsi aus zeitgenössischen eisenzeitlichen Fundzusammenhängen anderswo im Mashonaland.

86.–88. Das eingeschnitzte Fischgrätenmuster, mit dem manche Saponitschalen geschmückt sind, darunter das *oben links* wiedergegebene Stück, erinnert sehr stark an die ebenfalls in Stein geschnittene ›Korallen‹-Dekoration der *mihrabs* mancher Moscheen des 14. bis 18. Jahrhunderts an der afrikanischen Ostküste, wie etwa in Gedi (*oben*) sowie in Mnarani bei Mombasa (*unten*).

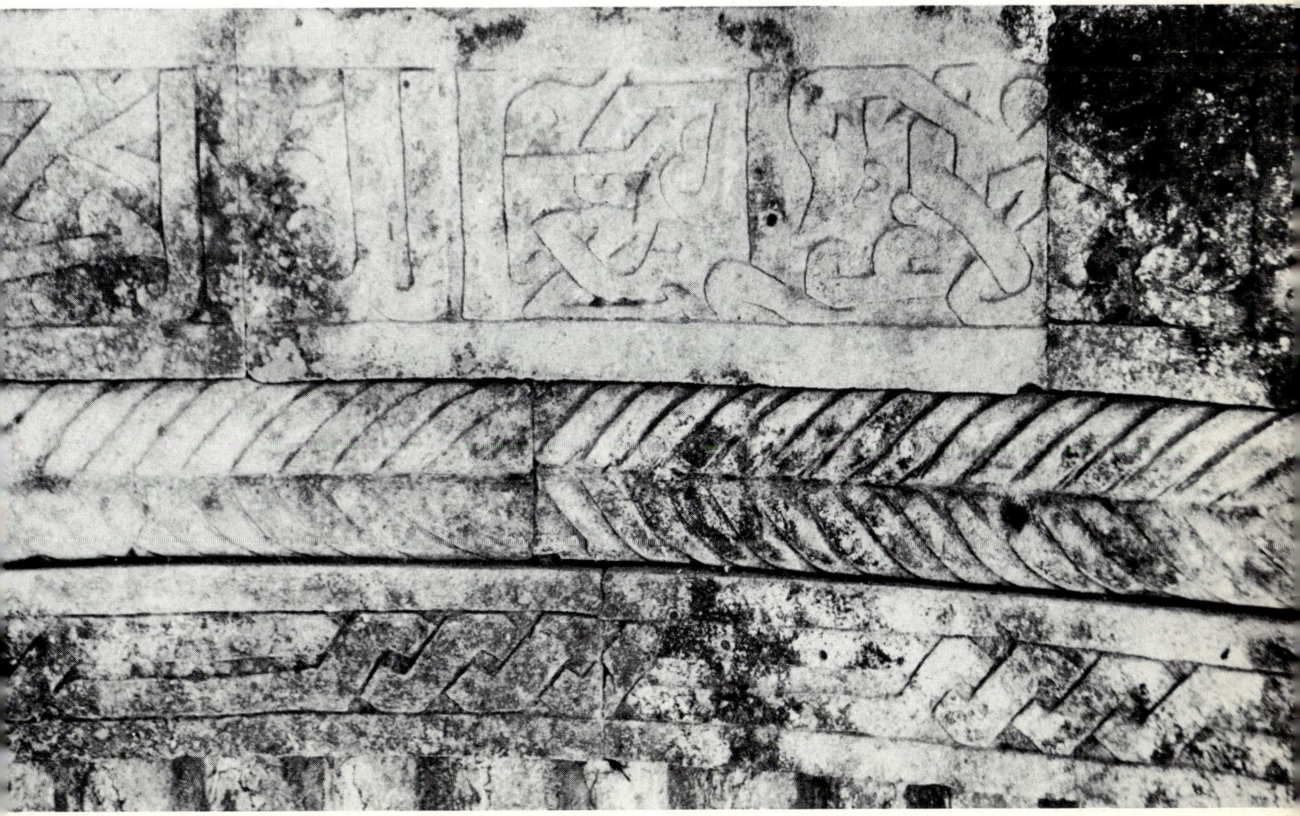

89. Die in Groß-Simbabwe zutage geförderten Tonmodelle von Buckelrindern sind wohl zu stark stilisiert und zu stereotyp, als daß es sich einfach um Kinderspielzeug handeln könnte. Alle stratifizierten Stücke dieser Art befanden sich in Schichten aus der Phase der ältesten Steinwälle oder unmittelbar davor.

90.–91. Zu Saponitschalen mit skulpierten Friesen rund um die Seitenwand gehören ein Stück mit einer Darstellung lang- und halbmondförmig gehörnter Rinder (*links*), desgleichen ein anderes mit einem Guillochen-Motiv (*unten links*): Caton-Thompson fand es in der Maund-Ruine. Zu letztgenanntem Motiv gibt es Parallelen, nämlich *daga*-Dekorformen in anderen Ruinen des Mashonalandes sowie in Stein geschnittene ›Korallen‹-Muster ostafrikanischer Moscheen. In etwa ähnlich sind auch die Motive auf Tafel 88 sowie an dem portugiesischen Ring auf Tafel 110.

92. Skulpiertes Zebra vom Rand einer Saponitschale. Es erscheint in strenger Profilansicht und verrät den gleichen Mangel an Können oder naturalistischer Darstellungs-Tradition wie die Vögel.

93. Weitere Details der Schale von Tafel 92. Links erblickt man einen Pavian, rechts davon wohl einen Hund, den ein Mensch an der Leine hält. Dieser Mensch schwingt aber gleichzeitig einen Speer über einem davonfliegenden Vogel. Dieser Fries ist sehr viel komplexer als jeder andere seiner Art. Bent fand ihn 1891 in einer Höhle in der Ost-Einfriedung, wo ihn wahrscheinlich zwei Jahre zuvor der Jäger Posselt versteckt hatte.

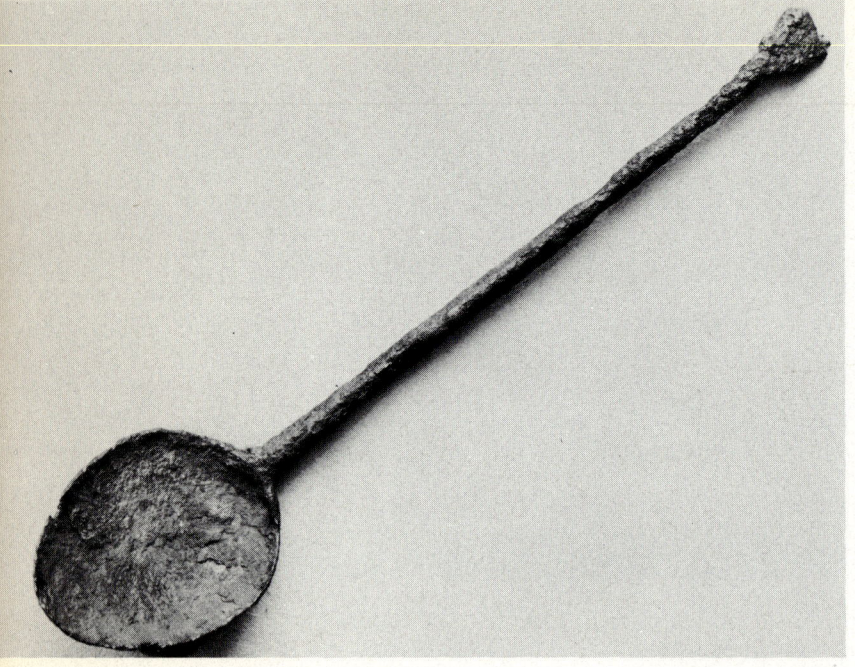

94. Vermutlich brachte ein Händler diesen eisernen Löffel von der Ostküste ins Innere des Kontinents. Hall fand ihn zusammen mit einem ganzen Lager von Handelsgütern verschiedenster Art in der Renders-Ruine. Dieses Stück ist einmalig in einem Fundzusammenhang der Eisenzeit Zentralafrikas.

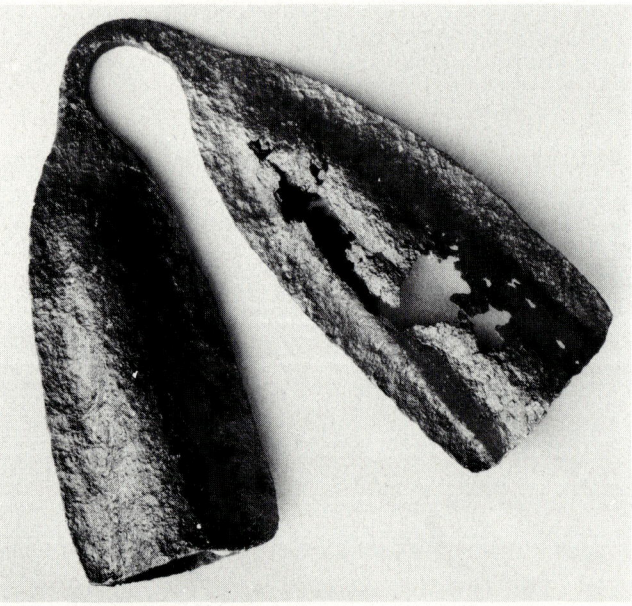

95.–96. *Links:* Einige der eisernen Hacken, die in einer sehr reichen *assemblage* einheimischer Metallarbeiten in der Renders-Ruine gefunden wurden. *Rechts:* Ein Paar am Rande geschweißter Eisengongs aus dem Hortfund der Renders-Ruine. Stücke des gleichen Typs fand man auch bei Bestattungen in Ingome Ilede im mittleren Sambesi-Tal. Auch Mauch machte einen sehr ähnlichen Fund in der Nähe des elliptischen Bauwerks (vgl. Tafel 46) und glaubte, anhand dessen beweisen zu können, »daß eine zivilisierte Nation einst hier gewohnt haben muß«.

in Groß-Simbabwe zum Vorschein (Tafeln 68–77), und nirgendwo fand man etwas Vergleichbares. 1889 erblickte der Jäger Posselt vier solcher Skulpturen (Tafeln 69, 70) in einer alten Ruinenmauer – es handelt sich um die Ost-Einfriedung der Bergruine, die damals als Viehkral diente. Ohne Rücksicht auf die Proteste der Karanga schlug er eine davon von ihrer Basis und hob den Rest »an einem sicheren Ort« auf. Dort fand ihn Bent 1891 und nahm ihn an sich. Bent entdeckte auch noch ein weiteres Exemplar sowie die Hälfte eines zweiten in derselben Einfriedung (Tafeln 71–76). Obwohl er zugab, daß »ihre genaue Position« nunmehr »unbekannt« sei, äußert er doch an anderer Stelle, sie hätten »die Außenmauer« dieser Einfriedung geschmückt, widerspricht sich an anderer Stelle jedoch selbst, wenn er behauptet, man habe sie »rings um . . . einen Altar . . . im Zentrum« der Einfriedung gefunden (Tafeln 26, 53). In der Folge gab Hall dann an, man habe sie »drei oder vier Fuß« vom fraglichen Altar entfernt gefunden, er schrieb aber auch, drei der Vögel hätten einst in Kerben niedriger Steinplattformen beiderseits des Osteingangs der Einfriedung gestanden, drei weitere in einer niedrigen *daga*-Plattform seitlich des Westeingangs. Vielleicht trifft dies tatsächlich zu, doch behauptete er, er habe dies aufgrund von Löchern in den Plattformen erschlossen, aber gerade ein solcher Schluß läßt sich gar nicht ziehen, denn die Einfriedung enthielt auch eine Reihe anderer Monolithe, und niemand vermag wirklich zu sagen, ob die Einlässe gerade skulpierte oder nicht skulpierte Monolithe trugen. Diese Widersprüche zeigen, wie schwierig es ist, den Fundzusammenhang so vieler zum Vorschein gekommener Objekte festzustellen oder zu rekonstruieren.[12]

Hall fand die obere Hälfte eines Vogels (Tafel 78) in der West-Einfriedung (weitere Angaben machte er nicht), der zu einer heute im Berliner Museum für Völkerkunde befindlichen unteren Hälfte paßt: Ein Stück, das wahrscheinlich schon vor Bents Besuch entfernt wurde (Tafel 79). Den letzten Saponit-Vogel (Tafeln 76, XV) entdeckte Hall in der Philips-Ruine im Tal neben einem kleinen Kegel in Lagen versetzten, behauenen Mauerwerks: »Es lag verkehrt herum, die Unterseite lehnte an der Seite des Kegels, von dessen Spitze er wahrscheinlich herabgefallen war.« Seine Basis trug noch Spuren der *daga*-Masse, in der er geruht hatte.[13]

Sämtliche Vögel waren etwa 35 cm hoch und krönen etwa 91 cm hohe Säulen. Sie sind aus weichem, dunklem, graugrünem Saponit oder Seifenstein geschnitten, der im Mashonaland durchaus nicht selten offen zutagetritt. Die nächste Stelle dieser Art liegt nur etwa 24 km von Groß-Simbabwe entfernt. Es handelt sich um die einzigen Skulpturen von einiger Größe und etwas reicherer Gestaltung, ja um die einzigen Versuche figürlicher Darstellung aus Groß-Simbabwe oder irgendeiner anderen vorgeschichtlichen Fundstätte Süd-Zentralafrikas, allerdings lassen sie keineswegs erkennen,

153

ob die Bildhauer irgendeine Art von Analyse, Abbildung oder Nachschöpfung eines wirklichen Lebewesens geben wollten: Es handelt sich eher um steife, grobe ›Diagramme‹ als um Versuche realistischer Wiedergabe. Die Beine der Vögel sind rund und bis unten hin voll ausgebildet, die Füße haben eher Zehen anstatt Krallen, die Flügel nehmen sich wie starre Rückenpanzer aus, und die einzige Andeutung von Federn besteht aus Mustern eingeritzter Parallellinien auf den Flügeln einiger dieser Stücke. Die Schnäbel lassen sich nicht vom Kopf unterscheiden, und obwohl bei dem einzigen kompletten Beispiel eher von eingekerbten Lippen als von einem Schnabel die Rede sein kann, stand dies doch nicht der Auffassung im Wege, es handle sich um die Darstellung eines Krummschnabels.

Diese Vögel (Tafeln 69–74, 76) lassen sich in zwei Gruppen unterteilen. Fünf von ihnen hocken auf geknickten Beinen. Ihre Köpfe stehen in rechtem Winkel von ihren langen Hälsen ab. Sie sind schwanzlos, und ihre Flügel laufen am Rücken zusammen (beziehungsweise stehen in einem Fall schräg zum Hals). Die anderen beiden vollständigen Stücke und das Unterteil eines dritten (Tafeln 75, 77, 79) haben Beine, die unmittelbar unter ihrer Brust schlaff hinabhängen und eine Profilleiste umklammern, hinzu kommen zur Viereckform hin tendierende Flügel sowie kräftige, fächerförmige Schwänze. Die Köpfe recken sich steif nach oben und setzen einfach übergangslos den Hals fort. Beide Gruppen spiegeln weitgehend die Gestalt der zugehörigen Steinsäulen: Die erste Gruppe krönt Monolithe von rechteckigem Zuschnitt mit schmalen Vorder- und langen Seitenfronten – einer Form, der die Gestalt der Vögel sich anpaßt, die langgestreckten, nach oben gereckten Formen der zweiten Gruppe dagegen scheinen durch die andeutungsweise zylindrische Gestalt der zugehörigen Steinpfosten bestimmt.

Es war Schnitztechnik, die man beim Skulpieren anwandte. Sie verrät, daß man mit der Holzbearbeitung vertraut war. Allerdings besaßen vier Vögel kleine, erhabene Stege, die teilweise perlenförmig ausgestaltet waren (Tafeln 69, 74). Diese Stege liefen rings um die Hälse, vorn und hinten am Hals, vorn an der Brust hinab, desgleichen hinten am Rücken. Man hat diese Stege als angedeutete Wiedergaben von Gußsäumen betrachtet und als Anzeichen dafür gewertet, daß die Vögel Vorbilder aus Metall besaßen. Ähnliche Effekte ergeben sich jedoch auch bei zu hartem oder zu zerbrechlichem Gestein, wo man mit keinem Schnitzgerät oder Meißel herangehen kann und durch Schmirgeln oder Sticheln die Oberfläche reduziert, so daß einzelne Details leicht abstehen bleiben.

Selbstverständlich ist es unmöglich, die durch diese Steinschnitzereien dargestellte Gattung zu bestimmen. Dies bleibt vielmehr ein Rätselraten, auf das man dennoch viel Zeit verschwendet hat: Papageien, Falken, Geier, Fischadler und Nashornvögel – sie alle glaubte man irgendwann in diesen

Skulpturen wiederzufinden. Aber die Darstellungen waren nicht mehr als eine Art von ›Ideogrammen‹, an bestimmte Konventionen gebundene Reflexe des Generalthemas ›Vogel‹. Freilich differenzierte man, wie es scheint, absichtlich, indem man Verzierungen anbrachte, die etwas völlig Willkürliches haben und offensichtlich nicht durch gattungsmäßige Unterschiede der dargestellten Vögel bedingt sind. So hat eines dieser Tiere Kreise auf seinen Flügeln, ein anderes ein Chevron-Muster unter seinen Füßen, ein drittes an derselben Stelle einen Rinderkopf mit Hörnern, und bei einem vierten trägt schließlich der zugehörige Steinpfosten, auf dem der Vogel sitzt, ein Chevron-Muster und Kreise sowie außerdem die Abbildung eines Krokodils. Auch die leicht hervortretenden ›Halsbänder‹, die oben beschrieben sind, lassen sich als deutlich wahrnehmbare Unterscheidungsmerkmale betrachten. All dies läßt vermuten, daß die Vögel jeweils etwas ganz anderes symbolisierten.

Neben zwei sehr rohen und bei weitem nicht eindeutigen Saponit-Stücken, die Bent in der Ost-Einfriedung fand und ›Miniaturvögel‹ taufte, sind die einzigen anderen skulpturalen Versuche, die sich mit Groß-Simbabwe in Zusammenhang bringen lassen, zwei kleine längliche Steinstücke, auf denen Menschenköpfe sitzen (Tafel 80). Das eine davon besitzt eine Andeutung von Brüsten sowie, in sehr flachem Relief vorn und seitlich angedeutete Arme und Beine zwischen quadratischen Feldern mit eingeritzten abstrakten geometrischen Mustern. Es wurde 1923 vom Britischen Museum erworben und stammt vermutlich aus Groß-Simbabwe, doch über den Fundzusammenhang, in dem es ursprünglich stand, oder über seine Geschichte weiß man nichts. Jede Information fehlt auch über das zweite Stück in der *Tishman collection*, New York (Tafel 81). Es besitzt ähnlich rudimentäre Arme in leichtem Relief an den Seiten sowie fünf seltsame, gekrümmte Wülste, die senkrecht den Rücken hinablaufen. Rings um seinen Fuß hat das kleine Steinsäulchen einen schmalen Einschnitt, der ursprünglich nicht dagewesen sein kann, wenn die Skulptur – wie alle anderen Säulen – in eine *daga*- oder Steinbasis eingebettet war. Diese beiden Objekte bringen uns nicht sehr viel weiter, zumal die Fragen ihrer Echtheit und ihres Zusammenhangs mit Groß-Simbabwe absolut offen sind und sich ohne entsprechendes Kontext-Material bzw. ohne Vergleichsmöglichkeit auch nicht beantworten lassen.

Natürlich fanden sich überall Monolithe (Tafeln 68, 83). Sie besaßen im allgemeinen gleiche Höhe und Form wie die acht mit den Vogelskulpturen. Sie standen auf der Krone der äußeren Hauptmauern, in den Einlässen der Bastionen, in Gruppen auf niedrigen *daga*-Plattformen, waren in zylindrische ›Altäre‹ aus Mauerwerk eingefügt oder häuften sich plötzlich einfach im Gelände. Nach Halls Beschreibung kamen sie innerhalb des elliptischen

Bauwerks ganz besonders im Abschnitt vor dem konischen Turm vor, desgleichen auf der großen Stufenplattform daneben sowie auf der Mauer dahinter (Tafel 21).[14] Auf dem Berg fanden sich fast alle in der Osteinfriedung bzw. auf einer natürlichen Erhebung am Nordende der Westeinfriedung (Tafeln 19, 20, 52, 60). Im Tal gab es einige in der Philips-Ruine, und dort in der Nähe entdeckte Hall einen der Vögel. Bei den meisten dieser Monolithe handelte es sich um rohe Platten aus natürlichem Granit oder Saponit. Einige der Saponit-Exemplare waren mit Bändern aus eingeritzten geometrischen Mustern verziert. Man benutzte dabei einfache Dekormuster wie Rauten mit Schraffur, schraffierte Dreiecke und Chevron-Muster.

Ganz eindeutig dienten diese Monolithe keinerlei praktischem Zweck, und da sie oft dazu sehr dicht in sehr großen Gruppen angeordnet waren, kann wohl auch von einem dekorativen Charakter kaum die Rede sein. Weiterhin hat es den Anschein, als ob man sie nach bestimmten Gesichtspunkten angebracht und dabei nichts dem Zufall überlassen hätte: Sie konzentrierten sich auf Areale, deren sakraler Charakter aufgrund anderer Indizien feststeht. Wenn es sich um Symbole handelte, wie die abstrakten Motive einschließlich der betreffenden Ritzungen auf den Vogelskulpturen vermuten lassen, dann müssen sie aber ihrer großen Anzahl wegen für eine Fülle von Personen oder Ereignissen gestanden haben. Dies läßt vermuten, daß es sich um Gedenksteine für die einzelnen Toten des Stammes handelte. Schon seit vielen Jahrhunderten spielen die Toten in der Shona-Religion eine bedeutende Rolle, es gilt einfach als lebenswichtig, daß jeder einzelne die Geister seiner verstorbenen Vorfahren beschwichtigt. Und wenn die Shona auch keine materiellen, greifbaren Totenmale kennen, so benutzen doch die Venda Eisenstäbe als Gedächtnis-›Stelen‹, und andere Stammesverbände ehren das Andenken ihrer Verstorbenen auf ähnliche Weise, obwohl ihre Totenmale anderer Art sind. Wie es scheint, sollten die Monolithe – einschließlich der Exemplare mit den Vogelskulpturen – dem gleichen Zweck dienen.

Möglicherweise hatten auch die Türme, Plattformen, Bastionen und ›Altäre‹ selbst Emblem-Charakter ganz ähnlich wie die Monolithe, die sich meist gerade auf diesen Türmen, Plattformen, Bastionen und ›Altären‹ erhoben (Tafeln 19, 38). Dies gilt ganz besonders für den konischen Turm, das fraglos bedeutendste, augenfälligste große Bauwerk dieser Ruinenstätte (Tafel 34). Nach Rozwi-Überlieferungen stellten die kleinen Türmchen oben auf dem Mauerrand der Naletale-Ruine verschiedene Unterhäuptlingstümer dar, und die betreffenden Unterhäuptlinge standen jeweils unter ›ihrem‹ Turm, wenn sie dem Oberhäuptling, der in Naletale residierte, ihre Getreideabgaben darbrachten. Der Form nach ähneln viele Türme, ganz besonders der konische Turm, Getreideschwingen (Tafeln 33). Es wäre durch-

156

aus denkbar, daß sie derartige Behältnisse symbolisierten, ja im übertrage-nen Sinne sogar die Tributempfänger und damit die Herrscherwürde. Wenn also Monolithe vielleicht für die einzelnen Inhaber der Häuptlingswürde standen, repräsentierten die Türme wohl in einem viel abstrakteren und allgemeineren Sinne die Machtquellen und Ämter, über die all diese Ver-storbenen einst verfügt hatten.

Etwas völlig anderes als die Steintürme und Monolithe sind die kleinen Figürchen aus gebranntem Lehm (Tafel 89) – Figürchen von Rindern und, dies freilich seltener, von Schafen, die in Groß-Simbabwe gefunden wurden, und zwar anscheinend nur in den älteren archäologischen Schichten. Ein sehr schönes Exemplar entdeckte Robinson. Es stellt ein langhörniges Buk-kelrind dar. Zusammen mit einer großen Zahl anderer Fragmente kam es im Abfall der ›Periode II‹ auf der Anhöhe zum Vorschein. Auch Gertrude Caton-Thompson stieß in den untersten Schichten der alten Abfall-Lager, die sie auf dem Berg ausgrub, auf zwei oder drei Hornspitzen, die von ähnli-chen Figürchen stammten. Mag sein, daß es sich bei diesen Gegenständen um Kinderspielzeug handelte. Auch heute noch spielen bei manchen Stam-mesgruppen die Kinder mit ganz ähnlichen Objekten. Dennoch lassen ihre Standardisierung, ihre beträchtliche Stilisierung, ihre eingeschränkte Ver-breitung sowie ihre vermutliche Assoziation mit hochgradig abstrakten an-thropomorphen (menschengestaltigen) Figürchen eher auf einen symboli-schen oder irgendwie mit der ›Stammesideologie‹ zusammenhängenden Sinngehalt schließen. Tierfigürchen dieser Art waren allgemein in den Kul-turen verbreitet, die im zweiten Jahrtausend unmittelbar auf die Früheisen-zeit folgten. Man findet sie in der älteren Leopard's Kopje-Industrie des Matabelelandes, der Musengesi-Industrie des nördlichen Mashonalandes sowie der Kalomo-Industrie Süd-Sambias (Abb. 20, 5, 6).

In der Leopard's Kopje- und der Musengesi-Industrie, wahrscheinlich aber auch in Groß-Simbabwe, fanden sich diese Tierfigurinen in Schichten, die gleichzeitig anthropomorphe (menschengestaltige) Figürchen aus gebrann-tem Ton mit nicht mehr als nur gerade angedeuteten Köpfen, keinen Armen und auch – mit Ausnahme der Leopard's-Kopje-Industrie – keinen Beinen aufwiesen (Abb. 20, 4, 7). Einige davon sind so hochgradig stilisiert, daß es sich fast nur noch um kleine Tonzylinder handelt. Figurinen dieser Art hielten sich länger als die Tierfigürchen und kommen um die Mitte des zweiten Jahrtausends in der jüngeren Leopard's Kopje- sowie in der Ingombe-Ilede-Industrie vor (Abb. 20, 8, 9, 11, 12). Auch einige der kleinen, grob modellierten Tonkegel und -zylinder, wie Robinson und Gertrude Caton-Thompson sie in Groß-Simbabwe fanden, sind wahrscheinlich als Figurinen dieses Typs anzusehen. Am besten zeigt sich diese Entwicklung in Groß-Simbabwe jedoch in kleinen, aus Saponit geschnitzten Zylindern, die wir weiter oben als ›*phalloi*‹ bezeichnet haben (Tafeln 84, 85). Einige dieser Objekte lassen sich klar als menschliche Torsi identifizieren. Brüste und Nabel zeichnen sich deutlich ab, ja einige tragen auch eingeritzte Zeichen, die möglicherweise Hautnarben darstellen. Nach Hall wurden »mindestens 100« derartiger ›*phalloi*‹ in Groß-Simbabwe geborgen. Mehr als 60 davon kamen rings um eine einzige Steinplattform zum Vorschein: um Bent's ›Altar‹ in der Ost-Einfriedung. Die übrigen Funde dieser Art beschränkten sich auf Geländeabschnitte am konischen Turm, in der Nähe der Vogel-Fundstätte in der Philips-Ruine, in der Ruine Nr. 1 sowie in der West-Einfriedung auf der Anhöhe. Keine einzige wurde von späteren Ausgräbern gefunden, keine Saponitexemplare kennt man von anderswoher, und nichts dergleichen verzeichnet die Völkerkunde von den Shona. So stellt ihre Deutung ein außerordentlich großes Wagnis dar, und es ist durchaus möglich, daß die Saponit-Figurinen in Groß-Simbabwe eine Entwicklung jenes Denkens und Empfindens darstellen, das die realistischen Rinderfigürchen der ältesten Schichten hervorgebracht hatte. Vielleicht waren sie einfach Symbole eines um die Mitte des gegenwärtigen Jahrtausends weitverbreiteten Kultes, der außer bei den Bewohnern der Steineinfriedungen auch von anderen Völkerschaften im Mashonaland praktiziert wurde. In Groß-Simbabwe scheint dieser Kult mit Denkformen oder kultischen Ritualen in zeitlichem oder sogar inhaltlichem Zusammenhang gestanden zu haben, bei denen die Vogelskulpturen eine Rolle spielten[15].

Schließlich gibt es noch eine Reihe von Saponit-Objekten, nämlich flachbödige Schalen von 33–53 cm Durchmesser (Tafel 86), die wohl weniger symbolischen Charakter hatten, sondern eher praktischen Zwecken dienten. Gewöhnlich waren sie mit einem zwischen glatten, halbrunden Randleisten an der Außenseite umlaufenden, skulpierten Fries dekoriert. In einigen wenigen Fällen erblickt man hier Reihen von Tieren, die ganz rigide im Profil dargestellt sind (Tafel 93). Auf einer solchen Schüssel steht zwischen Zebras und Pavianen ein Mann mit einem sitzenden Tier am Seil, vermutlich einem Hund, außerdem gibt es ein weiteres Fragment eines Zebrafrieses (Tafel 92). Stücke von etwa sechs bis zehn Schalen kamen zum Vorschein, die Friese von Rinderdarstellungen mit langen, leierförmigen oder halbmondförmigen Gehörnen aufwiesen (Tafel 90). Auf einer davon erkennt man auch Andeutungen eines Krokodilfußes und -schwanzes. Die Rinderhörner sowie die Füße der Paviane und des Krokodils sind perspektivisch verzerrt. Sämtliche Gestalten sind ebenso grob, steif, schlecht beobachtet, unrealistisch und diagrammatisch wie die Vogelskulpturen.

Zahlreiche weitere Schalenfragmente tragen Felder mit einem Fischgrätenmuster (Tafel 86). In einigen Fällen ist dieses Motiv so sorgfältig ausgearbeitet, daß es förmlich zu einer Art ›Haltetau-Muster‹ wird. Drei Bruchstücke, vielleicht alle von derselben Schale, weisen ein Guillochenmuster auf (Tafel 91), und Hall sowie Bent erwähnen Scherben mit erhabenen Scheibchen, eingeritzten Kreisen und ebenfalls eingeritzten, schraffierten Rauten. Die gleichen Muster fanden sich auch in der Lekkerwater-Ruine in Zentral-Mashonaland. Hier enthielt eine Hütte mit Wänden aus solider *daga*-Masse eine Gefäß-Abstellfläche aus *daga*, verziert mit einem ausgeformten ›Haltetau-‹ bzw. ›Seil-Muster‹, während ein weiteres *daga*-Einrichtungselement ein Guillochenmuster aufwies (Tafel XVII). Die ›Tau-‹ und Fischgrätenmuster mögen darauf hindeuten, daß es sich bei diesen Saponitschalen um Nachahmung von Korbgeflecht handelte, doch gleichzeitig stellen diese Muster zusammen mit dem Guillochen-Motiv das einzige Beispiel eines nachweisbaren äußeren Einflusses im Bereich der Dekoration dar. Insbesondere handelt es sich wohl beim Guillochen-Muster um ein zu komplexes Gebilde, als daß es allein und unabhängig von einem Volk ohne eigenständige (so scheint es jedenfalls) Arabeskentradition entwickelt worden sein könnte. In weiche Korallenblöcke geschnitten, waren vor allem die beiden erstgenannten Muster besonders beliebt, ja es handelt sich praktisch um die einzigen Motive, die man zur Dekoration der *mihrabs* in Moscheen der Ostküste benutzte (Tafeln 87, 88). So findet sich das Tau-Muster an der Küste erstmals in dem aus dem beginnenden 14. Jahrhundert stammenden Husuni-Kubwa-Palast in Kilwa. Später verwendete man immer weniger Sorgfalt darauf, bis es schließlich durch das sich bis in das 19. Jahrhundert hinein haltende Fischgrätmuster ersetzt wurde. Guillochenmuster tragen kleine Korallenbossierungen, die aus dem 15. Jahrhundert stammende *mihrabs* in den Moscheen von Kilwa und Gedi schmücken. Es ist nicht unwahrscheinlich, daß schlicht dekorative, mit keiner tieferen Bedeutung befrachtete Motive dieser Art den Bewohnern Groß-Simbabwes erstmals auf irgendwelchen Schnitzarbeiten zu Gesicht kamen, die Händler aus dem Küstengebiet ins Innere des Kontinents brachten. Die Leute von Simbabwe mögen sie dann bewundert und nachgeahmt haben. Diese Art oberflächlichen, ja geradezu banalen Einflusses darf man von Fremden erwarten, die ansonsten keinerlei Kontakte zu den Landesbewohnern unterhielten und auch keinerlei Spuren einer echten, tiefergehenden kulturellen Begegnung hinterließen.[16]

Wie es scheint, kamen überall in Groß-Simbabwe Fragmente von Saponitgeschirr zum Vorschein. Bent entdeckte viele davon »in zwei Höhlen unter den Felsblöcken« in »einem mit großer Sorgfalt ummauerten Bereich«, der an die Osteinfriedung anstieß (allerdings behauptete er dann später, er habe das meiste davon »tief vergraben« gefunden). Wahrscheinlich war es die gleiche Stelle, wo Mauch eine Saponitschale sah, und es sieht fast so aus, als habe man diese Steinschneide-Arbeiten im 19. Jahrhundert gefunden, gesammelt und in Sicherheit gebracht, als man die Osteinfriedung in einen Viehkral verwandelte. Zumindest eines dieser Stücke sah auch Posselt in dieser Einfriedung, und er versteckte es. Hall scheint überall Fragmente gefunden zu haben – überall vom ›Makalanga‹-Abfall bis zu den »ursprünglichen Zementböden« des elliptischen Bauwerks. Als einzige stratifizierte Stücke, die bei einer unter wissenschaftlicher Kontrolle stehenden Grabung zutage gefördert wurden, waren zwei Fragmente mit einem Rinderkopf sowie dem Schwanz und den Beinen eines Krokodils. Summers fand sie auf dem Grundniveau zu Füßen eines Paars von ›Verstrebungen‹ aus regelmäßigen Mauerwerkslagen. Jüngere *daga*-Böden bedeckten die Funde. Gertrude Caton-Thompson fand zwei Fragmente mit Guillochen-Muster im Humus, der die Maund-Ruinen deckte. Ähnlich wie die Saponit-Vogelskulpturen und die Figurinen deuten möglicherweise die Schalen auf wachsenden Luxus während der Spätperiode Groß-Simbabwes hin, allerdings gibt es keinen sicheren Beweis dafür, daß sie tatsächlich auf diese Spätphase beschränkt waren.[17]

Saponit läßt sich so leicht bearbeiten, und dieser ›Seifenstein‹ ist im Mashonaland immerhin recht verbreitet, so daß es recht erstaunlich ist, daß seine Verwendung sich in prähistorischer Zeit praktisch auf Groß-Simbabwe beschränkte. Ansonsten kennt man Saponitschalen nur von zwei Beispielen aus den Chumnungwa-Ruinen, einem aus der Mundie-Ruine sowie einigen Fragmenten aus der Dhlo Dhlo-Ruine. Vermutlich fand man hier, in der Dhlo Dhlo-Ruine, einige Zeit vor 1902 auch einen kleinen Monolithen (Tafel 82) mit Feldern voll von eingeritzten geometrischen Mustern.[18] Etwa 40 kleine, kindlich-unfertige Saponitschnitzereien und Tonmodelle von Menschen, Reptilien, Vögeln und Werkzeugen – ganz unähnlich allem, was sich an derartigen Darstellungen in Groß-Simbabwe gefunden hatte – entdeckte E. M. Andrews, ein Kollege Randall-MacIvers, bei einem kurzen Stück in Lagen versetzten Granitmauerwerks in den Bergen des Manicalandes bei Umtali. Bedeutung, kulturelle Einordnung und Zeitstellung sind vollständig unbekannt und zur Zeit auch nicht bestimmbar.[19]

Handel

Im Juli 1903 fand Hall in der Renders-Ruine am Rande des Tales in unmittelbarer Nähe des elliptischen Bauwerks ein Versteck. Es quoll förmlich über vor einheimischen und importierten Waren der verschiedensten Art. Einen dermaßen reichen Hort entdeckte man sonst weder in Groß-Simbabwe selbst noch anderswo im südlichen Zentralafrika.[20] Die gehorteten Gegenstände befanden sich »in einer Ecke einer der Einfriedungen . . . alle

160

nur ein paar Fuß tief« unter »einer tiefen Bodenablagerung ... und Fragmenten eines ... Lehmbodens«, und zwar »in einer Tiefe von 4 Fuß (= 1,22 m) in gelblichem Erdreich« auf und über dem »Felsboden«. Hall deutet dann diesen Fund als den Bestand eines »arabischen Handelszentrums aus dem Mittelalter«, und dies scheint im großen ganzen auch akzeptabel, obwohl er später selber schrieb, Perlen, wie MacIver sie an der gleichen Fundstelle barg, stammten »aus einem Eingeborenengrab ... 5 Fuß (1,53 m) über dem ursprünglichen Boden«. Eine sichere Datierung der fraglichen Gegenstände ermöglicht eine kleine, bemalte und glasierte persische Schale (Tafel XI). Sie trägt eine Inschrift in Naskhi-Schriftzeichen und stammt aus dem 13. oder 14. Jahrhundert. Zusammen mit ihr kamen die meisten Stücke chinesischer Seladon-Keramik zum Vorschein (Tafel XII), die in Groß-Simbabwe gefunden wurden, dazu ein paar Scherben eines chinesischen Steingut-Gefäßes, ein tönerner Napf persischer Herkunft mit Zinnglasur und aufgemaltem blauen Muster und einiges geschnittene, bemalte Glas aus dem Nahen Osten (Tafeln XI, X): Fast all dies stammt aus der gleichen Zeit. Außerdem fand man ein Stück Koralle, einen eisernen Löffel (Tafel 94), einen eisernen Lampenhalter an einer Kupferkette, ein Kupferbüchschen sowie zwei kupferne Fingerringe mit zu kreisrunden Mustern gewundenem Draht geschmückt. Auch zwei kleine, bronzene Schellen, die man oft als Händlerglocken (mit denen der Händler sein Eintreffen anzeigte und Kundschaft anlockte) gedeutet werden, fanden sich in derselben Einfriedung, und auch diese Stücke können sehr wohl ursprünglich aus dem Hort stammen. Sämtliche Objekte sind eindeutig fremder Herkunft. In Groß-Simbabwe selbst und seiner gesamten Umgebung fand sich nichts dergleichen. Die Keramikware ist von einer Beschaffenheit, die wohl selbst in den Küstenstädten einen alltäglichen Gebrauch ausschloß. Man brachte die Stücke vermutlich als Geschenke ins Land oder als eine Art Tribut, um sich die Reise zu erleichtern. Dem gleichen Zweck dienten vielleicht auch noch andere Dinge, wenn es sich nicht um den Privatbesitz eines einzelnen reichen Kaufmanns oder einer kleinen Gruppe von Kaufleuten handelte, die von den Ostküstenstädten heraufgekommen waren. Nirgendwo sonst fand man küstenländische Haushaltsgegenstände: insbesondere die leicht erkennbaren islamischen Glasurwaren, die in den Küstenstädten in jeder archäologischen Schichtenfolge in Hülle und Fülle anzutreffen ist, im Innern des Kontinents jedoch als praktisch unbekannt betrachtet werden muß. Dies wiederum deutet möglicherweise darauf hin, daß die Besuche der fraglichen Händler im Landesinnern entweder nur sehr sporadisch stattfanden oder aber nicht lang genug waren.

Zu den Gegenständen aus diesem Hort, die sich sofort als Handelsware identifizieren ließen, gehörten »zwei Pinten (= insgesamt etwa 1 l) von ...

gelben und grünen Glasperlen« sowie »eine Pinte ähnlicher Perlen von größerer Gestalt« und schließlich »(wenigstens) 100 . . . gerippte . . . meergrüne . . .« Perlen (Tafel IX). Insgesamt handelt es sich um mehrere Zehntausende von Perlen. Dabei fanden sich pfundweise Messingdraht und Kaurimuscheln. Obwohl man diese seit der ältesten Eisenzeitphase kennt, findet man sie im Landesinnern doch nur, wenn es der Zufall gerade will, und dann auch nur in ein bis zwei Exemplaren. In einer Gesellschaft, die Kauris nicht als Muschelgeld-Währung benutzte, müssen sie nicht hoch im Kurs gestanden haben. Was Messing angeht, so ist es – abgesehen von diesem Bericht Halls – in prähistorisch-archäologischem Fundzusammenhang im Landesinnern sonst praktisch unbekannt.

Der Hortfund läßt vermuten, daß die gleichen Kaufleute auch einen mehr lokal gebundenen Kurzstreckenhandel im Landesinnern selbst durchführten. »15 Pfund gewickelten Eisendraht« verzeichnet Halls Liste, und Hall barg noch einen weiteren »halben Zentner« Draht sowie »zwei Zentner Hacken, Beile und Meißel« auf der »oberen Schicht« (Tafel 95). (Diese letzte Bemerkung stiftet Verwirrung; unklar ist, ob Hall damit die fraglichen Funde vom ›eigentlichen‹ Hort trennen will. Doch ist dies wenig wahrscheinlich, denn einige der hier aufgeführten Fundgegenstände erscheinen gleichzeitig im Inventarverzeichnis des Hortfunds). Die fraglichen Objekte decken sich vollständig mit anderen Eisengegenständen aus Groß-Simbabwe. Eine dermaßen enorme Menge eiserner Gegenstände muß für Transport- oder Tauschzwecke aufgestapelt worden sein, doch läßt sich natürlich nicht sagen, ob man sie von Schmieden aus Groß-Simbabwe bezog oder umgekehrt die Ware für sie zur Verfügung bereithielt. Bei dieser Ware fanden sich noch andere im Lande heimische Gegenstände, die aber dennoch nicht unbedingt lokalen Ursprungs gewesen sein müssen – Gegenstände wie ›Kupferfladen‹, Elfenbein, zwei seltsam gearbeitete Speerspitzen, drei Eisengongs und drei kleine Eisenstäbe mit einer Art Handgriff-Öse an einem Ende: zweifellos die Schlägel bzw. Klöppel, für die Gongs (Tafel 96). Im übrigen enthielt der Hort Produkte so eindeutig lokalen Charakters wie eine Saponitschale und 20 kleine Stücke perforierter Goldfolie, etwas Golddraht und eine Handvoll Goldperlen.

Diese bemerkenswerte Fund-Ansammlung ist sicherer und mit einer geringeren Irrtums-Toleranz datiert als alles andere in Groß-Simbabwe. Demzufolge muß Groß-Simbabwe etwa im 14. Jahrhundert weitgespannte Handelskontakte gepflegt haben, und stand wahrscheinlich in direkter Berührung mit den Küstenstädten. Aber gerade der Reichtum dieses einen Hortes wirft ein Licht auf die sonstige Knappheit, den Mangel an Handelsartikeln in anderen Partien der Ruinen. Groß-Simbabwe kann keine Handelsniederlassung gewesen sein, wenn der Verlust oder die Beseitigung einer einzigen Assemblage von Funden wie dieser durch nicht mehr als eine Handvoll ausländischer Sammler, die nur kurze Zeit hier verweilt haben können, dermaßen schwer wiegt und sich derart vom übrigen Bild abhebt. Das Versteck seinerseits weist die Renders-Ruine noch keineswegs als ›Handelszentrum‹ aus, wie Hall bemerkte, denn alles stammte nur aus einer einzigen Ecke eines einzigen Abschnitts innerhalb der Ruine. Was die Ruine selbst angeht, die Mauern des ältesten Baustils aufweist, so unterscheidet sie sich in Bauweise und Plan keineswegs von irgendeiner anderen. Andererseits fand man 1941 im Abfall unter der Mauer einer anderen Einfriedung in derselben Ruine an die 30000 Perlen. Dies gibt natürlich dem Gedanken neue Nahrung, daß gerade dieses Ruinengelände mehr als einmal für Zwecke des Handels oder als Händlerquartier benutzt wurde.[21]

Betrachtet man einige Handelsgüter etwas eingehender, so wird man feststellen: Die etwa 41 cm großen, glockenförmigen Eisengongs (Tafel 96), die aus zwei an den Seiten zueinander hingebogenen Blechen bestehen, entsprechen ganz einem Gong, den Mauch möglicherweise in derselben Ruine sah (Tafel 46). Drei weitere fand Bent in der Nähe der Ost-Einfriedung, drei Hall in der Hütte mit Metallverarbeitungswerkzeugen in Einfriedung 6: Sehr seltene Stücke, die auch rein technisch wenig Ähnlichkeit mit anderen Metallarbeiten aus Groß-Simbabwe haben. Sie sind daher wahrscheinlich fremden Ursprungs. Die einzigen anderen Gongs, die man in Steinbauten fand, waren Einzelstücke in den Ruinen von Chumnungwa und Dhlo Dhlo-Fundstätten, die man nach Ausweis weiterer Entdeckungen längst an die Seite Groß-Simbabwes stellt, mit dem sie so manche Ähnlichkeit aufweisen.[22] Sehr ähnlich waren auch Gongs, die für Teile von Sambia, für das Kongobecken und Westafrika geradezu charakteristisch sind. Dennoch ist es wohl nicht erforderlich, dermaßen weit Ausschau zu halten, obwohl man die betreffenden Stücke als Beweise für Groß-Simbabwes weitgespannten Handel angeführt hat. Auch zwei Toten in Ingombe Ilede hatte man derartige Gongs mit ins Grab gegeben, und schon längst hat man die Möglichkeit von Beziehungen zwischen den Ingombe-Ilede-Leuten und Groß-Simbabwe ins Auge gefaßt. Einen schlagenden Beweis für Handelsbeziehungen zwischen den Ingombe Ilede und den Steineinfriedungs-Bewohnern liefert nicht allein der Gong aus Chumnungwa, sondern auch ein dort gefundener Kupferbarren, der mit seiner charakteristischen Form (Arme, die sich keineswegs rechtwinklig kreuzen, und etwas erhöhter Oberkanten-Rand) gewiß ein Ingombe-Ilede-Produkt war (Tafel 66).[23]

Von eingeführten Schmuckperlen in Groß-Simbabwe war bereits die Rede. Ihr voller Wert für die Forschung bleibt zweifelhaft, bis man sich Klarheit über Herstellungs- und Vertriebsorte verschafft und mit Hilfe chemischer Analysen nachgewiesen hat, ob und zwischen welchen Assemblagen Beziehungen bestehen. Fast alle Perlen aus süd-zentralafrikanischen Fundzusammenhängen vor dem 19. Jahrhundert sind klein, einfarbig und von kleinen Röhrchen aus gezogenem Glas abgebrochen. Zur Zeit lassen sich nur drei oder vier größere Gruppen unterscheiden. Die älteste davon fand man an früheisenzeitlichen Stätten aus der Phase vor dem 12. Jahrhundert. Sie besteht aus seltenen, durchscheinenden blauen oder gelben Zylindern, die man von Glasröhrchen ab-›geknipst‹ hat. Ein paar Perlen aus der Periode II von Groß-Simbabwe fallen in diese Gruppe. Charakteristisch für die zweite sind kleine, wiedererhitzte Scheiben und Zylinder von praktisch niemals mehr als 0,25 cm Durchmesser (und oft sogar nur halb so groß), oft aus durchsichtigem oder durchscheinendem Glas ganz verschiedener Farbtönung (Tafel IX). Ein regelmäßiger Bestandteil der Assemblagen dieser Gruppe ist eine geringe Anzahl kugelförmig gedrehter Perlen von 0,76 cm Durchmesser. Ihre Farbe ist entweder Grün oder – dies seltener – Blau. Vermutlich bezog man sie alle aus den Küstenstädten, wenn auch durchaus nicht notwendigerweise auf direktem Wege. In diese Gruppe gehören sämtliche Perlen in Ablagerungen, die mit den Steinmauern Groß-Simbabwes in Fundzusammenhang stehen. Gertrude Caton-Thompson fand sie im Abfall der Bergruine, und auch Hall's Inventarverzeichnis der RendersRuine spricht von zusammengedrehten Perlen. Die dritte, in Groß-Simbabwe nicht vertretene Gruppe von Perlen, besteht aus größeren, weniger regelmäßigen, wiedererhitzten Scheibchen und Zylindern in stumpferen, milchigen Farben. Man fand sie an portugiesischen Handelsplätzen aus dem 16. und 17. Jahrhundert sowie in zeitgenössischen Eingeborenensiedlungen. Viele davon müssen von den Portugiesen ins Land gebracht worden sein, doch die Portugiesen machten daraus kein Monopol, und einige Perlen aus dieser Gruppe gehen zeitlich wahrscheinlich sogar ihrem Eintreffen voran. Zur Zeit bestätigen daher die Perlen aus Groß-Simbabwe allenfalls, daß die Haupt-Besiedlungsphase der Stätte zwischen dem 12. und dem 15. Jahrhundert anzusetzen ist und daß damals Beziehungen zum Handel auf dem Indischen Ozean bestanden.

Wenig nur bleibt noch zu den Handelsgütern zu sagen, abgesehen vielleicht von Wert der glasierten Keramik für die Datierung. Außer den Stücken aus der Renders-Ruine kamen noch die Scherben von weniger als einem Dutzend chinesischen Geschirren – alles Seladon-Ware – zum Vorschein. Dies zeigt: Nach dem 15. Jahrhundert, als sich die Beziehungen zur Küste verstärkten und Handelsleute bereitwillig im Innern des Kontinents Zugang fanden, damals, als die Portugiesen und die Einwohner einiger der Steinbauwerke im Matabeleland sowie am Ostrand des Mashonalandes chinesisches Porzellan benutzten – damals hatte Groß-Simbabwe seine Rolle als Handelspartner ausgespielt ...

Der archäologische Hintergrund

Die exotischen Interpretationen, mit denen man die Problematik Groß-Simbabwes befrachtet hat, spiegeln unter anderem die Auffassung wider, Afrika habe keine eigene Geschichte, seine Einwohner seien stets ›Wilde‹ gewesen, ›Wilde‹ mit stagnierender sozialer Entwicklung und auch auf anderen Gebieten nicht entwicklungsfähig. Alle Fortschritte seien daher Ergebnis von Einwanderungen überlegener Völkerschaften, deren letzter Ursprung außerhalb Afrikas auf anderen Kontinenten zu suchen sei. Kurz: Afrika besitzt das Image der Passivität, als ob es vorherbestimmt sei, ewig Kolonialismus ertragen zu müssen. Schon in sich waren Ansichten dieser Art stets anfechtbar, vor allem aber hat die Forschung der letzten 20 Jahre bewiesen, wie regelrecht falsch sie in der Tat sind. Heute liegt detailliertes Beweismaterial vor, daß sich im Lauf der letzten 1500 Jahre im gesamten südlichen Zentralafrika zahlreiche Bauern- und Händlerniederlassungen entwickelten, die durchweg frei von bedeutenderen auswärtigen Einflüssen waren und insgesamt einen integralen Teil der afrikanischen Eisenzeit bildeten. Obwohl im Grunde die Lebensweise – Landwirtschaft für den Eigenbedarf – während dieser gesamten Periode unverändert blieb, lassen sich dennoch rein archäologisch unterschiedliche Gruppen feststellen. Sie unterscheiden sich je nach dem Gebiet, das sie bewohnten, nach der Geländeart, die sie bevorzugten, nach Größe und Typ der Ansiedlungen, die sie errichteten, schließlich nach ökonomischen Belangen und Sozialstruktur. Größere archäologisch erfaßbare Einheiten pflegt man als ›Kulturen‹ oder ›Industrien‹ zu bezeichnen – Fachausdrücke, die weder besonders zutreffen, noch sehr anschaulich sind. Das letzte Kapitel suchte zu verdeutlichen, daß Groß-Simbabwe in einen solchen Zusammenhang gehören muß, und es erwies sich als möglich, seine materiellen Berührungen mit einigen eisenzeitlichen Gruppen aufzuzeigen, die Denkmuster, die es mit anderen verband, und schließlich die Handelsbeziehungen, die es mit noch anderen anknüpfte. Wenn folglich das kulturelle Milieu detaillierter umrissen ist,

165

so müssen auch die Einflüsse klarer hervortreten, die Groß-Simbabwes Geburt begünstigten, sein Wachstum bestimmten und schließlich seinen Niedergang hervorriefen.

Um das 4. Jahrhundert unserer Zeitrechnung siedelten erstmals Bauern in dörflichen Gemeinschaften des südlichen Zentralafrika. Es waren Einwanderer, die in ein Land eindrangen, das vordem nur von jungsteinzeitlichen Jägern bewohnt war. Die vollständig verschiedenen Lebensweisen beider Völkerschaften ermöglichten es beiden Gruppen, in gewissen Gegenden jahrhundertelang ohne Konflikte zu koexistieren. Früheisenzeitliche Ansiedlungen wurden in ganz Sambia, Malawi und Rhodesien lokalisiert und ausgegraben (was – darüber hinaus – Ostafrika angeht, so ist es nicht relevant für unsere Diskussion, und in Südafrika bleibt an ganz ähnlichen Fundstätten noch eine Menge zu tun). Es gibt sie in Landschaften, die so ganz verschieden sind, wie etwa die dichten *Brachystegia*-Waldungen in Nord-Sambia, der lichte, offene Akazien-Busch im Landes-Mittelteil, die Sandböden und *Baikeaa*-Wälder weiter südlich. Sie existieren auf Schwemmland am Ufer des Malawi-Sees, auf offenem, dünnbewaldeten Grasland der Hochebene Rhodesiens, zwischen den Höhen im Bergland längs ihrer Ostflanke, aber auch in den heißen, trockenen *mopane* im tiefgelegenen Veld am Limpopo. Nach Ausweis von Handmühlen und Reibsteinen zogen diese Leute Getreide und züchteten Vieh: An einigen Fundstätten in Nord- und Zentral-Sambia wurden einige Knochen und Zähne von gezähmten Rindern nachgewiesen, doch südlich des Sambesi hielt man wohl nur Schafe und Ziegen. Gleichwertige Nahrungsquellen waren die Jagd sowie – am Malawisee-Ufer – die Fischerei. Die Leute wohnten in ortsfesten Dorfsiedlungen von oft bemerkenswerter Größe, ihre Wohnbauten waren Hütten aus Pfählen und *daga*-Masse. Diese lagen auf flachem, offenem Gelände. Vorkehrungen zum Schutz oder zur Verteidigung traf man nicht. Vielleicht betrachtete man sich als von den Bergen in der Savanne des Südens hinreichend geschützt, während im Norden die Lage neben *dambos*, kleinen, flachen, grasbewachsenen Tälern, die Waldlichtungen bildeten, gleiches bewirkte.[1]

Kenntnis der Eisenverarbeitung besaß jede Bevölkerungsgruppe, und in jedem Dorf kamen Schlacken sowie Fragmente von Blasebalgpfeifen zum Vorschein. Doch Eisen war wertvoll, und was man daraus herstellte, waren kleine Objekte wie Pfeilspitzen, Rasiermesser, Ringe und Schmuckperlen. Noch rarer war Kupfer. Selbst ausgedehnte Grabungen förderten in der Regel nicht mehr als eine oder zwei Schmuckperlen bzw. kleine Streifen aus diesem Metall ans Tageslicht. Die meisten Bewohnergruppen standen in zumindest gelegentlichen oder indirekten Handelsbeziehungen zum Küstengebiet: Praktisch jede Fundstätte im Süden enthält ein paar Glasper-

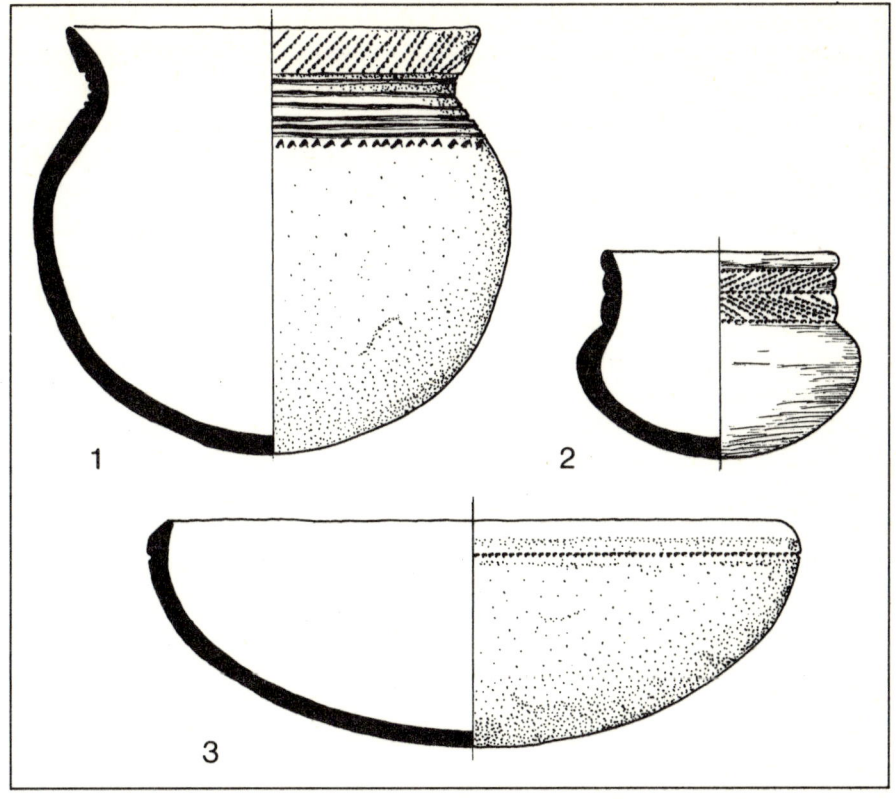

21. Früheisen-
zeitliche Keramik.

len, und an einigen Fundorten sowohl hier als auch im Norden fanden sich sehr sporadisch Seeschneckengehäuse wie etwa das der Kauri-Schnecke. Gewöhnlich waren die betreffenden Schneckenhaus-Schalen perforiert, damit man sie an Fäden aufreihen konnte. Veröffentlicht wurden bisher insgesamt einige 50 Radiokarbondaten. Keines davon, das nicht fragwürdig wäre, weist weiter als bis zum 4. Jahrhundert unserer Zeitrechnung zurück, ja die letzte früheisenzeitliche Gruppe scheint erst gegen Ende des 12. Jahrhunderts ausgestorben oder vollständig umgeprägt worden zu sein. Die Keramik weist regionale Unterschiede auf. Zur Zeit kennt man 9 klar unterschiedene regionale Varianten: 2 in Malawi, 3 in Sambia, 2 in Süd-Sambia und Nord-Rhodesien sowie 2 in Rhodesien. Nicht minder offen liegt indessen die unumstrittene Grundtatsache kultureller Gleichartigkeit auf der Hand – dies gilt nicht nur für die Menschen, die die Waren herstellten, die man fand, sondern auch für die fraglichen Waren selbst.

Gegenstand eines beträchtlichen wissenschaftlichen Arbeitsaufwandes, gleichzeitig aber auch Lieblingskind der Spekulation, waren und sind die Ursprünge der Früheisenzeit. Dem linguistischen (sprachkundlichen)

167

Befund zufolge müßten sich die Bantu-Sprachen nach Einführung des Eisens etwa zu Beginn des 1. Jahrtausends von ihrem Kernland in Katanga aus verbreitet haben. Es gibt allen Grund, dies mit der Verbreitung der Früheisenzeit gleichzusetzen, denn diese erscheint gleichzeitig und weist in Mittel- und Südafrika erstmals jene Grundzüge auf, die für das Kulturmuster der meisten Bantu-sprechenden Bevölkerungsgruppen charakteristisch sind: Ortsfeste Dorfsiedlung, Pfahl- und *daga*-Bauweise, Getreideanbau, Viehzucht, Eisenbearbeitung und ohne Scheibe gefertigte Töpferware (Abb. 21). Wo immer man Keramikassemblagen unterschiedlichen Datums irgendeiner regionalen Früheisenzeit-Variante untersuchte, fällt es heute nach Jahrhunderten schwer, irgendwelche bemerkenswerten Veränderungen festzustellen. Nicht die Keramik auch nur einer einzigen Spielart läßt sich typologisch von einer anderen regionalen Variante unterscheiden, und die ältesten Tonwaren sind einander nicht ähnlicher als die jüngeren. Anscheinend führte der Lauf der Zeit zu keinerlei Konvergenzen oder Divergenzen der Stile (hier: der Keramikstile). Demzufolge liefern die Keramikarbeiten keinerlei positive Anhaltspunkte für den Ursprung des gesamten kulturellen Komplexes. An Negativem wäre anzumerken: Das Vorhandensein gleichermaßen ähnlicher bzw. unähnlicher Keramik längs der gesamten sambischen Wasserscheide spricht gegen eine Nord-Südwanderung durch das fragliche Gebiet. Doch sämtliche Varianten liegen geographisch an der Peripherie von Kreisen, deren gemeinsames Zentrum in Katanga zu suchen ist. Folglich hätte man den Ursprung gerade dort, in einer archäologisch recht unbekannten Gegend, zu suchen. Allerdings erklärt dies keineswegs die Übereinstimmungen zwischen der rhodesischen und der malawischen Keramik-Variante, denn weder Rhodesien noch Malawi besitzen unmittelbaren Zugang nach Katanga. Wenn daher eine Verbindung mit Katanga bestünde, so dürften die Urheber der Keramik, von der hier die Rede ist, kaum durch das bewohnte Gebiet der sambischen Wasserscheide eingesickert sein, ohne daß die dort ansässigen früheisenzeitlichen Bevölkerungsgruppen einen spürbaren Einfluß auf ihre Tonware ausgeübt hätten.[2]

Obwohl keinerlei Ansiedlung nachgewiesen wurde, fand man doch in Groß-Simbabwe im Erdreich unter der Maund-Ruine und zwischen den Felsen unter den Siedlungsschichten auf der Anhöhe früheisenzeitliche Scherben verstreut, für die Holzkohlenproben aus dem Bereich der Bergruine ein Radiokarbondatum von 320 n. Chr. ± 150 Jahre (M-913) erbrachten. Hier in der Nähe müssen einst früheisenzeitliche Gruppen gesiedelt oder Lager geschlagen haben. Dies bestätigt den Befund, der an anderen Grabungsstätten erhoben wurde, und zeigt: Der Südabbruch, günstig zwischen gutbewässerten Bergen mit vorzüglichen Jagdgründen und offenem

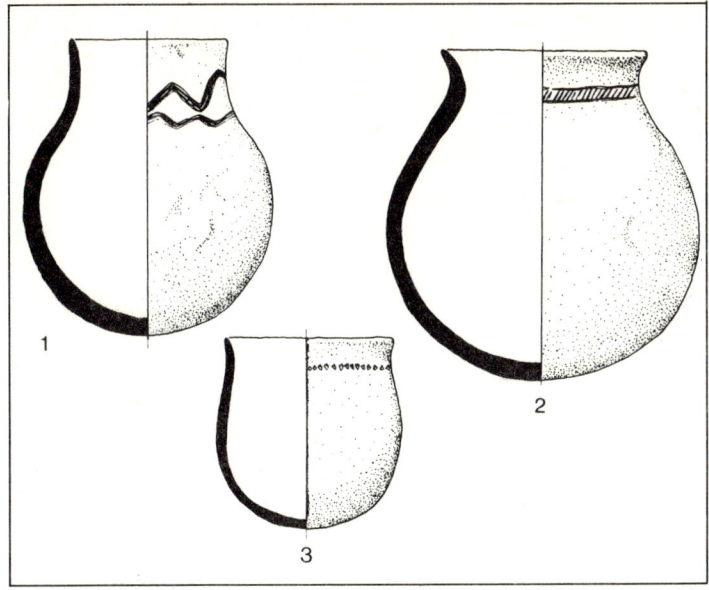

22. Frühe
Leopard's-Kopje-
Keramik.

Land mit leichten, gut zu bearbeitenden Böden gelegen, war damals ein ganz besonders bevorzugtes Siedlungsgelände.

Etwa im 9. oder 10. Jahrhundert drangen neue Einwanderer in das trockene Akazien-Sandfeld des südwestlichen Matabelelandes ein und führten hier die sogenannte Leopard's-Kopje-Kultur ein. Deren Tonware (Abb. 22) bedeutet einen so markanten typologischen Bruch mit den Keramikformen der Früheisenzeit, daß in diesem Fall kein Zweifel bestehen kann: Sie war das Werk von Einwanderern ohne unmittelbare Kontakte zu den vorherigen Bewohnern. Keinerlei Vorformen zeichnen sich in den archäologischen Befunden aus Sambia oder Rhodesien ab, und dies führte zu der recht gewagten Vermutung (gewagt, weil sie von Unkenntnis und nicht von Kenntnis der wahren Verhältnisse ausgeht), die neue Bevölkerungsgruppe sei vielleicht aus den reichen Grassteppen Nord-Botswanas und Angolas, archäologisch völlig unerforschten Gebieten, ins Matabeleland eingedrungen.

Ganz gewiß handelte es sich um ein Hirtenvolk, für das erstmals in der Geschichte Süd-Zentralafrikas Rinder eine bedeutende Rolle spielten – bedeutend nicht nur für die Wirtschaft, sondern auch für die gesamte Kultur. Man hielt die Tiere inmitten der Ansiedlungen eingepfercht, und die Haushaltsüberreste der Dörfer erbrachten bei der Ausgrabung jede Menge von Rinderknochen. Nach Ausweis kleiner Tonmodelle waren aber Rinder wohl mehr als einfach nur Nahrungsquelle, zumal man ja auch einzelne Körperteile von Rindern hier und da in Gräbern beigesetzt findet, ja häufig erhielten Gehörne eine regelrechte Bestattung mit Tongefäßen als Grabbeigaben. Abgesehen von dieser zuvor nicht dagewesenen Hervorhebung des Rindes, änderte sich die gesamte Lebensweise im Grunde kaum. Die Jagd blieb ein wichtiger Faktor der Nahrungsmittelversorgung, und häufig findet man Pfeilspitzen oder -spitzenansätze aus Knochen. Auch Nutzpflanzen baute man an. Unter anderem kamen bei den Ausgrabungen Samen von Kaffernhirse, Hirse, Erbsen und Buschbohnen zum Vorschein – die wesentlichsten einheimischen Nutzpflanzen Afrikas. Die Hütten waren vielleicht etwas sehr leicht. Oft bestanden sie wohl aus Rutengeflecht, das teilweise mit *daga*-Masse verschmiert war. Im übrigen stellte man mehr Eisen- und Kupferarbeiten her als zuvor, und auch importierte Glasperlen verbreiteten sich immer mehr – diese waren echte Schmelzprodukte, die völlig neue Formen aufwiesen. Tonfigürchen stellten jetzt nicht nur Rinder, sondern auch Schafe und Frauen dar. Die Frauen waren dabei oft hochgradig stilisiert, Köpfe und Arme fehlten, dafür waren die Gesäßpartien sehr stark betont, und oft saßen diese Frauen, die Beine gespreizt und gerade zur Seite gestreckt.

Während der Endphase des 12. und zu Anfang des 13. Jahrhunderts unterlag diese Kultur einer Reihe von Veränderungen. Anlaß dazu war vielleicht die vollständige Beseitigung sämtlicher früheisenzeitlicher Konkurrenten, und hinzu kam wohl die Kontaktaufnahme mit den aufblühenden und wachsenden Städten der Ostküste. Neues Land wurde besiedelt, und neue, langlebige Dörfer entstanden auf der zwar fruchtbareren, doch schwereren und daher auch schwerer zu bearbeitenden Erde des matabeleländischen ›Goldgürtels‹. Beispiele dafür bieten mehrere Kulturhügel auf dem Gebiet der Woolandale-Farm außerhalb von Bulawayo. Von dieser Expansion muß der Anstoß ausgegangen sein, erstmals im südlichen Zentralafrika nach Gold zu schürfen und Goldarbeiten herzustellen. Jedenfalls läßt dies ein Schmelztiegel an einer der Fundstätten schließen, hinzu kommen Scherben dieser Kultur an Goldschürfungs- und -verarbeitungsplätzen und in jenen runden Eintiefungen oder ›dolly holes‹ in den Felsen so mancher anderen Fundstätte – Eintiefungen, die wohl als Löcher zum Goldmahlen dienten. Im trockeneren Gelände an der Südgrenze herrschten wohl so starke Spannungen, daß sich rings um von der Natur geschützte, bewohnbare, tafelbergähnliche Anhöhen große Siedlungsgemeinschaften konzentrierten – so etwa Mapungubwe am Limpopo und gut 96 km weiter stromaufwärts am Shashi, Mapela.[4] Die betreffenden Siedlungen hatten eine derartige Dichte, daß etwa in Mapela um das 13. oder 14. Jahrhundert herum sämtliche Steilhänge des gut 91 m hohen Hügels (Tafel 97) mit rohaufgehäuften, steinernen Mauerterrassen versehen waren. Sie dienten als Verteidigungswerke und boten gleichzeitig Baugrund: Es handelt sich mithin um öffentliche

170

Bauten, deren Format (wenn auch nicht deren Qualität) durchaus den Vergleich mit den Bauten Groß-Simbabwes erlaubt. Damit erhielten Steinmauern, wie man sie aus Fundstätten sämtlicher Eisenzeit-Phasen kennt, erstmals ein solches Ausmaß, daß es einer ›von der öffentlichen Hand‹ unterhaltenen und organisierten Arbeiterschar bedurfte. Und erstmals zeichnen sich auch hierarchische Unterschiede in der Gesellschaft ab: Eine Hüttengruppe auf der obersten Terrasse im Siedlungskern von Mapela besaß starke Böden, Mauern und Profile aus solidem *daga*-Material, ganz anders als die weit weniger soliden Flechtwerk-Bauten auf dem Hügelgelände ringsumher. Es handelt sich nicht etwa um das Werk fremder Eindringlinge, denn die betreffenden Hütten standen unmittelbar mit den Terrassenmauern in Verbindung, die ihre Plattform umgaben, die älteste der Hütten stammte sogar noch aus der Zeit, als Mapela erstmals besiedelt wurde, und all diese ›besseren‹ Hütten wurden mehrmals überholt oder sogar neugebaut, bis man den Platz schließlich aufgab. Auch Glasperlen fand man in größerer Anzahl als zuvor; demnach mußte der Handel in beachtlichem Umfange zugenommen haben – wahrscheinlich geschah dies unter dem neuen Ansporn, den die Erschließung der Goldquellen bedeuten mochte. Nunmehr hatte man das wirtschaftliche Geschehen so weit in der Hand, daß auch viele Kilometer von den Goldfeldern entfernte Plätze erheblichen Nutzen aus der Produktion dieses Edelmetalls zogen. Während der Endstadien der Besiedlung Mapungubwes wurden drei Personen mit Goldperlen, Drahtringen und Holzgegenständen begraben, die man mit getriebenem Blattgold überzogen hatte. Somit wies die Leopard's Kopje-Kultur in ihren Endphasen eine Anzahl hochbedeutsamer neuer Charakterzüge auf: Neue handwerkliche Fähigkeiten auf dem Gebiet des Bergbaus und der Bautechnik, ausgedehntere Handelsbeziehungen, mannigfaltigere und besser kontrollierte Wirtschaft, Konzentration der Bevölkerung, die zur Bildung großer Siedlungen mit hohen Einwohnerziffern führte, die von Dauer waren und deren Bau ein organisiertes Arbeiterheer benötigte, schließlich aber eine in Schichten unterteilte, abgestufte Gesellschaft. So konzentrierten sich Macht und Reichtum in einem ganz schmalen Sektor dieser Gesellschaft und beschränkten sich auf einige größere Handelszentren. All diese Einzelheiten sind auch für Groß-Simbabwe von unmittelbarer Bedeutung, für Simbabwe, das mit der Leopard's-Kopje-Kultur zeitgleich war und ebenso am Ostrand ihres Verbreitungsgebiets aufblühte wie die großen Zentren an der südlichen Peripherie, denn es handelt sich um genau jene Faktoren, von denen man einen stimulierenden Einfluß auf das Wachstum einer Stätte wie Groß-Simbabwe zu erwarten hat. Tatsächlich scheinen Groß-Simbabwes Bewohner sich praktisch zur gleichen Zeit nach den gleichen Richtungen hin entwickelt zu haben wie die Träger der Leopard's

Kopje-Kultur, und dies schließt immerhin die Möglichkeit engerer kultureller Beziehungen ein.[5] Zur Zeit freilich läßt sich dies lediglich aus kleinen Serien von Artefakten erschließen, so daß man im Grunde nur Arbeitshypothesen aufstellen kann.

Welche Schwächen die Beurteilung der formalen und technologischen Berührungen irgendwelcher Waren aus Groß-Simbabwe anhand heute vorliegender Informationen hat, wurde bereits hervorgehoben. So wenige Wohnstätten der späteren Simbabwe-Bewohner aus der Zeit unmittelbar vor dem Bau der dortigen Mauern wurden bisher nachgewiesen, daß man kaum von einem abgerundeten, einheitlichen archäologischen Bild sprechen kann, geschweige denn von einem archäologischen Horizont (außerhalb Groß-Simbabwes selbst wurde bisher noch nicht eine einzige Fundstätte dieser ›Groß-Simbabwe-Fazies‹ ausgegraben!). Immerhin – offenkundig bestanden enge Beziehungen zwischen der Tonware der ›Groß-Simbabwe-Fazies‹ und der Leopard's-Kopje-Keramik (Abb. 19, 1, 3, Abb. 22). Einige Gefäß-Grundtypen – einfache Gefäße mit weiter Öffnung und deutlich abgesetzter Schulter sowie offene, halbkugelförmige Schalen (Abb. 19, 2, 4) – gleichen sich völlig, allerdings enthalten Assemblagen der Leopard's-Kopje-Kultur eine größere Vielfalt von Näpfen: Becher, becherartige Näpfe sowie Näpfe mit verengtem Rand (Abb. 23). Auch Schmuck ist häufiger anzutreffen als auf Keramik des Leopard's-Kopje-Typs. Bei beiden Tongefäß-Typen verwendete man eine matte Oberflächen-Grundierung. Größer sind die Unterschiede zwischen den jüngeren Assemblagen. Nun geht die Typenvielfalt der Tonware aus Groß-Simbabwe zurück, und hierzu gibt es keine Parallele an den Fundstätten der Leopold's-Kopje-Kultur. Im Gegenteil: Hier bleiben einige Gefäßtypen weiterhin im Gebrauch, ja es kommen noch einige weite, flache Gefäße oder Geschirre mit hervorragend bearbeiteter Oberfläche hinzu. Beide Keramiksorten zeigen gleichermaßen die Tendenz zu immer besser bearbeiteten, immer besser polierten Gefäßoberflächen sowie zu immer ausgeprägteren, charakteristischeren Gefäßformen. Beispielsweise findet man in beiden Fällen typische Merkmale wie den leicht nach innen ausgebuchteten Rand sowie Bänder von schraffierten Dreiecken rings um die Gefäßschulter. Ohne Gegenstück innerhalb der Leopard's-Kopje-Kultur sind dann die zum Schluß in Groß-Simbabwe verwendeten Gefäße mit ihrer Graphitoberfläche.

In früheren Phasen stellten knöcherne Pfeilspitzen sowie Tonfiguren von Tieren eine weitere Gemeinsamkeit zwischen Leopard's-Kopje und Groß-Simbabwe dar. Und in beiden Kulturen traten später Frauenfigurinen an die Stelle dieser Tierfigürchen, wenn sich auch formale Gemeinsamkeiten der Frauendarstellungen darauf beschränken, daß die Figürchen von Fundstellen des Leopard's-Kopje-Typs ebenso wie die aus Groß-Simbabwe lediglich

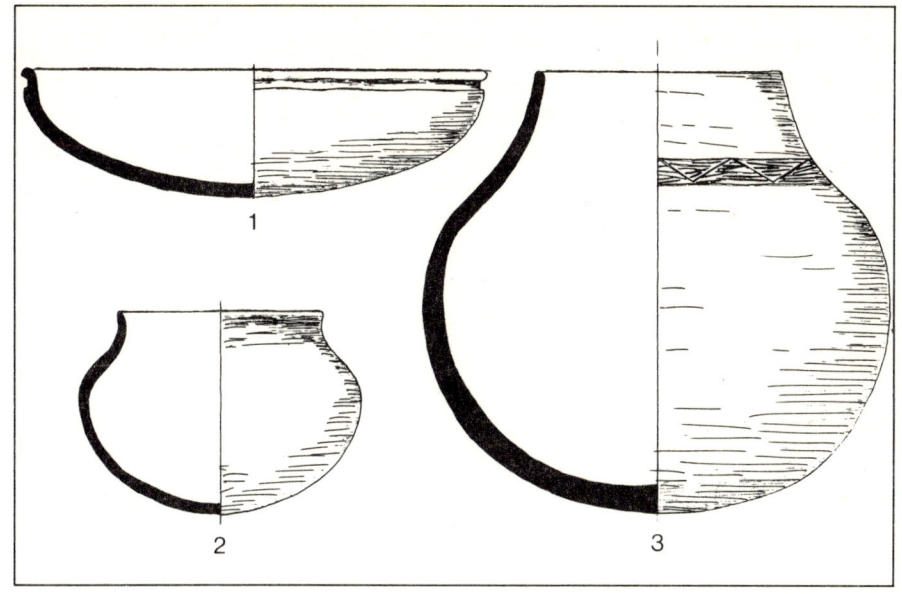

23. Spätere
Leopard's-Kopje-
Keramik.

walzenförmige Körpertorsi ohne Köpfe und Arme haben. Später nahm in beiden Kulturen die Anzahl kleiner, im Typ ähnlicher Glasperlen zu, die Anzahl der Spinnwirtel, die Anzahl der Schmuckstücke aus gezogenem Kupfer-, Bronze- und Golddraht oder aus Goldblech, die Anzahl schließlich der *daga*-Gebäude aus solider, reiner *daga*-Masse. Schließlich ging man auch in beiden Kulturen zu ausgedehnter Steinbauweise über, obwohl sich im Grunde die Einfriedungen in Groß-Simbabwe mit ihrem freistehenden, in Lagen versetzten Mauerwerk kaum mit den aufgehäuften Steinterrassen an Fundstätten der Leopard's-Kopje-Kultur vergleichen lassen.

Diese Berührungen sind hinreichend klar, hinreichend dauerhaft und nicht minder hinreichend breit gestreut, um erkennen zu lassen: Beide Kulturen standen in engem Zusammenhang miteinander. Die Tatsache, daß ihre Entwicklung auseinandergeht, läßt auf einen gemeinsamen Ursprung schließen, ja es liegt durchaus im Bereich des Möglichen, daß sich bei künftigen Forschungen herausstellen könnte: Es gibt gar keine Unterschiede zwischen den älteren Phasen der Leopard's-Kopje-Kultur bzw. ihren Trägern, und Groß-Simbabwe und dessen Bewohnern, vielmehr waren beides die gleichen Leute oder gehörten doch zum mindesten der gleichen Kultur an. Verbreitungsmuster späterer Phasen lassen uns Groß-Simbabwe als eine östliche, regionale Variante einer einheitlichen ›jüngeren Leopard's-Kopje-Simbabwe-Kultur‹ ins Auge zu fassen, als deren südliche Variante man Mapungubwe und Mapela und als deren westliche man schließlich die Fundstätten im Woolandale-Farmgebiet zu betrachten hätte. Doch solche

173

Klassifikationen sind eine Frage der Bedeutungsnuancen und der Wortwahl, da ja präzise Urteile zur Zeit überhaupt noch nicht gefällt werden können und Definitionen noch keineswegs möglich sind. Viel wichtiger ist die Erkenntnis einer fundamentalen Identität Groß-Simbabwes und der Leopard's-Kopje-Kultur, ferner die Erkenntnis, daß etwa vom Ende des 12. Jahrhunderts an eine Umgestaltung, eine Ausweitung und Bereicherung zu verzeichnen ist, zu der zunehmende gesellschaftliche, wirtschaftliche und funktionale Spezialisierung hinzutrat – und dies in beiden Kulturen, so daß schließlich ganze Ansiedlungen ebenso wie Teilbereiche davon erbaut und von bestimmten Bevölkerungsgruppen oder Klassen bestimmten Verwendungszwecken zugedacht werden konnten. Groß-Simbabwe nimmt sich immer mehr so aus, als ob es sich um eine derartige Stätte handelte.

Nord-Mashonaland weist sehr viel mehr regionale Mannigfaltigkeit auf als der Süden. Die Früheisenzeit endete dort mit dem Aufkommen neuer Varianten, die allerdings fest in älteren Traditionen wurzelten. Beispiele dafür ist die Tonware des Chitope- und Maxton-Farm-Typs. Die erste von beiden stammt aus dem 10. bis 12. Jahrhundert, und es liegen überzeugende Indizien vor, um sie mit der ältesten Goldverarbeitung im Mashonaland in Zusammenhang zu bringen; besonders handfeste Anhaltspunkte enthält eine ausgedehnte Siedlung nahe bei den prähistorischen Goldminen auf *Tafuna Hill.* Vom 12. bis zum 14. Jahrhundert wohnten dann die Hersteller der Harare-Tonware im zentralen Mashonaland, im Norden die Produzenten der Musengesi-Ware (Abb. 24). Beide kennt man vor allem von Grabbeigaben her, und in der Tat wurde bisher noch nicht ein einziger Wohnplatz der Harare untersucht. Immerhin kennt man eine Musengesi-Ansiedlung. Sie wurde archäologisch erforscht. Das Resultat: Die betreffende Bevölkerung züchtete Rinder – ihre Hauptfleischquelle –, lebte in nicht sehr stabilen Bauten aus Pfählen und *daga* mit Erdstampfungen als Böden und unterhielt nur sehr unbedeutende Handelsbeziehungen mit dem Küstenland. Die Leute stellten Tonfigürchen von Rindern, Schafen und wahrscheinlich auch Frauen her: Letztgenannte zeigen die gleiche Stilisierung wie die Saponit-Exemplare aus Groß-Simbabwe. Eisenwerkzeuge waren von nur geringer Größe, und noch seltener benutzte man Kupfer, das im übrigen für Schmuckstücke keinerlei Verwendung fand. Später erst wurde die Lebenshaltung wahrscheinlich luxuriöser. Aus der fraglichen Phase fand man anderswo Bestattungen mit Glas- und Metall›Perlen‹, außerdem zahlreiche Armbänder aus gewundenem Kupferdraht. Allerdings läßt die Lebensweise dieser Leute nichts von Erfindungsreichtum und vom Glanz ihrer Zeitgenossen im Süden erkennen.[6]

Gleichviel – eine ganz ähnlich verfeinerte Kultur fand sich sehr bald darauf westlich vom Musengesi-Gebiet im äußersten Nordwesten des Mashona-

174

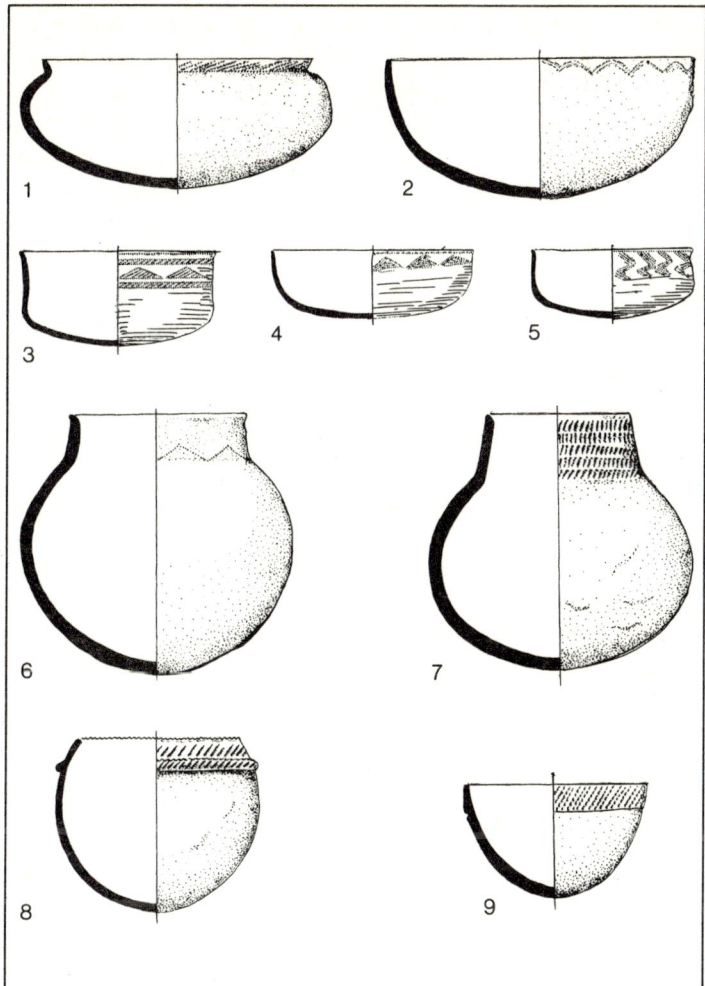

24. 1–6: Keramik der Ingombe-Ilede-Industrie aus Chedzurgwe. 7–9: Keramik der Musengesi-Industrie aus Lagern bei der Ruanga-Ruine.

landes. Wir sprachen schon des öfteren von den Ingombe-Ilede-Bestattungen im heißen, trockenen Sambesital in unmittelbarer Flußnähe. Man datiert diese Gräber in das 14. oder 15. Jahrhundert. Seit ihrer Entdeckung fand man mehrere Ansiedlungen des gleichen Volkes auf den hochgelegenen Ebenen des Urungwe-Distrikts, und von einer davon, Chedzurgwe, liegen Tests bzw. Daten vor, die in das 15. bis 16. Jahrhundert weisen. Viele dieser Siedlungen waren außerordentlich ausgedehnt (Chedzurgwe bedeckt mehr als 24 ha), und sie lagen in offenem, ebenem Grasland. Man betrieb eine Misch-Landwirtschaft, und in Chedzurgwe trieb man die Viehhaltung soweit, daß man Kleinvieh praktisch ausschloß, andererseits aber war die Abhängigkeit von der Jagd noch immer überraschend groß. Wirtschaftsbasis

175

dieser Gruppen scheinen aber die Kupferverarbeitung und der Kupferhandel (Tafel 66) gewesen zu sein.

Zweifellos gewann man das Erz aus Erzlagern in den Bergen am Südrand des Distrikts, schmolz es und goß es in Barren von charakteristischer Form in zwei Größen zwischen 2,270 und 4,531 kg (Tafel 66). Ihr Kupfergehalt betrug im Extremfall 99,5%. Diese standardisierten Barren können nur für den Handel bestimmt gewesen sein. Für den Eigengebrauch legierten die Handwerker das Metall mit Zinn und fertigten daraus die überall anzutreffenden, wahrhaft allgegenwärtigen Armringe aus gewundenem Draht oder kleinere Gegenstände wie Stecknadeln, Nadeln oder Rasiermesser. Was Eisen angeht, so benutzte man es zwar, doch verhüttete man es, wie es scheint, weder in Chedzurgwe noch in Ingombe Ilede in nennenswerten Mengen. Die Kunstfertigkeit dieser Leute fand ihren Ausdruck auch in Elfenbeinschnitzereien, in textilem Gestalten (man fand Elfenbein-Arm- oder -Fußringe sowie Spinnwirtel aus Scherben) und in der Keramik. Diese Tonware läßt, was die Herstellung, die Oberflächenbehandlung und die Dekoration angeht, ein Raffinement erkennen, das seinesgleichen sucht. Beispiele dafür sind mehrere kleine, mit Graphit behandelte Trinkbecher sowie flache Schalen mit sehr feinen Kammeindrücken (Abb. 24). Da Handel getrieben wurde, ist man überrascht: Glasperlen scheinen nicht in gleichem Maße eingeführt worden zu sein wie in Groß-Simbabwe oder Leopard's Kopje. Möglicherweise handelte man hier eher innerhalb Afrikas, als daß man mit den Küstenländern Handel trieb. Anthropomorphe (menschengestaltige) Tonfigürchen besaßen die gleichen stilisierten Torsi wie die entsprechenden Stücke aus Fundstätten des Musengesi- oder später des Leopard's-Kopje-Typs, allerdings erkennt man ellipsenförmige Köpfe und bisweilen auch zapfenförmige, stummelartige Beine.[7]

Daß die Urungwe-Handwerker Handelsbeziehungen zu den im Süden lebenden und wirkenden Steinbaumeistern unterhielten, unterliegt kaum einem Zweifel, und es fehlt nicht an Anhaltspunkte dafür. Denn man schmolz zwar Kupferbarren sehr rasch wieder ein, weil man das Metall brauchte, doch fand Neal in der Chumnungwa-Ruine einen Ingombe-Ilede-Kupferbarren, drei weitere kamen 1970 in einer Ruine des Typs von Groß-Simbabwe 80 km nördlich von Dhlo Dhlo zum Vorschein, und ein älterer Bericht erwähnt einen ebensolchen Barren aus »einer Ruine im Viktoria-Gebiet«.[8] Zwei Bestattungen in Ingombe Ilede erbrachten geschweißte eiserne Gongs, und folglich war Urungwe wahrscheinlich auch die unmittelbare Quelle jener Eisengongs, die in Chumnungwa und Groß-Simbabwe gefunden wurden (Tafel 96). Fast sicher kamen Goldperlen über den Handel aus dem Süden nach Norden, denn die Goldperlen, die zwei Ingombe-Ilede-Bestattungen schmückten, waren die einzigen, die bisher

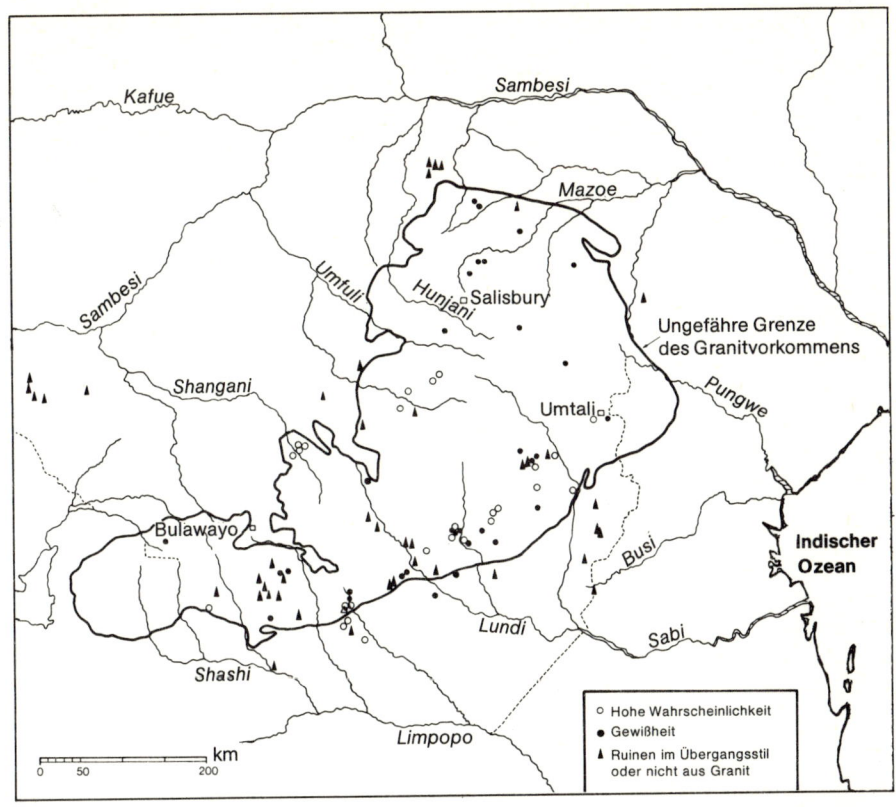

Kafue

Sambesi

Umfuli

Hunjani

Salisbury

Mazoe

Ungefähre Grenze
des Granitvorkommens

Sambesi

Shangani

Pungwe

Umtali

Busi

Bulawayo

**Indischer
Ozean**

Lundi

Sabi

Shashi

Limpopo

km
0   50   200

○ Hohe Wahrscheinlichkeit
● Gewißheit
▲ Ruinen im Übergangsstil
   oder nicht aus Granit

25. Verteilung der
stilistisch und
den Begleit-
funden nach
Groß-Simbabwe
ähnlichsten
Ruinen.

außerhalb von Steineinfriedungen im Norden Groß-Simbabwes gefunden
wurden. Weiterhin lassen das Fehlen von Eisenschmelzerei an den beiden
bisher ausgegrabenen Urungwe-Fundstätten im Norden, andererseits aber
der enorme Hort von Eisengegenständen, die bereit zum Tausch in der Renders-Ruine aufbewahrt worden waren, vermuten, daß Kupfer aus dem Norden gegen Eisengegenstände aus dem Süden getauscht wurde, die man dann
im Norden noch einmal umschmiedete. Im übrigen bewirkte der Handel
keinen Kulturfluß zwischen beiden Gruppen, die – abgesehen von weitverbreiteten Vorstellungen, von denen die Frauenfigürchen zeugen – nur wenig
miteinander gemein hatten. Viel eher läßt der Befund der Renders-Ruine
den Schluß zu, daß es Suaheli-Mittelsleute waren, in deren Hand der Handel
zwischen der Urungwe-Bevölkerung und den Ruinenbewohnern lag.
Groß-Simbabwe ist die größte von schätzungsweise 150 Ruinen gleichen
Stils, die es heute noch auf dem hochgelegenen Granitplateau gibt, das die
Wasserscheide zwischen dem Sambesi und dem Limpopo bildet (Abb. 25).[9]
Vielleicht an die 50 weitere wurden im Lauf der letzten 80 Jahre vollständig
zerstört. Vier kleine Ruinen liegen nicht mehr als etwa 16 km von Groß-

Simbabwe entfernt, weitere vier in einem Umkreis bis zu 64 km, und rund 27 findet man in Zentral-Mashonaland. Jede dieser Anlagen weist kleinere Einfriedungen auf – der Zahl nach sind es zwischen 1 und 5 (nur eine einzige hat 9 derartige Einfriedungen). Teilweise sind diese Einfriedungen ein Stück weit von Mauerwerk umgeben, teilweise aber auch vollständig ummauert, und zwar mit freistehendem Mauerwerk von ca. 1,20 m Stärke und etwa 2,40 m Höhe (Tafel XVII). Das Gemäuer selbst besteht aus regelmäßigen Lagen behauener Steine. Keine einzige dieser Umfriedungen innerhalb eines Ruinenkomplexes beherbergte mehr als 8 Hütten. Zumindest sechs der Ruinen weisen Mauerzüge oder wenigstens Teile davon in dem auch in Groß-Simbabwe anzutreffenden Baustil mit nur mangelhaften Steinlagen auf, doch die betreffenden Abschnitte sind in späteres Mauerwerk eingegliedert und bilden mit diesem eine funktionale Einheit. Sie müssen demzufolge ziemlich genau zur selben Zeit errichtet worden sein. Demgegenüber finden sich in keiner dieser Ruinen jene niedrigen, roh verlegten Mauern, wie sie in Groß-Simbabwe anzutreffen sind. Sehr selten kommt einmal Dekoration vor: Nur drei Ruinen haben kurze Strecken von Chevron-Mustern (Tafel 98), und bei einer davon ist auch Fischgrätenmuster zu verzeichnen. Dagegen findet man typisch zusätzliche Architekturdetails wie Rundbastionen, Stufenplattformen und aufrechtstehende Monolithe. Demnach besteht keinerlei Zweifel hinsichtlich der architektonischen Zusammengehörigkeit dieser Ruinen mit Groß-Simbabwe.

Gertrude Caton-Thompson führte in drei dieser Ruinen Ausgrabungen durch, Wieschoff grub in einer anderen (der Mtoko- oder Tere-Ruine), vier weitere wurden während der letzten zehn Jahre wenigstens teilweise ausgegraben, und eine fünfte untersuchte man wenigstens.[10] Sie alle erbrachten Hausratsmaterial, das mit den Funden aus Groß-Simbabwe fast identisch ist. Es gab Hütten mit dicken *daga*-Mauern und vortrefflich ausgeformter Einrichtung (Tafel 99). Man brachte das gleiche, sehr begrenzte Typenspektrum wunderschön bearbeiteter Gefäße ans Tageslicht, dazu Spinnwirtel, eiserne Artefakte, Armbänder aus gewundenem Draht, ganz zu schweigen von einem Kügelchen bzw. einer ›Perle‹ aus Gold. Das Spektrum der Glasperlen umfaßt, so scheint es, im allgemeinen größere, unregelmäßigere und bei weitem nicht so reizvolle Typen. Vielleicht hat man es hier einfach mit Nachahmungen älterer Formen zu tun, doch möglicherweise auch mit Ware aus anderen Bezugsquellen. Vollständig fehlen die luxuriösen, glasierten Keramikgefäße aus Groß-Simbabwe, abgesehen von einer einzigen Seladon-Scherbe, die in Schichtzusammenhang mit einer Chevron-gemusterten Mauer in der Mtoko-Ruine gefunden wurde, und ebensowenig stieß man auf Saponit-Schnitzereien oder irgendeine Form von Figurinen. Im Fall zweier Ruinen – der Ruanga- und Chipadze-Ruine – analysierte man die dort vorgefundenen Tierüberreste. Hier zeigte sich: Rinder waren nun viel stärker als zuvor Hauptquelle der Fleischnahrung. Von den fünf ganz zuletzt ausgegrabenen Ruinen liegen 14 Radiokarbondaten vor. Nach Ausweis dieser Daten stammen sämtliche Ruinen des Mashonalandes aus der Zeit zwischen dem Ende des 11. und dem Ende des 16. Jahrhunderts, ja mehr noch: Die Vermutung drängt sich auf, daß sie alle zwischen dem Beginn des 14. und dem Ende des 15. Jahrhunderts erbaut wurden und bewohnt waren: 11 Mittelwerte weisen in diese Periode, und auch die Standard-Abweichungen zweier weiterer Daten fallen noch in sie hinein.[10]

Die Ruinen sind samt und sonders recht klein. In keiner von ihnen können mehr als 30 Erwachsene gelebt haben. Wahrscheinlich lag die Bewohnerzahl sogar näher an der Marke zehn. Einfriedungen lagen oft in der Nähe von Anhöhen – wahrscheinlich einfach deshalb, weil es hier Steine gab. Die meisten errichtete man auf ebenem Gelände, nur wenige oben auf Bergesgipfeln. Größere, höhere, schwerer zugängliche Berge mied man dagegen und besiedelte sie nie. Militärische Gesichtspunkte jedenfalls hatten wohl keinerlei Einfluß auf die Placierung der Anlagen. Fraglos sind diese Ruinen viel zu klein, als daß sie funktionierende, brauchbare soziale, militärische oder wirtschaftliche Gebilde welcher Art auch immer abgeben konnten. Sie hingen wohl mit größeren, außerhalb lebenden Bevölkerungsgemeinschaften zusammen, die die Arbeitskräfte stellten, Steine bearbeiteten, vermauerten und Hütten bauten und sich vielleicht auch um die zugehörigen Felder und Herden kümmerten. Allerdings fand sich noch kein nichtummauerter Platz mit den ja leicht wiederzuerkennenden Artefakten aus den Ruinen, und die Siedlungen, deren Arbeitskräfte man sich hier bediente, müssen selbst in ihrer materiellen Kultur von den Ruinenbewohnern recht verschieden gewesen sein. Jedenfalls hat es so den Anschein. Welcher Kultur sie angehörten, ist unbekannt, und die Ruinen selbst liefern keinerlei Hinweis auf das Vorhandensein einer anderen Kulturgruppe. All dieses läßt vermuten: Die arbeitsmäßige Unterstützung, die man den Ruinenbewohnern bei der Errichtung ihrer Steinbauten zukommen ließ, war eine Art Tribut, den man von Zeit zu Zeit zu entrichten hatte. Eine ständige oder enge Beziehung setzte sie nicht voraus.

Die Ruinenbewohner waren keineswegs etwa nur ›Häusler‹, die sich nur um ihre eigenen Wände kümmerten. Neben den üblichen Wohnhütten besaßen die Nhungusa-Ruinen auch noch eine in drei Räumen unterteilte große Hütte (Abb. 28). Einer dieser Räume, er war besonders groß, schien dazu bestimmt, eine größere Menschengruppe aufzunehmen. Ein zweiter grenzte an; er enthielt eine größere Sitzgelegenheit, vermutlich für einen hohen Würdenträger (Tafel 100). Dahinter gab es noch einen dritten, vollständig abgeschlossenen Raum. In diesem Alkoven müssen sich einst Gegenstände von besonderem Wert oder besonderer Bedeutung befunden haben, darunter wohl eine Art Monolith, der in eine eingekerbte Steinplattenform eingelassen war (Tafel 101). In dieser Hütte scheint – buchstäblich und im übertragenen Sinne mit kultischen oder sonst irgendwie rituellen Emblemen ›im Rücken‹ – eine hochgestellte Persönlichkeit, Hof gehalten zu haben. Eine solche Persönlichkeit bzw. das Amt, das sie bekleidete, gab wohl die Grundlage für den Bau und die Erhaltung dieser Plattformen ab.

Die Autorität dieses Würdenträgers muß unangefochten gewesen sein, denn die Ruinen waren nicht nur klein und ohne Verteidigungswerke, sondern die Ruanga-Ruine zum Beispiel (Abb. 27), in der niemals mehr als 10 Erwachsene hausen konnten, wurde über dem Zentrum einer Musengesi-Ansiedlung errichtet und schneidet in die Schichten dieser Ansiedlung ein. Obwohl die Ausgrabungen nur beschränkten Umfang hatten und daher das Problem der Gleichzeitigkeit dieser Siedlung und der heutigen Ruine (Tafel 105) nicht gelöst werden konnte, ist der Übergang doch dermaßen plötzlich, so daß man sich des Eindrucks nicht erwehren kann: Die Simbabwe-Gruppe übernahm die Stätte unmittelbar von der Musengesi-Bevölkerung. Mehr noch: Der Gipfel der Anhöhe war nie ganz von Simbabwe-Leuten bewohnt, und es fehlt auch nicht an anderen Anhaltspunkten dafür, daß beide Gruppen möglicherweise hier Seite an Seite lebten. Trifft dies zu, so hätten wir in Ruanga erstmals eine Stätte vor uns, wo eine Steineinfriedung zusammen mit einer Ansiedlung der ihren Bewohnern dienstbaren Arbeitskräfte bestand. Mochten immerhin die ersten Simbabwe-Leute hier mit Gewalt eingedrungen sein und hier ihre Macht errichtet haben – ihre Nachfolger waren dann zahlenmäßig geradezu lächerlich gering. Grundlage der Macht, die sie ausübten, muß etwas ganz anderes gewesen sein als militärische Stärke, und dieses andere war wohl von der Art, daß die Unterworfenen es anerkannten und sich mit ihm abfanden. Erstmals zeigte die Ausgrabung dieser Ruine die Schichtungsverhältnisse (Stratifikation) klar: Ablagerungen des Simbabwe-Typs befinden sich über solchen einer anderen jungeisenzeitlichen Kultur, und dies straft ein für allemal den alten Lehrsatz Lügen, sämtliche Ruinen wie Groß-Simbabwe seien errichtet worden, bevor die ›Bantu‹ in Südafrika eintrafen.

Westlich von Groß-Simbabwe bis hin zu einer Entfernung von 32 km drangen kleinere Gruppen der Simbabwe-Leute in das Gebiet zwischen dem Kernland der Leopard's-Kopje-Kultur und deren südlichen Zentren vor. Wahrscheinlich geschah diese Infiltration vor dem Ende des 15. Jahrhunderts. Im fraglichen Gebiet liegen etwa 20 Ruinen mit freistehenden Mauern aus gleichmäßig verlegten, behauenen Granitblöcken. Architektonisch sind sie von den oben beschriebenen Ruinen im Mashonaland nicht zu unterscheiden. Einzig und allein die Chumnungwa-Ruine, die größte dieses

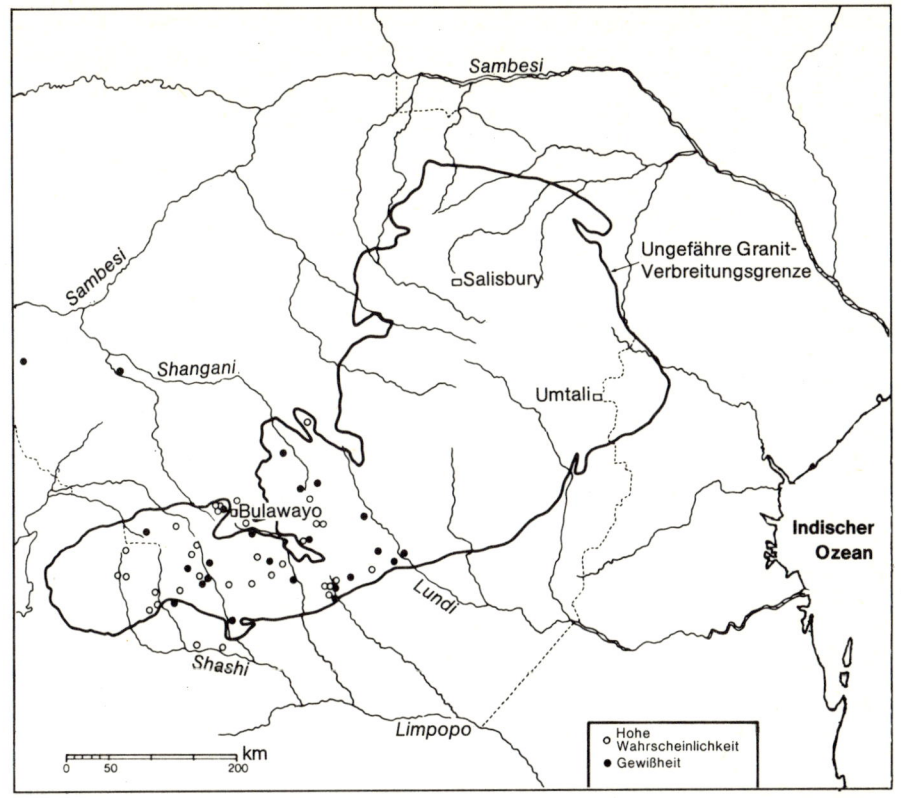

26. Ruinen im »Khami«-Stil, hauptsächlich durch terrassierte Wälle und Karo-Dekoration charakterisiert.

Stils im Matabeleland, eine Anlage mit nicht weniger als sieben Einfriedungen und bis zu 4,60 m hohen Mauern, weist Dekoration auf – ein Chevron-Muster. Eine andere Ruine in diesem Gebiet, Umtwarte, besteht ganz und gar aus schlecht verlegtem Mauerwerk ohne saubere Steinlagen. Chumnungwa dagegen ist die einzige Ruine im Matabeleland, die beide Mauerstile aufweist: sowohl Mauern mit sauberen, regelmäßigen, als auch solche völlig ohne Lagen von Mauerblöcken. Genau aber wie bei den Ruinen im Mashonaland bilden die Mauern beider Stile eine funktionale Einheit. Keine einzige dieser Ruinen im Matabeleland wurde bisher ausgegraben, doch nichts an den Oberflächenfunden läßt darauf schließen, daß diese Bauten eine andere Geschichte hätten als die Ruinen des Mashonalandes. Die Größe der Chumnungwa-Ruine spiegelt einen Wohlstand, den Neals Entdeckungen ihrerseits beleuchten: 7 Bestattungen mit ansehnlichem Goldschmuck, Schmelztiegel mit Gold- und Kupferrückständen, Stücke von zwei skulpterten Saponitschalen, ein eiserner Gong und ein Kupferbarren des Ingombe-Ilede-Typs. All diese Gegenstände kamen sonst fast nur noch in Groß-Simbabwe zum Vorschein.

Nach Groß-Simbabwes Niedergang im 15. Jahrhundert wurde Matabeleland Hauptzentrum der weiteren Entwicklung. Im Kernland der Leopard's-Kopje-Leute entstanden an die 65 Steinbauten in einem unverkennbaren Architekturstil (Abb. 26). Es handelt sich um eine eng miteinander verbundene Gruppe, und all diese Ruinen, bis auf sechs, liegen innerhalb der 121 km-Marke westlich der Matopos-Berge. So ergibt das Verteilungsmuster der Stein-Einfriedungen ein zwiespältiges Bild. Einmal zeigt es eine dünne, doch verhältnismäßig breite Streuung über das gesamte Granitplateau, dann aber wieder eine vergleichsweise dichte Konzentration in einem begrenzten Randbereich des zuvor erwähnten Territoriums. Diese Ruinen bestehen alle samt und sonders aus behauenen Blöcken, die geradeso wie in Groß-Simbabwe – in regelmäßigen Lagen versetzt wurden, doch die Mauern der größeren Ruinen (Khami, Dhlo Dhlo und Naletale sind die wichtigsten Beispiele) stehen nicht frei (Tafeln 102, XVI). Vielmehr stützen sie einfach große, künstliche Plattformen und Terrassen, auf denen man Hütten mit dicken *daga*-Wänden errichtete. Um mit möglichst wenig Terrassenfüllung auszukommen, errichtete man die betreffenden Anlagen oft auf kleinen Bodenunebenheiten oder um derartige Hügel herum. Gebäudeplattformen und Terrassen spielten in Groß-Simbabwes Architektur nur eine untergeordnete Rolle, und im Mashonaland trifft man sie nur in einer oder zwei Ruinen an. Hier nun wurden sie nun zum beherrschenden Element des Bauplans. Dies mag sehr wohl auf den Einfluß der Siedlungen des Leopard's-Kopje-Typs zurückzuführen sein, bei denen Steinterrassen eine große Rolle spielten.

Jede Ruine hatte zumindest eine oder zwei Reihen mit einer Art Schachbrettmuster. Man erzielte diesen Effekt, indem man gegeneinander versetzte Blöcke in den Mauer-Steinlagen aussparte. Nur bei allgemein praktizierter, völlig regelmäßiger Mauerbauweise ist ein solches Motiv überhaupt denkbar. Viele andere Mauern sind auch reichlich mit Chevron-, Fischgräten- oder Litzenmustern (Linien schräger Blöcke) verziert, die ganze Friese bilden (Tafel 103); Fischgräten- und Litzenmustern begegnet man ebenso innerhalb rechteckiger Felder wie in durchlaufenden Linien. Die Zugänge waren gewöhnlich von rechteckiger Form mit scharfen Kanten, und Bastionen baute man, wenn überhaupt, nur sehr selten. Eine klar erkennbare stilistische Untergruppe bilden kleinere Bauwerke auf ebenem Grund, wo das Errichten von Plattformen sehr viel Mühe erfordert hätte: Sie besitzen nämlich freistehende Mauern. Diese Mauern waren niedrig, hatten aber, wie das andere Mauerwerk auch, ein wenig Schachbrett-Dekoration. Andere wiesen außerdem noch weitere Muster auf. Die kleinsten Bauten, die eine weitere stilistische Untergruppe bildeten und sich auch ihrer Funktion nach von den anderen Bauwerken unterschieden, waren ganz

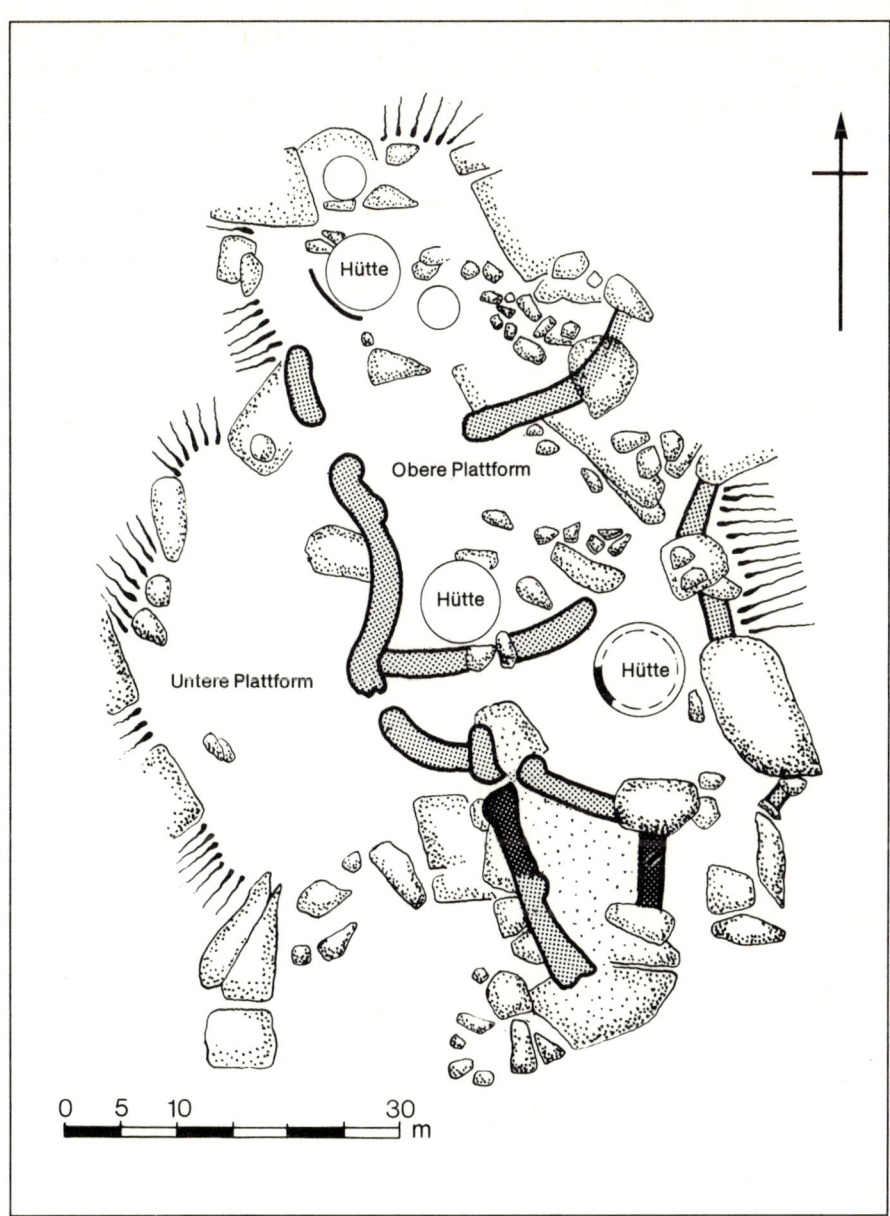

Hütte

Obere Plattform

Hütte

Untere Plattform

Hütte

0 5 10 30 m

27. Plan der
Ruanga-Ruine.

Unregelmäßig geschichtetes Mauerwerk

Regelmäßig geschichtetes, behauenes Mauerwerk

Mauerwerk nicht lagerhaft bzw. ruinös oder restauriert

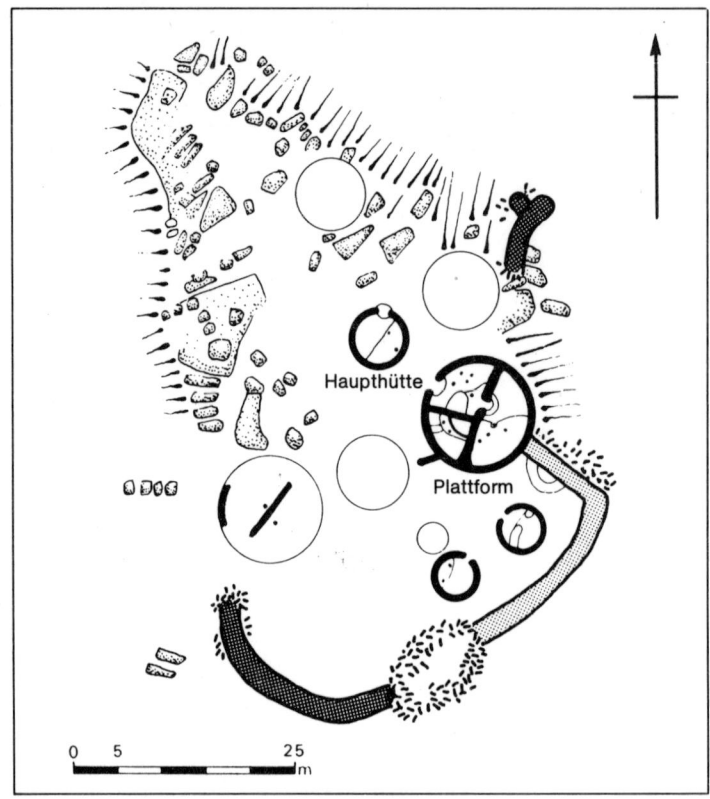

Haupthütte

Plattform

0 5   25
                m

28. Plan der
Nhungusa-
Ruine.

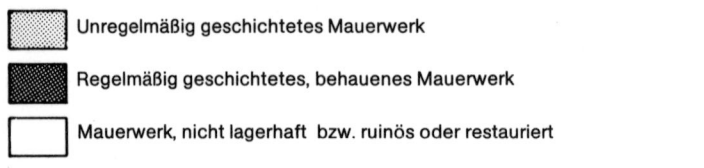

Unregelmäßig geschichtetes Mauerwerk

Regelmäßig geschichtetes, behauenes Mauerwerk

Mauerwerk, nicht lagerhaft bzw. ruinös oder restauriert

einfach runde Plattformen, die man mit bis zu sechs Schichten lagerhafter Steinblöcke verkleidet hatte und die groß genug waren, bis zu drei Hütten aufzunehmen.

Die Haushaltskeramik, die in diesen Ruinen zum Vorschein kam, ist in mancher Hinsicht völlig von der Keramik Groß-Simbabwes verschieden (Abb. 29). Zwar war das Typenspektrum ebenso begrenzt wie in Groß-Simbabwe, und auch hier scheint man aus stratifizierten Horizonten keine Schalen geborgen zu haben. Es gab ein paar dekorlose, mit Graphit behandelte Gefäße mit kurzen Hälsen wie in Groß-Simbabwe, doch außerdem tauchten neue Formen auf: Töpfe mit langen Hälsen, die vertikal, kanneliert, schalen- oder becherförmig sein konnten, daneben vollständig kugel-

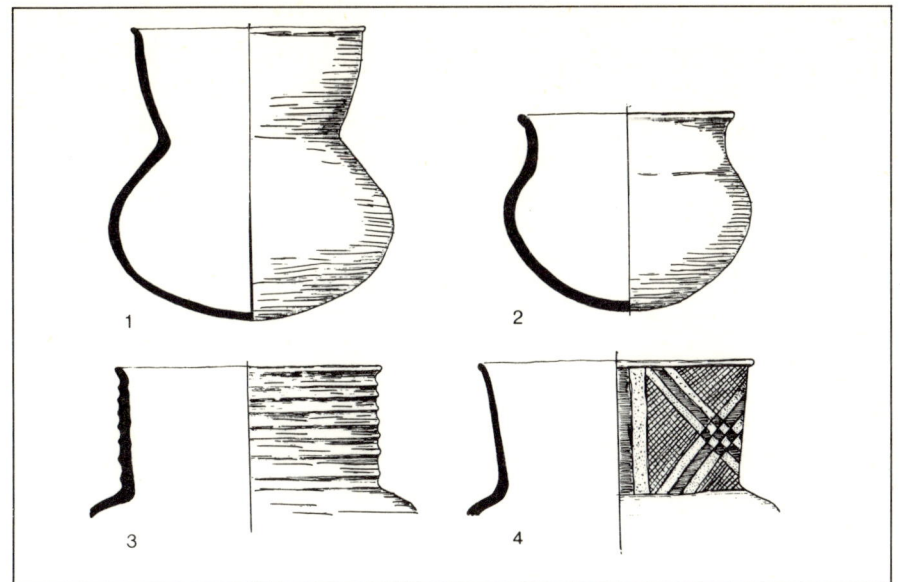

29. Keramik aus den Khami-Ruinen, darunter ein Gefäß (4) mit eingeritzter polychromer ›Band-und-Zierfeld-Dekoration‹.

förmige Gefäße ohne jeden Hals und mit enger, von einer Art kurzem Lippenwulst umgebener Mündung. Die augenfälligste Eigenheit dieser Ware sind jedoch Zierfelder rings um den Hals und die Schultern vieler dieser Gefäße. Diese Zierfelder waren mit eingeritzten geometrischen Mustern gefüllt, und die einzelnen Motive hatte man durch Graphit oder Hämatit (Blutstein) hervorgehoben oder einfach farblos gelassen, während die Gefäßoberfläche mit Graphit überzogen war. Gertrude Caton-Thompson fand sechs Scherben im Humusboden unter dem heutigen Bodenniveau der Maund-Ruine. Es sind die einzigen Beispiele einer derart dekorierten Keramik aus Groß-Simbabwe und machen eher das Fehlen eines Zusammenhangs als das Gegenteil davon deutlich.[11]

Ein Radiokarbondatum aus einer Grundschicht in den Khami-Ruinen weist auf 1450 n. Chr. ± 95 Jahre (SR–94). Es deutet darauf hin: Der Beginn all dieser neuen Entwicklungen fällt mit dem Ende der Leopard's-Kopje-Kultur zusammen.[12] Was sich damals zutrug, und warum diese Gruppe ausgelöscht wurde, unmittelbar nachdem sie den Gipfel einer erfolgversprechenden Entwicklung erreicht hatte, wurde bisher noch nie untersucht. Fast sicher war die herrschende Klasse, die in den Steineinfriedungen wohnte und nach Randbereichen hin expandierte, während ihr Zentrum verfiel, einer der Katalysatoren, einer der bewegenden und beschleunigenden Faktoren dieses Umschwungs. Beweise für Gewalt und Zerstörung gibt es nicht, und Gewalt und Zerstörung sind nicht einmal notwendige Voraussetzungen dieser Veränderung. Tatsächlich war wohl der Einfluß der Simbabwe-

185

Gruppe auf die Leopard's-Kopie-Gruppe umso verständlicher und daher tiefer, nachhaltiger und rascher, weil die beiden Gruppen miteinander verwandt und einander nicht fremd waren.

Die neue Bauweise blühte während des 17. und 18. Jahrhunderts. Luxuriöse Importgeschäfte waren in den größeren Ruinen verhältnismäßig verbreitet. So fand man unter Abfällen sowie unter Trümmern auf Hüttenböden in den Khami-Ruinen blaues und weißes Wan-Li-Porzellan (Tafel 109), glasierte portugiesische, deutsche und nordafrikanische Steingut- und Tonwaren und Fragmente iberischer Silberwaren. Nach Saponitschalen und Eisengongs zu urteilen, die dort gefunden wurden, waren die Dhlo Dhlo-Ruinen schon früher besiedelt als Khami, doch der Wohlstand stellte sich erst später ein, desgleichen sind auch die sichtbaren Bauten jüngeren Datums. Blauweißes chinesisches Kang H'si-Porzellan und Steingut aus dem späten 17. und/oder frühen 18. Jahrhundert kamen in ausgegrabenen Abfallschichten zum Vorschein, und Gertrude Caton-Thompson fand eine Porzellanschüssel der gleichen Periode sowie eine Art Feld- oder Taschenflasche europäischer Herkunft in einem Grab unter einer Hütte. Weiterhin entdeckten Neal (1895) und einige Goldsucher (1911) in diesen Ruinen einige Horte, die es an Wert und Vielfalt mit dem Hort aufnehmen können, den Hall in der Renders-Ruine fand, aber völlig anderen Datums und Ursprungs sind (Tafeln III, XIV). Kanonen aus Bronze und Eisen, ein getriebenes Goldmedaillon mit religiösen Darstellungen, eine Silberschale, Metallnäpfe, Lampen, Trinkgefäße und ein großer, kunstvoll gearbeiteter Fingerring (Tafel 110) – all das hatte man Portugiesen abgekauft oder abgenommen. Diese Fundstücke regten die bizarre Einbildungskraft der Entdecker dermaßen an, daß sie in die Mythologie der Weißen in Rhodesien als ›Jesuitenschatz‹ eingingen. [13]

Daß diese Kultur in der Kultur von Groß-Simbabwe verankert war und dort ihre Wurzeln hatte, zeigen offenkundige Übereinstimmungen der Architektur, der baulichen Techniken und der Artefakte, doch gleichzeitig zeichnen sich auch wesentliche Unterschiede und Abweichungen ab – unvermeidbare Verschiedenheiten, die man der Zeit, aber wohl auch dem Einfluß der früheren Bevölkerung zuzuschreiben hat, und zwar letzterem sicherlich eher als neuen Völkerschaften oder Kulturen.

Etwa 20 Ruinen, die meisten davon zwischen Groß-Simbabwe und dem Zentrum des Matabelelandes, bilden wohl ein weniger bedeutendes zeitliches und räumliches Bindeglied zwischen dem jüngeren Matabeleland und den älteren Steinarchitekturstilen, möglicherweise auch zwischen beiden Stilen und der Leopard's-Kopje-Kultur. Ihre Mauern standen frei, waren aber in der Regel niedrig und ohne Dekor. Die Mauerblöcke waren nur lose aneinandergefügt und ganz selten behauen, aber dennoch wies das Gemäuer in der Regel sehr gleichmäßige Lagen von Blöcken auf. Bastionen, Monolithe oder dergleichen gab es nicht, doch innerhalb einzelner Bauwerke gab es kleine, runde, mit Steinen ausgekleidete Hüttenplattformen. Die offensichtliche Ärmlichkeit und Schäbigkeit führte dazu, daß Archäologen diese Bauwerke fast gänzlich unbeachtet ließen. Allerdings wurden Untersuchungen in *Little Mapela* (Tafel 112) durchgeführt, das zwar außerhalb des Granitlandes liegt, doch sichtlich dieser Gruppe sehr nahesteht und wahrscheinlich auch zu ihr gehört. Es besitzt sechs Einfriedungen mit freistehenden, an der Sichtfläche hervorragend sauber gearbeiteten Mauern aus Gneis. Sie umgeben kleine, steineingefaßte Hüttenplattformen rings um eine Zentralplattform auf einem Erdhügel.[14] Selbstverständlich unterscheiden sie sich architektonisch deutlich von den Mauern Mapelas. Ein Radiokarbontest erbrachte das Datum 1460 n. Chr. ± 90 Jahre (SR-120), und dies kommt dem Datum für den Baubeginn der Khami-Ruine sehr nahe. *Little Mapela* ist nur ein paar hundert Meter von der viel größeren Leopard's-Kopje-Fundstätte Mapela entfernt und wurde einst von der gleichen Bevölkerungsgruppe bewohnt. Andere Siedlungsüberreste als Streuungen, die mit Graphit überzogene Simbabwe-Keramik enthalten, gibt es in unmittelbarer Mauernähe nicht. Aus ganz verschiedenen Gründen scheint *Little Mapela* im Matabeleland somit eine Übergangsstufe zwischen der jüngeren Leopard's-Kopje-Kultur sowie dem Groß-Simbabwe-Stil und dem neuen Stil zu repräsentatieren.

An diesem Punkt nun kann die Archäologie anderen Disziplinen den Vortritt lassen. Und zwar lassen sich die Erbauer der jüngeren Ruinen des Matabelelandes zweifelsfrei als Rozwi identifizieren, denn die hier gefundene Ware, polychrome Keramik, ist einwandfrei Rozwi-Töpferware. Mehr noch: Mündliche Überlieferung schreibt viele dieser Ruinen ganz bestimmten Rozwi-Herrschern zu, und man erinnert sich in allen Einzelheiten an Ereignisse, die mit den Bauten und ihren Bewohnern verknüpft waren. Bei dem Areal, über das diese Ruinen verstreut waren, handelt es sich um das Rozwi-Territorium Guruhushwa oder, wie die Portugiesen es nannten, Butua. Demnach sind diese Bauten die architektonische Manifestation des historischen Rozwi-Reichs der Changamire-Dynastie.

Unmittelbar jenseits der Nord- und Ostkante des Granitplateaus im Mashonaland liegen zehn kleine Ruinen, deren rohgemauerte Wände Granitbauweise nachahmen, nur daß der Stein, den man hier verwendete, weit weniger glatte Bruchkanten aufweist. In zwei von diesen Bauwerken fand man blau-weiße Porzellanscherben aus dem 17. Jahrhundert, doch es handelt sich bei diesen Ruinen um unbedeutende Bauten, die eher von Armut als von Macht zeugen. Möglicherweise entstanden sie erst nach dem Niedergang Groß-Simbabwes und der Steinbauten im gesamten Mashonaland.[15]

187

Das Porzellan kann hier viel eher von benachbarten portugiesischen Märkten stammen als in den weit stärker isolierten Gegenden von Butua fern im Südwesten. Es dient daher keineswegs als Maßstab für die Bedeutung der fraglichen Bauten. Andererseits hat keine der Ruinen im Mashonaland glasierte Waren der Portugiesenzeit erbracht, so daß es damals, als die Portugiesen den Handel im Landesinnern fest in der Hand hatten (Tafeln 106–108), also etwa im frühen siebzehnten Jahrhundert, mit dem allgemeinen Wohlstand und der Macht der Bewohner dieser Einfriedungen wohl schon vorbei war. Ganz sicher kann damals kein bedeutender Herrscher in derartigen Bauten gehaust haben: Insofern bestätigt Archäologie die alten Aufzeichnungen der Portugiesen.

Wenn schon allgemein von Steinbauwerken die Rede ist, können auch die Steinterrassen, die Wohnplattformen und Viehpferche in den Injanga-Bergen des östlichen Mashona-Hochlands nicht übergangen werden (Tafel 113). Sie seien hier wenigstens kurz erwähnt, obwohl sie zu einer isolierten und fast ausschließlich autarken Kultur gehören, deren Kontakte nach außen hin minimal gewesen zu sein scheinen.[16] Tatsächlich ist nur wenig von ihr bekannt, und es liegen auch keine annähernden, geschweige denn sicheren Daten vor, wenn sich auch sagen läßt, daß sie vermutlich zwischen dem 15. und 19. Jahrhundert bestanden haben muß. In Injanga verraten die Techniken des Mauerbaus, die man dort anwandte, vielleicht nicht das gleiche Können, die gleiche Vollendung und die gleiche Kunstfertigkeit wie in Groß-Simbabwe, doch im Lauf der Jahrhunderte verwandte man immense Mühe auf die Errichtung von Steinbauten, und es war wohl die gesamte Bevölkerung, nicht nur eine einzelne Gruppe, die hier diese Bauten bewohnte. Diese Kultur hat wenig oder vielmehr gar nichts mit Groß-Simbabwe zu tun, wenn sie auch immerhin zeigt, wie allgemein und weitverbreitet in der Späteisenzeit Steinbauten waren und mit welcher Intensität man sich bisweilen der Steinarchitektur widmete.

Schließlich ist ein Blick über die Grenzen des zentralen Südafrika hinaus zur Ostküste erforderlich. Obwohl es vom Beginn der Eisenzeit an in irgendeiner Form Handelsbeziehungen zu den Ländern am Indischen Ozean gegeben hatte, so wurde dennoch bereits gezeigt, daß selbst dann, als das Binnenland den Höhepunkt seines Wohlstandes erreicht hatte, Kontakte mit den Suaheli lose und flüchtig blieben. Engere Beziehungen kamen nicht zustande. Einmal dokumentieren sie sich in der Renders-Ruine und dann niemals mehr. Dennoch – auch wenn die materiellen Beweise nicht überwältigend sind, so liegen doch genug Indizien vor, Indizien für die Verknüpfung der Geschicke zweier Völker, um zwingend darzutun: Die Handelsbeziehungen zwischen beiden Bevölkerungsgruppen spielten eine so große Rolle und waren dermaßen eng geknüpft, daß beide wirtschaftlich von einander abhingen und miteinander auf Gedeih und Verderb verschweißt waren. So kann kaum ein Zweifel bestehen, daß die Primärquelle des Reichtums Rhodesiens Goldausbeute war.

Archäologen weisen die Gründung von Kilwa, jener Stadt, die zum Handelszentrum der Südküste werden sollte, in das beginnende 9. Jahrhundert. Damals entwickelten sich mehrere weiter nördlich gelegene Küstenstädte wie Mogadishu und Manda zu blühenden Gemeinwesen, wahrscheinlich durch den Export von Landesprodukten wie Elfenbein und Mangroven-Pfahlwurzeln zum Persischen Golf. Mitte des zehnten Jahrhunderts besuchte der arabische Geograph al-Mas'ūdī das Küstengebiet und erwähnte erstmals Sofala sowie das Gold, das aus dem Landesinnern dorthin gebracht wurde. Mit anderen Worten: Auch in Übersee scheint man damals sehr rasch von den Erzeugnissen der Ende des ersten Jahrtausends unserer Zeitrechnung gerade erst eröffneten Minen Wind bekommen zu haben. Erst gegen Ende des 12. Jahrhunderts (also zur Zeit der späteren Leopard's-Kopje-Kultur, als gerade die elitäre Gesellschaft Groß-Simbabwes ihre Macht zu entfalten begann) läßt Silwa erste Anzeichen eines beachtlichen Handelsaufkommens erkennen. Nun werden Moscheen aus Stein errichtet, man handelt mit Kupfer, schmilzt das Metall und verwendet es teilweise, um Münzen zu schlagen. Weiterhin führt man die Technik des Spinnens ein, und Glasperlen kommen in großen Mengen als Importware herein. Zu Beginn des 14. Jahrhunderts (als Groß-Simbabwes Expansion begann) erlangte Kilwa die Kontrolle über den Handel Sofalas. Der Wohlstand, der sich daraus ergab, hatte eine unmittelbare, dramatische Wirkung: Man errichtete den luxuriösen Palast und das enorme Handelshaus Husuni Kubwa (Abb. 14) und vergrößerte die Hauptmoschee in der Stadt beträchtlich. Im Jahre 1332 konnte der arabische Weltreisende Ibn Battuta Kilwa als »eine der schönsten und bestgebauten Städte der Welt« bezeichnen. Danach scheint Kilwa selbst einen leichten Geschäftsrückgang erfahren zu haben, doch auf die Küste insgesamt traf dies keineswegs zu – man denke allein an den Bau so vieler Hauptmoscheen in Städten wie Mnarani (Südkenia), Ungwana (Nordkenia) und Ras Mkumbuu (Sansibar) während des späten 14. und frühen 15. Jahrhunderts. Anfang und Mitte des 15. Jahrhunderts sahen Kilwa wieder ganz auf der Höhe seines Wohlstands – Beweis ist die totale Umgestaltung der Großen Moschee und ihre Überdachung mit einem Kuppel- und Gewölbedach (Tafel 39). In der zweiten Hälfte des Jahrhunderts (als Groß-Simbabwes Wirtschaft ganz plötzlich zusammenbrach) ging der Handel zurück, und die dadurch geschwächte Stadt fiel Ende des Jahrhunderts als leichte Beute an die Portugiesen. Die weiter nördlich gelegenen Küstenstädte, die weniger mit dem Gold aus Sofala zu tun hatten und daher weniger von ihm abhängig waren, blieben von diesem plötzlichen Niedergang verschont. Mit ihnen ging es langsamer zu Ende, und das 15. Jahrhundert blieb an der Nordküste ein ›goldenes Zeitalter‹. In den etablierten Zentren baute man auch im sechzehnten Jahrhundert noch immer weiter, doch von Expansion kann kaum noch die Rede sein. Um die Mitte des 16. Jahrhunderts war die gesamte Küstenregion – abgesehen von den portugiesischen Niederlassungen und Vasallenstädten – nur noch ein Schatten ihrer einstigen Herrlichkeit. Zahlreiche Städte wurden schließlich gegen Ende des Jahrhunderts durch Überfälle der Galla- und Simba-Stämme regelrecht ausgelöscht. Der enge Zusammenhang zwischen Aufstieg und Fall Groß-Simbabwes und seiner Satelliten sowie Kilwas und anderer Küstenstädte verrät nicht nur: Hier muß eine enge wirtschaftliche Verbindung bestanden haben, sondern hier spiegelt sich auch etwas vom Wohlstand und den weitgespannten Handelsbeziehungen quer über den Indischen Ozean, ja sogar bis nach Europa, den Nahen Osten und dem China des 14. und frühen 15. Jahrhunderts. So bedeutete Groß-Simbabwes kulturelle Isolation tief im Landesinneren keinerlei Hemmnis für seine Handelsverbindungen mit der weiteren Welt – Groß-Simbabwe war stark und bedeutend genug, um seinen eigenen Handelsbeitrag zu leisten, andererseits aber auch vom Wirtschaftswachstum seiner Partner im Küstengebiet und schließlich der denkbar fernsten Völker in weit entlegenen Kontinenten zu profitieren.[17]

Überlieferungen und Geschichte

7

Die Kapitel zuvor befaßten sich mit Material, aus dem ersichtlich wurde: Groß-Simbabwe wurde etwa um 1000 n. Chr. erbaut und war dann bis etwa 1500 n. Chr. bewohnt. Seine Bewohner waren einheimische Süd-Zentralafrikaner, es war eine elitäre Gruppe, die sich aus den späteisenzeitlichen Kulturen Rhodesiens herauskristallisierte. Es gibt auch Beweise dafür, daß es um die Mitte des 15. Jahrhunderts mit Groß-Simbabwe bergab ging, obwohl es vielleicht nicht vollständig aufgegeben oder gar zerstört wurde. Danach ging Groß-Simbabwes Macht auf eine Gruppe im zentralen Matabeleland über, und diese Gruppe schien nicht minder erfolgreich und wohlhabend, wie die zahlreichen, reich dekorierten Terrassenruinen der Khami-Dhlo-Dhlo-Gruppe erkennen lassen.

Will man sich an eine umfassendere Deutung des Phänomens ›Groß-Simbabwe‹ wagen, so ist hier der Punkt, die Archäologie auf sich beruhen zu lassen und sich den mündlichen Überlieferungen über die Anfänge des Shona-Volkes zuzuwenden, gleichzeitig aber auch einen Blick auf alte Beschreibungen des Landes aus dem 16. und 17. Jahrhundert zu werfen. Nach der Tradition waren die ersten Shona eine als Mbire bekannte Gruppe, die sich im Gebiet von Groß-Simbabwe niederließ und die Verehrung des *Mwari* einführte, der obersten Gottheit der Shona, desgleichen aber auch Kulte der *mhondoro*, genienähnlicher Geister, die mit den herrschenden Dynastien in Verbindung gebracht wurden. Gerade auch mit Groß-Simbabwe bringen zahlreiche Traditionen diesen Kult in Zusammenhang. *Mwari*, so sagt man, wurde hier ganz besonders verehrt, und es fehlt nicht an Angaben über die religiöse Bestimmung der Osteinfriedung im Bereich der Bergruine, die tatsächlich zahlreiche Embleme kultischen oder ahnenkultischen Charakters enthielt: Sie habe, so heißt es, ganz besonders mit dem Kult Chaminukas, eines der bedeutendsten *mhondoro*-Geister zu tun gehabt. Und auch der Torwa-Dynastie, die später im Gebiet rings um Groß-Simbabwe an die Macht kam, sagt man nach, sie habe blühende

191

mhondoro-Kulte gefördert. Im übrigen hat man Groß-Simbabwe wohl als Torwa-Hof zu betrachten. Abermals liegen Traditionen vor, die behaupten, ein Torwaherrscher habe hier Bauarbeiten durchführen lassen, und de Barros schrieb von einem Torwa-Simbabwe, das seiner Ansicht nach in der Nähe Groß-Simbabwes lag.[1]

Man hat die Mbire als Einwanderergruppe betrachtet, ihre Ankunft in das frühe 14. Jahrhundert verlegt und ihre ›feste Etablierung‹ später im gleichen Jahrhundert angenommen. Doch wenn sie tatsächlich zur fraglichen Zeit einwanderten, dann hatten sie – jedenfalls dem archäologischen Befund zufolge – nichts mit Simbabwe zu tun, denn gerade im Lauf des 14. Jahrhunderts war Groß-Simbabwe bereits ›fest etabliert‹ und erlebte eine Phase ständiger Expansion, völlig unberührt von irgendeinem kulturellen Umschwung. Aber die Mbire-Gründungsdaten beruhen auf Schätzung. Sie ergeben sich aus der Hinnahme der Überlieferung, daß vier Generationen den Ortsgründer vom ersten Mwene Mutapa trennten, einem Herrscher, der sich mit Sicherheit in das beginnende 15. Jahrhundert datieren läßt. Doch derartige Berechnungen sind unzuverlässig, denn man hat allgemein einen starken ›Teleskop-Effekt‹ von Stammbäumen in Betracht zu ziehen, der unweigerlich zu einer Verkürzung der Chronologie führt (tatsächlich fand nach anderen Quellen die Einwanderung der Mbire zwischen dem 9. und dem 13. Jahrhundert statt).[2] Desgleichen ist man immer mit Einwanderern zur Hand, dies ist die simpelste und daher beliebteste Art, neue kulturelle Entwicklungen und Initiativen zu ›erklären‹. Da es zudem an Beweisen mangelt, braucht man diese ›Erklärung‹ im vorliegenden Fall nicht allzu ernst zu nehmen. Somit ist es wohl zulässig, trotz der aufgezeigten Diskrepanzen die Verbindung der Mbire mit der Errichtung Groß-Simbabwes und ganz besonders mit seiner bedeutenden religiösen Rolle zu akzeptieren, so schwierig dies archäologisch zu demonstrieren ist, und diese Mbire als eine Gruppe zu betrachten, die am Ende eines Prozesses innerer Entwicklungen ihre eigene Gruppenidentität entdeckte und zwischen dem 11. und 13. Jahrhundert zur Macht kam. Nach der Überlieferung litt das Mbire-Königreich schließlich unter Salzknappheit. Deshalb schickte der damalige Herrscher, Nyatsimba Mutota, Gesandte aus, die Salz suchen sollten. Schließlich fanden sie, was sie suchten, im Dande-Gebiet des mittleren Sambesi-Tales, woraufhin Mutota und seine Leute sich nach Norden auf den Weg machten, das dort ansässige Volk unterwarfen und sich selbst im Dande-Gebiet niederließen. Dieser Sieg trug Mutota den Beinamen Mwene Mutapa (›Meisterplünderer‹) ein. Dies war nur der erste einer Reihe von Kriegszügen, durch die Mutota und sein Nachfolger, Matope, ein Imperium schufen, das sich von der Kalahariwüste über das Gebiet zwischen Sambesi und Limpopo bis zum Indischen Ozean erstreckte (Abb. 1). Dieses neue

Imperium umfaßte Mbire auf dem südlichen Mashona-Hochland, Guruhushwa in den reichen Grassteppen und Goldfeldern des Matabelelandes, Manjika in den Berggebieten des Ostens sowie Uteve und Madanda in der Küstenniederung zwischen Manjika und dem Meer. Doch hatte das Reich nicht lange Bestand. Schon während der Herrschaft von Matopes Sohn Mukombero Nyahuma fielen die Südstaaten Mbire und Guruhushwa ab, und in der Folgezeit blieben sie vom Mwene Mutapa völlig unabhängig.[3] Dies fanden die Portugiesen vor, als sie Anfang des 16. Jahrhunderts auf der Bildfläche erschienen, und was sie vorfanden, zeichneten sie auch auf. Im Lauf der nächsten 200 Jahre lebten portugiesische Missionare und Verwaltungsbeamte unter den Leuten des Mwene Mutapa, beobachteten, was es zu beobachten gab, und kommentierten auch, was sie sahen und hörten.[4] Obwohl sie – wie bereits gesagt – nach Groß-Simbabwe selbst nie kamen und auch andere Steinruinen kaum erwähnten, so sind ihre Schilderungen dennoch von größter Bedeutung, und sei es nur deshalb, weil sie zeitlich Groß-Simbabwes Blütephase noch so nahestehen.

In der Theorie war der Mwene Mutapa Inhaber unumschränkter Machtbefugnisse, doch in der Praxis war diese Macht beschnitten. Es galt, Sitten und Gebräuche zu berücksichtigen, ohne öffentliche Zustimmung ging es nicht immer, und im übrigen hatte eine Kaste von Priestern, Beamten und Verwandten Anteil an der Machtausübung, darunter nicht zuletzt die Königinmutter, die Schwestern, aber auch die Frauen des Königs, die oft mit ganz besonderer Autorität ausgestattet waren. Dennoch hing das Schicksal des Königreichs stets sehr, sehr weitgehend von der Persönlichkeit seines Herrschers ab, und dies spielte jedesmal eine Rolle, wenn man vor der Entscheidung stand, welcher Königssohn auf dem Thron nachfolgen sollte. Die Staaten des Staatenbundes wurden von Beauftragten und Verwandten des Mwene Mutapa regiert, der sich seinerseits dadurch ihrer Loyalität versicherte, daß er Familienmitglieder von ihnen an seinen Hof berief. Außerdem sorgte nach manchen Berichten ein vielköpfiges stehendes Heer für Autorität. Im Feld wurde es vom Mwene Mutapa selbst kommandiert, doch selten mußte es sich wohl als bedeutende, wirksame Waffe gegen inneren Unfrieden bewähren. Ein gutes Stück wichtiger noch waren die religiösen Funktionen des Mwene Mutapa als Vermittler bei *Mwari* und den *mhondoros*, man betrachtete ihn als halbgöttliches Wesen und ging soweit, daß man annahm, die Wohlfahrt des Staates stünde in irgendeinem geheimnisvollen Zusammenhang mit seinem persönlichen Wohlbefinden. Die wirkliche Grundlage seiner Macht war freilich die Wirtschaft. Er besaß das Außenhandelsmonopol und kontrollierte die Goldproduktion.

In der Regel bestand eine Königsresidenz aus einem großen Gehöft, dessen einzelne Bauten, sie waren aus Pfählen und *daga*-Masse errichtet, hinter einer hohen Mauer verborgen lagen. Es gab einige Wohnhütten für den Mwene Mutapa, seine Frauen und seine Höflinge. Das Protokoll war eher schlicht, und wie es sich für einen religiösen Würdenträger gehört, kleidete sich der Mwene Mutapa einfach in Baumwolle, die in seinem Reich gewachsen und zu Gewändern verarbeitet worden war. Seine unmittelbare Umgebung allerdings trug den ganzen Reichtum seiner Machtsphäre zur Schau: Kleider und Gewänder aus eingeführten Seiden- und Baumwollstoffen, oft mit Goldfäden besetzt, dazu zahllose Armbänder aus feinem Gold- oder Kupferdraht. Solcher Luxus hob diese Menschengruppe weit über die allgemeine Bevölkerung hinaus, die noch weitgehend auf eine sich wirtschaftlich selbst tragende Landwirtschaft angewiesen war, um ihren Lebensunterhalt zu fristen, sich um Bergbau und Handel nur wenig kümmerte und sich als Kleidung höchstens einen schmalen Lendenschurz aus Baumrinde oder Tierhaut leisten konnte.

Wahrscheinlich bewiesen die Karanga dem Mwene Mutapa ihre Loyalität in Form von Lebensmitteltributen und Frondiensten. So war nach dos Santos in jedem Dorf die Ernte eines Feldes Eigentum des Königs, und nach de Barros arbeiteten die Leute einen von dreißig Tagen ausschließlich für den Herrscher. Tatsächlich verbrachte man derartige Fron-Tage oft mit Bauarbeiten, denn »mit Steinen bauen« war einer der traditionellen Tribute an die späteren Rozwi-Herrscher. Händler dagegen und all jene, die beim König um Audienz nachsuchten oder von ihm einen Urteilsspruch erbaten, hatten Sachleistungen zu erbringen. Und da der Staatenbund äußerst locker gefügt war, so daß keine Rede von einem selbstverständlichen Zusammenhalt seiner einzelnen Glieder sein konnte, mußte die Frage des Zusammenbleibens ständig in regelmäßigen Abständen neu ausgehandelt werden. Auch diese Verhandlungen besiegelte man mit Sachabgaben wie Gold und Elfenbein.

Gold gewann man, indem man die Schwemmsande der Karanga-Flüsse umgrub und auswusch, goldführende Quarzadern in den Majika-Bergen röstete und aufbrach, vor allem aber in die tiefen Minen und Adern von Guruhushwa oder – wie die Portugiesen es nannten – Butua. Diese allerdings gingen dem Mwene Mutapa verloren, als dieser Staat sich unabhängig machte. Bergbau war eine harte, wenig lohnende Arbeit. Das Metall besaß an sich keinen großen Wert und wurde nur auf Geheiß des Mwene Mutapa sowie entsprechend den Forderungen der Händler an der Küste abgebaut, wobei das Verlangen nach importierten Luxusgütern eine anspornende Rolle spielte. Dem Mwene Mutapa gehörten die Minen nicht persönlich, doch kaufte er ihren Ertrag, wenn auch vielleicht nur symbolisch, mit Vieh; in einem Fall ist dies bezeugt. Bergbau wurde als Gemeinschaftsunternehmen betrieben, je nach Jahreszeit nahmen ganze Dörfer daran teil, vor allem zu Anfang der Regenzeit, wenn die Flüsse genug Wasser führten, um das Erz auszuwaschen und die Flut noch nicht hoch genug stand, um die Gruben zu überschwemmen, und auch die Saat noch nicht ernteeif war. Bevor die Portugiesen Handelsaußenposten errichteten, stellte man aus dem gesamten Metall, das man abbaute, lediglich Schmuckperlen, Draht oder einfache Schmuckstücke her.

Andere spezialisierte handwerkliche Tätigkeiten waren Eisenver- und -bearbeitung, und eiserne Werkzeuge spielten wahrscheinlich eine bedeutende Rolle im Gesamtangebot der Waren, die man als Tribute darbrachte. In den Grenzbereichen des Imperiums baute man auch Kupfer ab und verhüttete es. Gehandelt wurde es in Barren von standardisierter Größe. Sie waren sowohl für den Export als auch für den Eigengebrauch bestimmt: Man stellte aus ihnen Arm- und Fußreifen her. Baumwolle wuchs am Sambesi. Man wob daraus dünne Streifen, und dies war innerhalb des Imperiums ein weiterer wichtiger Handelsartikel. Im Sambesital und im Küstentiefland gewonnenes Elfenbein wurde fast ausschließlich exportiert, doch gehörte von jedem Elefantenzahn-Paar jeweils ein Stoßzahn dem Mwene Mutapa. Daher war dieser Handel schwerer zu kontrollieren und weniger einträglich als der Goldhandel.

Bevor die Portugiesen Märkte innerhalb des Königreichs errichteten, lag der Handel in den Händen kleiner Gruppen von Suaheli-Leuten, die am unteren Sambesi siedelten oder in der Hauptstadt des Mwene Mutapa wohnten. Sie durften nicht frei umherreisen, sondern unterlagen stets der Kontrolle durch den Mwene Mutapa, so lange sie sich auf dessen Territorium aufhielten. Zeitweise exportierte man Gold durch Madanda nach Sofala, doch wenn, wie es oft der Fall gewesen zu sein scheint, Unruhen in diesem Königreich herrschten, führte der Haupthandelsweg entlang am Mazoe-Fluß, der im Herzen des Karangalandes entspringt und zwischen den Suaheli-Siedlungen bei Tete und Sena in den unteren Sambesi mündet. Auf der Basis der an den König entrichteten Tribute entwickelte sich wohl ein Tauschsystem, durch dessen Kanäle alle Importe und Exporte flossen: Eingeführte Luxusgüter gingen vom Mwene Mutapa Beamten in Provinzhöfen zu, und zwar unmittelbar im Austausch gegen Abgaben, die in die umgekehrte Richtung flossen. Die Einfuhrgüter, schön gefärbte und bestickte Baumwollwaren, Seidenstoffe und Glasperlen, waren Luxusgüter, die nur die kleine, wohlhabende Oberschicht erreichten, um deren von den Kaufleuten des Küstenlandes gezüchtete ›Bedürfnisse‹ zu befriedigen. Somit berührte der Außenhandel die Lebensweise in den Dörfern selbst im Grunde nur ganz am Rande. Er gab den Handwerken, den einheimischen Industrien keinerlei Impulse, trug nichts zur Schaffung einer Marktwirtschaft bei, förderte kein Währungssystem und keine wirkungsvolleren Tauschhandelsmethoden, sondern bestärkte einzig und allein das System der Tribute und die Autorität des Mwene Mutapa, dessen Imperium er auf diese Weise zusammenzuhalten half. Kupfer dagegen, nach dem große Nachfrage herrschte, das überall im Reich gehandelt wurde und nicht den gleichen scharfen Kontrollen unterlag wie Gold, stimulierte die Spezialisation beim Bergbau, bei der Ver- und Bearbeitung und sogar im Bereich des Handels in einem so hohen Maße, daß fast eine Art Standard-Währungseinheit entstand. Dennoch war aber auch der Außenhandel bedeutend genug, so daß es für das Ansehen des Mwene Mutapa ein entsetzlicher Schlag war, als die Portugiesen auf seinem Territorium ständige Handelsniederlassungen errichteten, und sein Monopol zu bröckeln begann, obwohl er die Gefahr deutlich kommen sah und alles unternahm, um die Eindringlinge unter seine Kontrolle zu bringen.

Bisher konnte dieses Kapitel noch keine direkte Beziehung zwischen den Erbauern Groß-Simbabwes und dem Königreich des Mwene Mutapa aufzeigen, doch das Indizienbeweismaterial ist ohne Frage sehr reichhaltig: Indizienmaterial, das beides – Simbabwes Erbauer und Mwene Mutapas Reich – miteinander verbindet. Dermaßen gleichartig nehmen sich beide Gruppen in zahlreichen Bereichen der materiellen Kultur aus, ganz besonders in der Privatsphäre der Hausratsutensilien, der Waffen, Werkzeuge und Schmuckstücke, daß man sie als praktisch ununterscheidbar bezeichnen kann. Groß-Simbabwe blühte in den beiden Jahrhunderten vor der Gründung des Mwene-Mutapa-Königreichs, und mit seinem Wohlstand ging es just um die gleiche Zeit zu Ende, als das neue Königreich sich zu entfalten begann. Beider Wirtschaft beruhte im Grunde auf einer Landwirtschaft, die sich selber trug, doch beide verdanken ihre Macht der Kontrolle über das Gold Süd-Zentralafrikas. Groß-Simbabwe war das Produkt einer gesellschaftlichen Elite, die über ein Wirtschaftssystem herrschte, dem sie ihren Reichtum verdankte. Und diesen Reichtum verschwendete man auf grandiose Steinbauten, von denen die übrige Bevölkerung genau so wenig hatte wie vom Handel des Mwene Mutapa. Groß-Simbabwe war Zentrum eines Netzes von Bauwerken, das sich vom nördlichen Mashonaland bis hin zum Limpopo und vom Rand der Kalahari bis zu den Manjika-Bergen erstreckte – dies deckt sich fast haargenau mit dem Reichsgebiet des Mwene Mutapa, abgesehen von den Ländereien im Sambesi-Tal und in der Küstenniederung, von denen man weiß, daß er sie im späten 15. Jahrhundert eroberte. Die Wirtschaftsmaschinerie, das Gesellschaftssystem, das System der staatlichen Kontrolle und das Hofzeremoniell des Mwene Mutapa – dies alles kann nicht urplötzlich und von selbst aus dem Nichts entsprungen sein, und es gibt nicht den geringsten zwingenden Beweis dafür, daß es von Einwanderern eingeführt wurde. Das Königreich erschien so kurz vor der historischen Zeit auf der Bildfläche, daß sicherlich noch irgendeine

Erinnerung wach wäre, wenn tatsächlich Einwanderer es gegründet hätten. In vielen Schriften hat man die Vorstellung zurückgewiesen, sämtliche Staaten und Herrscher Afrikas seien auf der Basis des ›Gottkönigtums‹ miteinander verbunden und hätten mit Einwanderern zu tun, die in letzter Instanz auf das alte Ägypten zurückgingen. Armstrong äußerte demgegenüber: »Die [afrikanischen] Königreiche unterscheiden sich in einem solchen Maße, daß wohl keine einzelne Erklärung wie etwa [Machtergreifung durch] Eroberung für alle zusammen Gültigkeit beanspruchen kann. Ich persönlich möchte es so sehen, daß man sie hauptsächlich aus jenen ökonomischen und politischen Prozessen heraus zu erklären hat, die auch anderswo auf der Welt Staaten entstehen ließen«.[5] So kommen chronologische und geschichtliche Sachverhalte, Verbreitungsmuster, Gesellschaftsstrukturen und die Hinterlassenschaft der materiellen Kulturen Groß-Simbabwes und des Mwene-Mutapa-Reichs zusammen und lassen uns vermuten, daß das eine dieser historischen Gebilde in der unmittelbaren Nachfolgeschaft des anderen stand. Lediglich darüber wundert man sich, daß man von der Steinarchitektur abkam. Doch möglicherweise ist der einzige Grund dafür, daß die Dande, wo die Mwene Mutapas ihre Höfe errichteten, ein Gebiet ohne brauchbares Bausteinmaterial war. Und wenn der Herrscher keine Steinbauten in seiner neuen Hauptstadt errichten konnte, so war es vielleicht unvermeidbar, daß man auch in seinen Provinzen die Steinbauweise aufgab.

Der zweite Mwene Mutapa setzte Verwandte als Statthalter oder Vizekönige seiner Südprovinzen Mbire und Guruhushwa ein, die hier die Torwa- und Changamire-Dynastie begründeten. Die darauffolgende Rebellion Changamires war die Initialzündung für den Aufstieg der Rozwi zur Macht – einer Gruppe, die schließlich unter den Shona eine religiöse Dauer-Vorrangstellung erlangen sollte. Von den Goldfeldern des Matabelelandes ausgehend, errang Changamire innerhalb weniger Jahre genügend Macht, um Mbire zu kontrollieren, die Macht der Torwa-Dynastie zu provinzieller Bedeutungslosigkeit zu reduzieren und schließlich sogar die Autorität des Mwene Mutapa selbst in Frage zu stellen. Da sich die Changamire-Nachfolger hartnäckig gegen jedes Eindringen Fremder in ihre Gebiete sträubten, bleiben sie im Vergleich zu den Mwene Mutapas eher schattenhafte Gestalten auf der geschichtlichen Bühne – bis auf Changamire Dombo, der Ende des 17. Jahrhunderts die Portugiesen aus Mashonaland vertrieb. Er verkleinerte den Machtbereich der Mwene Mutapas auf das winzige Gebiet im Sambesital, so daß sich der Mwene Mutapa künftig auf portugiesische Unterstützung angewiesen sah, um weiterexistieren zu können. Damit war auf dramatische Art der Beweis erbracht, welche Bedeutung das Rozwi-Reich erlangt hatte. Es blühte und gedieh dann auch noch während des

18. Jahrhunderts, und obwohl es direkte Kontakte mit den Portugiesen mied, ließen sich doch indirekte Handelsbeziehungen mit den portugiesischen Posten am Sambesi nicht vermeiden, die die von Changamire Dombo zerstörten Siedlungen im nördlichen Mashonaland ersetzt hatten.

So entstand das Rozwi-Reich direkt aus dem frühen Mwene-Mutapa-Reich. Es hatte mit ihm gemeinsame Wurzeln und bewahrte einen guten Teil seiner Sitten und Gebräuche. Der Herrscher, *Mambo* genannt, war – wie auch der Mwene Mutapa – militärischer und religiöser Führer, gleichzeitig ein Vermittler bei *Mwari*. Auch er kontrollierte Handel und Goldproduktion so scharf wie nur irgendein Mwene Mutapa[6]. Wie bereits ausgeführt: Es gibt zahllose Überlieferungen, die den Rozwi-Mambo mit dem Bau bestimmter Ruinen im Matabeleland in Zusammenhang bringen, und diese Traditionen sind präzise und mit Einzelheiten gespickt. Dermaßen stark ist die traditionelle Verbindung der Rozwi mit den Steinbauten, daß man sie auf sämtliche Steinbauwerke – einschließlich Groß-Simbabwe – übertrug. Und der archäologische Befund stimmt damit überein. Khami, Dhlo Dhlo, Naletale und eine Menge kleinerer Ruinen – sie allein leiten sich, was die handwerklichen Fertigkeiten ihrer Mauer-Erbauer, den Stil ihrer Steinbauten, viele ihrer Dekormotive und die Bauweise der Hütten im Innern angeht, klar von Groß-Simbabwe ab.

Schließlich fielen in den dreißiger Jahren des 19. Jahrhunderts bewaffnete Ngoni mehrmals von Süden her in Guruhushwa und Mbire ein, und das Rozwi-Reich wurde dermaßen vernichtend geschlagen, daß als einziges materielles Zeugnis seiner früheren Größe die in Trümmern liegenden Steinbauten zurückblieben.

Obwohl niemals Rozwi in Groß-Simbabwe Bauten errichteten oder sich dort niederließen, lag dieses doch innerhalb ihres Territoriums, und anscheinend räumte man ihm eine gewisse geistliche Vorrangstellung ein und suchte es so lange als möglich auf, wenn es irgendwelche Zeremonien zu begehen galt. Als Mauch 1871 nach Groß-Simbabwe kam, war das elliptische Bauwerk verlassen und von Pflanzen überwuchert. Die Leute, die dort hausten, unterstanden Mugabe (Tafeln 50, 52), einem kleineren Karanga-Häuptling, dessen Vorgänger hier eingewandert war und unmittelbar vor den Ngoni-Überfällen die Amangwa vertrieben hatte. Bei den Amangwa wiederum handelte es sich um eine gemischte Rozwi-Gruppe, die möglicherweise ihre reinen Rozwi-Vorgänger verjagt hatte, doch Groß-Simbabwes religiöse Bedeutung weiterhin anerkannte, desgleichen die starken Bindungen der Rozwi an diese Ruinen. Es war ein Amangwa, der Mauch berichtete, sein Vater, der letzte Priester Groß-Simbabwes, bevor ihn Nugabes Leute umbrachten, habe alle zwei bis vier Jahre die Rozwi aufgerufen, sich gemeinsam in den Ruinen einzufinden und hier Mwari zu opfern (Tafel 47). Man brachte dann zahlreiche Rinder zum Fuß der Anhöhe. Einige davon nahm man mit hinauf in die Ost-Einfriedung, wo sie geopfert wurden, und den Rest schlachtete man für das sich anschließende Festmahl.[7] Nach Halls Aufzeichnungen fand das letzte Opfer – es handelt sich in diesem Fall um Ziegen – erst 1904 bei einer ›Regenzeremonie‹ statt. Etwa dreißig Jahre zuvor waren Rinder geopfert worden, und Hall fand im elliptischen Bauwerk an der Erdoberfläche große Lager von Rinderknochen, die dies bestätigten. Man sagte ihm auch, Groß-Simbabwe sei lange Zeit unbewohnt gewesen, bis sich Mugabes Leute auf der Anhöhe niedergelassen hätten. Abgesehen von ihren Opfern, hatten die Amangwa die Ruinen lediglich als Zufluchtsstätte in Krisenzeiten benutzt.[8]

So unterbrach schließlich die Invasion eines unbedeutenden Karanga-Häuptlings eine zuvor ununterbrochene historische Tradition, die sich über die Rozwi, die Torwa-Dynastie, das Mwene-Mutapa-Reich und Mbire bis zurück zur Gründung Groß-Simbabwes verfolgen läßt. Mugabes Verständnislosigkeit gegenüber Geschichte und gegenüber der Bedeutung bzw. dem Zweck dieser Bauten ließ ihn die Ruinen in Viehpferche umfunktionieren, und zahlreiche Steinblöcke wurden nur aus dem Mauerwerk gebrochen und dazu verwendet, um jene rohen Mauern zu errichten, die mehrere Einfriedigungen blockieren und unterteilen (Tafeln 14, 31). Die gleiche Ignoranz bestärkte schließlich weiße ›Forscher‹ in ihrer irrigen Ansicht, kein Einheimischer könne etwa mit dem Bau von Groß-Simbabwe zu tun haben . . .

Auf dem Weg zu einer Geschichte Groß - Simbabwes

8

Die in einer dörflichen Gemeinschaft wohnenden Landleute, die während der Früheisenzeit Groß-Simbabwe besiedelten, hatten im Grunde mit Groß-Simbabwes Geschichte nichts zu tun. Diese begann vielmehr ein gutes Stück später, als sich die Vorfahren der Erbauer der Steinmauern hier niederließen. Man weiß von diesen Siedlern nur wenig, und dies gilt für Groß-Simbabwe ebenso wie für fünf andere, kleinere Fundstätten, die mit ihnen in Zusammenhang gebracht werden. Ihre einzige Hinterlassenschaft sind Keramik der ›Periode II‹, Tonfigürchen und Fragmente von *daga* mit Pfosten-Abdrücken, die Robinson im Abfall auf der Anhöhe fand und die wahrscheinlich auch in den von Gertrude Caton-Thompson ausgegrabenen Abfall-Schichten vertreten waren. Im Tal selbst fanden sich keinerlei Spuren. Die etwas unpräzise Datierung weist in die Zeit vor 1075 n. Chr. ± 150 Jahre. Schon dieses Datum allein ist unsicher genug, doch die enge Beziehung, wenn nicht gar Identität dieser Leute mit den ersten Leopard's-Kopje-Siedlern im Matabeleland läßt uns auf Fast-Gleichzeitigkeit schließen und weist ihre Besiedlung Groß-Simbabwes entschiedener in das zehnte oder elfte Jahrhundert – nach Ausweis gewisser typologischer Glasperlen-Merkmale vielleicht ziemlich an das Ende dieser Periode. Damals waren die Ansiedlung und der Lebensstil, den man hier pflegte, vielleicht durchaus nicht von einem Dutzend anderer Leopard's-Kopje-Stätten zu unterscheiden: Ein paar verstreute Hütten aus Pfählen und *daga*-Masse, geschützt und versteckt hinter den Felsblöcken einer Granit-Koje, wahrscheinlich mit einem Viehkral daneben und mit Getreide bepflanzten Lichtungen im bewaldeten Tal darunter.

Im Lauf des späten 12. oder des frühen 13. Jahrhunderts, als sich im Westen die Leopard's-Kopje-Kultur entwickelte, ihre Kräfte sammelte und ihre Gesellschaftsstruktur hervorbrachte, fanden bei den Groß-Simbabwe-Leuten ganz ähnliche Wandlungen statt. Noch zeichnen sich die einzelnen Stufen dieses Prozesses in Groß-Simbabwe nicht deutlich genug ab, und früher

200

97. Mapela Hill, die Stätte einer größeren Leopard's Kopje-Siedlung im südlichen Matabeleland. Wie man sieht, umgibt eine große Futtermauer aus rohaufgeschichteten und verkeiltem Bruchsteinwerk den Hügelfuß. Der Siedlungskern befand sich auf dem fast ganz und gar felsumragten Plateau oben auf der Anhöhe.

98. Chiswingo, eine kleine Ruine im nördlichen Mashonaland mit ›Chevron‹-Fries und sorgfältig verlegtem, behauenem Mauerwerk gleichen Stils wie das des elliptischen Bauwerks.

99. Fein geglättete, gegossene und ausgeformte *daga*-›Bordsteine‹ (*kernoi*) mit Holzpfosten-Kern in einer Hütte der Lekkerwater-Ruine. Dazwischen eine ebenfalls gegossene runde Herdumfassung. Eine ähnliche Einfassung und Teile einer glattpolierten *daga*-Bank erblickt man im Hintergrund.

100.–101. Die Nhungusa-Ruine im nördlichem Mashonaland. *Oben:* In einem Raum der Haupthütte im Vordergrund wurde ein gegossener *daga*-Sitz freigelegt. Im Hintergrund sieht man die steinernen Umfassungsmauern, links mit sehr unregelmäßigen, rechts dagegen mit regelmäßigen Steinlagen. *Unten:* In einem anderen Raum der gleichen Hütte bilden Steinblöcke als Kernstück einer geschweiften *daga*-Plattform, die mit einer dicken *daga*-Schicht verkleidet ist. Deutlich erkennt man im Steinlager einen senkrechten Einlaß für einen senkrechten Pfosten oder Monolithen, rechts befinden sich noch Überreste der Sichtfläche einer massiven *daga*-Wand.

102. Ruinen im Matabeleland nach dem 15. Jahrhundert bilden einen klaren Architekturstil. Vorherrschend ist terrassenartiges Mauerwerk, und Felder oder Friese mit Schachbrett- bzw. Karo-Muster stellen einen besonders charakteristischen Zug dar. *Oben:* Die Taba zika Mambo-Ruine.

103. Die Naletale-Ruine mit ›Chevron‹–, Farbkontrast–, Fischgräten– und Schachbrett- und Fischgräten-Feldmuster.

104. Reste des Dammes und des Grabens, die einst den portugiesischen ›Markt‹ von Luanze (17. Jh.) umgaben.

105.–106. *Links:* Ausgrabungen in der Ruanga-Ruine. Ein *daga*-Boden und Füllmaterial, mit der Mauerbasis assoziiert, versiegeln dunkles Abfallmaterial der Musengesi-Industrie. *Rechts:* Bestattungen unter dem Boden der portugiesischen Kirche von Dambarare. Man sieht ein Stück einer der Kirchenmauern aus großen, luftgetrockneten Ziegeln im Anschnitt.

107.–108. Schmuckstücke aus Gräbern im Friedhof des 17. Jahrhunderts in Dambarare. *Oben:*
Fromme Bronzemedaillons, links mit der Umschrift:
S. ELISABET R. LUSITANIA(E) und dem Bild einer
1625 heiliggesprochenen Königin Portugals aus
dem 14. Jahrhundert. Die andere zeigt die Himmel-
fahrt Mariens. Marias Fuß ruht dabei auf der Mond-
sichel. Man fand dieses Medaillon an einem Ro-
senkranz an der Hüfte einer Negerin. *Links:* Aus
Bronze gefertigte ›aiguillettes‹ mit geballten Fäu-
sten als Schlußstücken sowie ein entsprechender
Fund (ohne Faust) aus Silber von den rechten Hüf-
ten dreier Portugiesen.

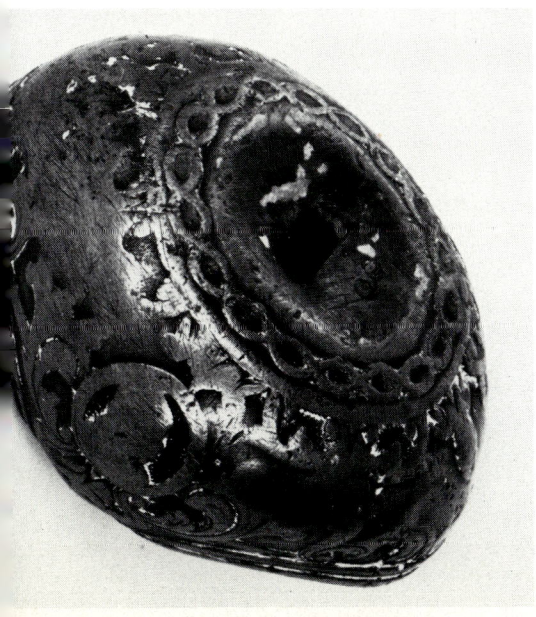

109. Blau-weiß dekoriertes chinesisches Porzellan aus der Wan-Li-Periode (1573–1619 n. Chr.) der Ming-Dynastie: Ein sehr verbreiteter und typischer Fund in portugiesischen Handelszentren, so auch in den Ruinenstätten Dhlo Dhlo und Khami.

110.–111. Portugiesische Reste aus den Dhlo Dhlo-Ruinen: Entweder Überbleibsel vom Rozwi-Hof erworbener oder erbeuteter Stücke aus dem späten 17. Jahrhundert. *Links:* Großer Fingerring mit Gravierung, allerdings fehlt der Stein; *rechts:* Hinterladerkanone mit portugiesischem Wappen. Eine, wie es scheint, damit identische Kanone wurde jüngst aus dem Wrack der portugiesischen Fregatte *San Antonio de Tanna* geborgen, die 1697 im Hafen von Mombasa unterging.

112.–113. *Links:* Little Mapela (Klein Mapela), ein Hügel unterhalb Mapela Hill mit von einer Futtermauer gestützter Steinplattform auf seinem Gipfel und im Vordergrund sichtbaren, freistehenden Umfassungsmauern aus dem 15. Jahrhundert. Eine Ruine wie diese stellt vermutlich einen unmittelbaren Vorläufer der terrassierten, mauergeschützten Ruinen des Matabelelandes der Rozwi dar. *Unten:* Kleine, mit Schießscharten versehene Festung im Injanga-Hochland (östliches Mashonaland), typisch für die Steinbauten der dortigen, nur wenig bekannten Industrie und vermutlich ohne Verbindung und ein gutes Stück jünger als Ruinen wie Groß-Simbabwe. In der Tat gab es in Rhodesien durchaus nicht nur bei den Erbauern Simbabwes Traditionen einer Steinarchitektur.

nahm man einen einzelnen, abrupten Wechsel (zwischen Periode II und Periode III) an. Doch ist ein solcher Informationsmangel über die Entwicklung der Stätte einfach zu erklären, wurden doch bisher so wenig Grabungen in den Ablagerungen auf der Anhöhe durchgeführt, und bei der Interpretation der Resultate hat man kaum versucht, Groß-Simbabwe als eine sich entwickelnde, einheimische Bevölkerungsgruppe ins Auge zu fassen. Doch es kann natürlich auch sein, daß Groß-Simbabwe damals noch so klein und unbedeutend war, daß Entwicklungen, die sich in den bedeutenderen Zentren des Westens vollzogen, erst dann eine Auswirkung auf Groß-Simbabwe zeigten, als sie längst abgeschlossen waren.

Dennoch hörte während dieser Periode Simbabwe auf, nur mehr gewöhnliches Bauerndorf zu sein. Es wurde Zentrum einer Elite, die aus der bäuerlichen Bevölkerung hervorgegangen war und die ebenso das Staatswesen kontrollierte wie eine Arbeiterschar, die mit hinreichender Regelmäßigkeit beim Bau beschäftigt wurde, um handwerkliche Spezialisten hervorzubringen. Diesen ist die Verfeinerung der rohen, streng funktionalen Bautechniken zu danken. Nun errichtete man große, hohe Mauern mit vorzüglichen Sichtflächen und schuf Wohnbauten mit massiven *daga*-Wänden und entsprechender *daga*-Inneneinrichtung: Bauten, die eher Prunk und Luxus widerspiegeln als wirklich die Not, sich mit einem Dach über dem Kopf zu versehen.

Man fragt sich, was diesen Umschwung herbeiführte. Es gibt nicht den geringsten Anhaltspunkt dafür, daß militärische Macht dabei irgendeine bedeutendere Rolle spielte. Nach ihrer Zahl und ihrem Typenspektrum zu urteilen, waren Waffen ein Teil der Kleidung, und man brauchte sie wohl eher zum Jagen als für den Kampf. Nichts an ihrer Verteilung weist auf eine Konzentration Bewaffneter, etwa auf eine Art Kaserne oder Garnison hin. Obwohl sich die Steinmauern – ganz besonders oben auf der Anhöhe –, die einzigen, die es seinerzeit gab, beim ersten Blick wie Festungsmauern ausnehmen und obwohl die allerersten Mauern ursprünglich wohl in der Tat Schutz gegen Angriffe bieten sollten, so müssen doch alle späteren Bauwerke auf sicherem Terrain gelegen haben, ja die meisten Einfriedungen errichtete man auf ebenem, offenem Gelände ohne jede Rücksicht auf natürlichen Schutz. Im Gegenteil: Oft waren sie von Bergen aus einzusehen und wurden von diesen Bergen auch beherrscht. In Groß-Simbabwe lag keine Einfriedung so, daß sie andere schützen half, die Eingänge hatten keinerlei Außenwerke, und obwohl die Bewohner (ebenso wie ihre Gegner) sicherlich Speere, Bogen und Pfeile hatten, fehlt doch jede Art einer Schießscharte, es gibt keinerlei echte Bastionen, keine Brustwehren, keine Zinnen – nichts, was sonst üblicherweise gegen Geschosse Schutz bietet. Am deutlichsten zeigt sich das Fehlen jedes kriegerischen Elements in den kleinen, von

Groß-Simbabwe abgelegenen Ruinen, die außerdem ganz eindeutig zu klein waren, um einer irgendwie funktionsfähigen Streitmacht Unterkunft zu bieten. Und trotz der Schwächen, die diese Bauwerke aufwiesen, wenn man sie vom militärischen Gesichtspunkt aus betrachtet, machte man doch keinen Versuch, sie dadurch zu schützen, daß man sie tarnte, daß man sie an entlegenen Plätzen errichtete, wo das Gelände sie verbarg. Im Gegenteil. Die West-Einfriedung im Bereich der Bergruine tritt beispielsweise besonders deutlich und auffällig in Erscheinung. Man erblickt sie schon aus einer Entfernung von mehreren Kilometern, Monolithe betonen noch ihre Mauerführung, und das gesamte Bauwerk ragt nachgerade protzig über die Umgebung. Daraus ergibt sich, alles in allem: Welche Rolle militärischer Druck vielleicht auch während der Frühphase dieser Gesellschaft gespielt haben mag – in späteren Entwicklungsphasen konnte sicherlich von ihm keine Rede mehr sein.

Ein Hauptfaktor im Wachstum Groß-Simbabwes sollte die Kontrolle über den Handel werden. Man darf vielleicht daraus folgern, daß sie schon bei Groß-Simbabwes Gründung eine Rolle spielte. Rinder waren ein wichtiger ökonomischer Faktor zur Einwanderungszeit der Leopard's-Kopje-Leute. Sie boten sich gleichzeitig als Tauschobjekt an – vielleicht waren sie überhaupt das allererste Tauschobjekt der Handelsgeschichte –, und sie gaben ferner die Möglichkeit, Reichtum zu akkumulieren und gleichzeitig zu messen: Je größer die Rinderherde, desto reicher ihr Besitzer. Dies dürfte den Binnenhandel angespornt haben, doch beim Außenhandel, der Groß-Simbabwes Wohlstand begründete, ging es stets um Luxusgüter, und an sich bedeutete er keine Verbesserung der nach wie vor zugrundeliegenden Selbstversorger-Wirtschaft. Zumindest anfänglich bot er wohl einer Bevölkerungsgruppe nur wenig Anreiz, sich auf einen Platz zu konzentrieren.

Sehr wahrscheinlich war Groß-Simbabwe von Anfang an und zu jeder Zeit ein bedeutendes religiöses Zentrum. Überlieferungen über die Begründer des Mbire- und Shona-Volkes betonten stets deren religiöse Rolle und weisen, wie es scheint, Groß-Simbabwe eine zentrale Position in einer Zeit zu, da die neue Gesellschaftsform Macht erlangte. Viele der architektonischen Elemente, so die Steintürmchen und -türme, Monolithe, ›Altäre‹ und Plattformen, dazu zahlreiche Objekte wie die Saponitvögel und die Figurinen, deuten auf die wichtige Rolle hin, die Ritual und Symbolik in der Kunst und Architektur Groß-Simbabwes spielten.

Doch statt daß man versucht, anhand unseres heutigen Wissens alle Faktoren zu isolieren, die zu Groß-Simbabwes Aufstieg führten, sollte man diesen Aufstieg einer Kombination verschiedener Wirkkräfte zuschreiben. Was immer kriegerische Stärke anfangs für eine Rolle spielte – sie war sicherlich nicht allzu bedeutend, ja ihre ohnehin geringe Bedeutung schwand im Lauf der Zeit immer mehr, und aus späterer Zeit lassen sich keinerlei Hinweise auf militärische Macht finden. Auf der anderen Seite gewann die Macht über den Handel immer mehr an Bedeutung, doch ist es unwahrscheinlich, daß diese Wirtschaftsmacht von Anfang an einer der auslösenden Faktoren bei Simbabwes Gründung war. Die Rolle der Religion aber, wahrscheinlich der wichtigste einzelne Faktor auf der ersten Wegstrecke hin zum Zusammenschluß, zur Organisation und zur Gliederung der Gesellschaft, läßt sich nur schwer archäologisch belegen – dies gilt ganz besonders für die Frühzeit. Welcher Prozeß auch immer maßgend sein sollte, er kann sich jedenfalls nicht ausschließlich in Groß-Simbabwe selbst abgespielt haben. Menschen- und Machtkonzentrationen bildeten sich auch anderswo: rings um die Goldfelder weiter westlich im Landesinnern sowie an der Küste, wo sehr rasch größere Städte aus dem Boden wuchsen. Ein weiteres Problem, das sich gegenwärtig noch nicht vollständig lösen läßt, ist das der Lage Groß-Simbabwes. Warum befinden sich diese Ruinen gerade dort, wo sie sind? Nach welchen Gesichtspunkten suchte man den Platz aus, wo man Simbabwes Mauern errichtete? Das Gelände ist nicht anders als anderswo am südlichen Plateau-Abbruch auch. Gleiches gilt für die Gewißheit reichlichen Regens, die üppige Vegetation und den leichten Kontakt mit unterschiedlichen ökologischen Zonen – auch all dies ist typisch für die gesamte Region. Doch als einmal der Handel begonnen hatte, eine bedeutende Rolle zu spielen, muß sich Groß-Simbabwes Lage ganz besonders günstig ausgewirkt haben. Es lag am Rande der größeren Goldgewinnungsgebiete des zentralen Matabelelandes und an der kürzesten, direktesten Verbindungslinie zwischen ihnen und der Küste. Es lag auch im letzten fruchtbaren Landstrich und im letzten Graslandgebiet vor dem weniger menschenfreundlichen, von Tsetsefliegen verseuchten *mopane*-Veld, dem ungastlichen Sabi-Flußtal und den Bergen östlich davon. Man hat diesen Fluß oft als eine der größeren alten Handelsrouten bezeichnet, die das Innere des Kontinents mit der Küste verbanden. Ob der Handel seinerzeit ausgedehnt genug war, ob er sich bereits in so festen Gleisen bewegte, daß man die Vorstellung einer fixen ›Route‹ aufrecht erhalten kann, ob Flüsse sich am besten eigneten, um ins Landesinnere einzudringen und ob sich die Reise durch die unteren Flußabschnitte überhaupt je empfahl, braucht hier nicht diskutiert zu werden. Wichtiger ist es, anzuerkennen: Das Sabi-Tal bot die leichteste und direkteste Möglichkeit, die Ostberge zu umgehen, die sonst eine nur schwer zu nehmende Barriere zwischen der weiten Küstenebene und dem Innern Afrikas bilden. Diesseits und jenseits dieser Gebirgskette gab es nicht die mindeste Geländeschwierigkeit, die weithin die Bewegungsfreiheit einschränkte, Groß-Simbabwe aber liegt jedenfalls am Ursprung eines der bedeutenderen westlichen Sabi-Nebenflüsse.

211

Die Siedlung des 13. Jahrhunderts in Groß-Simbabwe beschränkte sich weitgehend auf den Bereich der Bergruine, obwohl gegen Ende dieser Epoche wahrscheinlich auch schon Einfriedungen im Tal errichtet wurden. Noch war Groß-Simbabwe kleiner als so manche zeitgenössische Siedlung des Leopard's-Kopje-Typs, und mit Sicherheit war es sogar sehr viel kleiner – wenn auch konzentrierter – als viele, schon jahrhundertealte früheisenzeitliche Dörfer. Doch gerade diese Periode war zukunftsweisend, denn nunmehr etablierte und konsolidierte sich eine kleine, doch stark zentralisierte Autorität, die sich auf religiöse und ökonomische Macht stützte, in einer strategischen Position zwischen Produktions- und Handelszentren: Eine Kombination, die, es war gar nicht anders denkbar, zwangsläufig ein rapides Wachstum begünstigen mußte. Dies nun fand während des späten 13. oder des beginnenden 14. Jahrhunderts statt. Ein genaues Datum für den Beginn dieser Entwicklung läßt sich noch nicht nennen, doch die angegebenen Zeitpunkte liegen zwischen den Eckwerten der Standardabweichung eines Radiokarbondatums (1380 n. Chr. ± 90 Jahre) für die Abfallschichten unterhalb des elliptischen Bauwerks, die sich zu Beginn der Expansion Groß-Simbabwes hier ablagerten, und sie gewähren hinreichend Spielraum für die Entfaltung neuer Mauerbautechniken sowie für beträchtliche Bauarbeiten in Groß-Simbabwe, bevor dieses anderthalb Jahrhunderte später aufgegeben wurde. Es ist gleichzeitig die Blütezeit der bedeutenderen Leopard's-Kopje-Zentren, der festen Etablierung der Goldproduktion, die Zeit eines enormen Wachstums der Ostküstenstädte und schließlich die Zeit des Beginns einer ungeheuren Expansion des gesamten Handels mit den Ländern am Indischen Ozean und darüber hinaus.

Der Reichtum, der nunmehr nach Groß-Simbabwe floß, spiegelte sich in fast jedem Lebensbereich. Nun wurde das Tal voll besiedelt, und man errichtete die ersten Mauerabschnitte des elliptischen Bauwerks. Die Abfallschichten enthalten nun vieles, das ein bezeichnendes Licht auf den Überfluß wirft, der jetzt herrschte. So gab es nun Gold-, Kupfer- und Bronzeschmuck in jeder Menge – Arbeiten tüchtiger Handwerker, die sich an ganz bestimmte Muster hielten. Man spann und wob Textilien – komplizierte handwerkliche Techniken, die auf hinreichend enge Kontakte mit Handwerkern aus den Städten am Indischen Ozean hindeuten – hinreichend, um von diesen die neuen Fertigkeiten zu lernen. Keramik und Glasgefäße aus dem Nahen Osten wurden eingeführt, dazu noch viele weitere Glasperlen. Der Wohlstand muß in sämtlichen Lebensbereichen Wandel und Entwicklung gefördert haben. Infolgedessen brachte die fragliche Periode mehr und mehr Raffinement im Bereich der einheimischen Keramik, des architektonischen Könnens und Stilempfindens. Es gab nun genug Leute, um ausreichend Steine zusammenzuschleppen, so daß man mit aller

Sorgfalt Blöcke auswählen konnte, die zusammenpaßten. Das Resultat war die Entwicklung von Mauerwerk mit regelmäßigen Steinlagen. Die Bautätigkeit erreichte ihren Höhepunkt mit dem Bau der enormen Außenmauer und des konischen Turms.

Man fragt sich, wie Groß-Simbabwe es fertigbrachte, den Handel soweit unter Kontrolle zu bringen, daß es praktisch das Monopol besaß, denn keine andere Fundstätte Rhodesiens hat mehr als nur einen winzigen Bruchteil der Importware erbracht, die in Groß-Simbabwe gefunden wurde. Diese Frage läßt sich nicht direkt beantworten, doch immerhin war Groß-Simbabwe Vorfahr des Mwene-Mutapa-Reiches und wie dieses Schöpfung einer kleinen, herrschenden Oberschicht. Es handelte durch die gleichen Agenten mit den gleichen Gütern, diese Güter stammten aus den gleichen Bezugsquellen und waren für die gleichen Empfänger bestimmt. Man darf daher mit Sicherheit annehmen, daß man sich des gleichen Tauschsystems bediente, ja daß dieses System in Groß-Simbabwe entwickelt wurde. Abgaben in Form von Gold, Elfenbein, Eisen und Geweben wurden von den Untertanen oder von Klientenherrschern dem Zentralhof dargebracht, und Luxus-Importgüter flossen von hier aus in umgekehrter Richtung durch die gleichen Kanäle. Das gewöhnliche Volk freilich hatte von diesem Handel nur wenig, andererseits war der Handel aber bedeutend genug, um eine beachtliche Anzahl von Menschen nach Groß-Simbabwe zu locken, die dann hier blieben. Auch sie müssen direkt oder indirekt vom Reichtum profitiert haben, der hier herrschte. Sie bekamen als Entgelt für ihre Arbeit etwas davon ab – nicht nur für ihre Arbeit als Nahrungsmittelproduzenten und -lieferanten, sondern als Steinbrecher und Steintransporteure, die Baumaterial in das Tal von Groß-Simbabwe brachten und die massiven Mauern des elliptischen Bauwerks errichteten. Diese Bauten bilden ein anderes, beständigeres Medium, um den Luxus und Prunk des Hofes zum Ausdruck zu bringen. Sie dürften kaum mit irgendwelchem Nutzen verbunden gewesen sein, und ihre einzige ersichtliche Funktion war es, das Ansehen des Hofes zur Schau zu stellen und damit noch zu vergrößern, vielleicht zusätzlich auch noch die Macht der Geister oder des Gottes. Gleichwohl dienten sie auch einem sozialen Zweck, gelangte durch sie doch wenigstens etwas vom Reichtum des Hofes unter das Volk, dessen ›breitere Schichten‹ wenigstens in Form von Entlohnungen für geleistete Dienste ein wenig mitprofitierten. Handel mit Nachbarvölkern hatte weniger Dramatisches an sich, war aber wahrscheinlich verbreiteter und hatte eine größere Bedeutung für die Allgemeinheit. Es gibt genügend Anhaltspunkte, um sich einen Handel mit Kupfer, vielleicht auch Salz und Baumwollgeweben vorzustellen – einen Handel mit Bevölkerungsgruppen, die während des 14. Jahrhunderts im Nordwesten des Mashonalandes und am Sambesi Gemeinwesen bildeten.

Typisch dafür sind die Ingombe Ilede. Zwischenhändler können Suaheli-Leute gewesen sein, die auch ihre eigenen Waren von der Küste den Sambesi aufwärts nach Groß-Simbabwe brachten. Ein Vorteil dieses Arrangements war es wohl, daß ebenso wie in späteren Jahrhunderten fremde Händler freies Geleit genossen, so lange sie sich der Kontrolle durch den Herrscher unterwarfen. Auf der Rückreise brachten sie dann wohl außer ihren eigenen Einkäufen auch in Groß-Simbabwe hergestellten Goldschmuck und Eisenarbeiten zu den Ingombe-Ilede-Leuten.

Groß-Simbabwes dramatische Entwicklung kann leicht zu übertriebenen Vorstellungen von der Größe und Bedeutung dieses Ortes führen. Bisher liegt noch keine Schätzung seiner Bevölkerungsziffer vor, und jeder Versuch dazu birgt seine Gefahren, so lange man noch nicht das Gebiet rings um die Einfriedungen gründlich ausgegraben hat, und zwar sowohl im Tal als am Berghang, wo gewisse Anhaltspunkte auf dem heutigen Bodenniveau auf einst intensive Besiedlung hindeuten, ohne daß man jedoch das Muster bzw. die Verteilung der Wohnbauten kennt. Gertrude Caton-Thompson legte die Maund-Ruine vollständig frei, deren Grundfläche 1254 m² beträgt: Sie enthielt auf dieser Grundfläche zehn Hütten (bei der Ruanga- und Nhunguza-Ruine, die 752 bzw. 919 m² Grundfläche besitzen, waren es jeweils acht Hütten). Man kann sich vorstellen, daß in jeder dieser Einfriedungen sechs bis sieben Erwachsene wohnten. Diese Schätzung beruht auf Vergleichen mit Shona- und anderen Bantu-Dörfern, wo im Durchschnitt anderthalb bis zwei Hütten auf einen Erwachsenen kommen. Damit ergibt sich eine Grundfläche von etwa 105 m² pro Hütte bzw. 167 m² für jeden Erwachsenen. Das Tal enthält zehn bis zwölf separate Steineinfriedungen, die sich der Größe nach mit der Maund-Ruine vergleichen lassen und demnach wohl eine Bevölkerung von etwa 50 bis etwa 85 Personen hatten. Die Bergruine, deren Grundfläche 2592 m² beträgt, sowie das elliptische Bauwerk, das 4598 m² Grundfläche umschließt, boten wohl Raum für etwa fünfundzwanzig und fünfundvierzig Hütten und damit Obdach für 12–20 sowie 20–30 Erwachsene. Damit belief sich die Gesamtbevölkerung der Steineinfriedungen auf eine Gesamtzahl zwischen 100 und 200 Erwachsenen. Außerhalb der Einfriedungen waren vielleicht 32 ha bebaut; dies ist etwa das Zehnfache der Grundfläche, die die Steinbauten bedecken. Folglich dürften rund zehnmal so viele Menschen außerhalb der Steineinfriedungen in Groß-Simbabwe gelebt haben. Vermutlich handelte es sich bei diesen Leuten um die Arbeiter, die Bauern und Handwerker, die einfach nötig waren, um den Hof zu erhalten. Die Gesamtziffer der Bevölkerung Groß-Simbabwes dürfte demzufolge irgendwo zwischen 1000 und 2500 erwachsenen Personen gelegen haben.

Zu einem ganz ähnlichen Resultat gelangt man auch auf einem anderen

Wege. Geht man vom Kubikinhalt der Außenmauer der großen Einfriedung aus (51 542 dm³ an Steinblöcken), und setzt man voraus, daß diese Mauer in Intervallen während des bäuerlichen Jahres errichtet wurde – dann nämlich, wenn man das Land nicht bebaute –, so ergibt sich, falls die Arbeiter pro Jahr 50 Tage für den Mauerbau abzweigten und jeder pro Tag an die 64 dm³ Gestein (das wären etwa elf bis zwölf Blöcke) abbaute, transportierte und verlegte, daß eine Arbeiterschar von etwa 400 Personen die Mauer in vier Jahren errichten konnte. Eine Schar ungelernter Arbeiter in dieser Größenordnung paßt aber zu der obigen Bevölkerungsschätzung. Ohne Zweifel ist dies eine hohe Kopfzahl und eine starke Bevölkerungskonzentration für eisenzeitliche Verhältnisse bei einer sich selbst tragenden Agrarwirtschaft in der Baumsteppe, und dies selbst in Anbetracht der besonderen ökologischen Vorzüge, die Groß-Simbabwe aufzuweisen hatte. Andererseits ist es aber keine dramatisch hohe Bevölkerungsziffer, und sie läßt sich beispielsweise durchaus mit den Kopfzahlen der von den Ndebele während des 19. Jahrhunderts im Matabeleland errichteten Militärstädten vergleichen, von denen jede etwa zehn bis fünfzehn Jahre an einem Fleck bestehen blieb, obwohl das Land sehr viel trockener und viel weniger fruchtbar war. Es ähnelt in keiner Weise der Bevölkerungskonzentration, wie man sie in einigen stärker urbanisierten Gebieten tropisch Afrikas vorfindet, die dennoch gleichfalls bei einer sich selbst tragenden, gerade die Existenz garantierenden Wirtschaftsform blieben.

Groß-Simbabwes Wohlstand muß auf dauernden Frieden, auf stets stabile Verhältnisse im ganzen Land von den Minen bis hin zur Küste zurückzuführen sein. Wo immer im fraglichen Gebiet Bausteine verfügbar waren, errichtete man Einfriedungen gleichen Stils wie in Groß-Simbabwe. Noch zu wenige davon sind ausgegraben, Radiokarbondaten liegen noch nicht in hinreichender Menge vor und auch die Arbeiten über die Keramik sind noch viel zu wenig vorangekommen, um exakt die Reihenfolge zu bestimmen, in der die einzelnen Bauten entstanden. Daher ist es noch zu früh, um mit Bestimmtheit zu sagen, was hier Ursache und was Wirkung war: Ob die persönliche Präsenz der Oberherren aus Groß-Simbabwe den Frieden sicherte, oder ob erst der Friede diesem ermöglichte, sich geographisch in solcher Weise auszubreiten. Die in den Ruinen von Lekkerwater und Chipadze erhobenen Daten lassen vermuten, daß die betreffenden Bauten im 14. Jahrhundert – und vermutlich im fraglichen Zeitraum sehr früh – errichtet wurden. Andererseits scheint es, als ob die Ruinen von Zaka, Ruanga und Nhunguza aus dem 15. Jahrhundert stammten, und sie nehmen sich auch eher so aus, als ob sie ein friedliches Erbe weiterzugeben hätten. Doch wie dem auch sein mochte – die politische Stabilität des Hochlandes garantierte die Sicherheit jener Handvoll Fremder, die in den kleinen, ungeschützten Einfriedungen wohnten, in so vieler Hinsicht von der viel zahl-reicheren einheimischen Bevölkerung abhängig waren und sich dieser im Fall irgendeines Konflikts auf Gnade oder Ungnade ausgeliefert sahen. Die Bewohnerzahl dieser kleineren Provinzresidenzen ist bisher noch nie geschätzt worden. Man weiß, daß es 150 bis 200 Ruinen auf dem Granitbo-den des rhodesischen Hochlandes gab. Bei einem Drittel davon handelt es sich um Rozwi-Bauten, die erst nach dem Niedergang Groß-Simbabwes er-richtet wurden. Die Entstehungszeit der verbleibenden 100 bis 135 umfaßt zwei Jahrhunderte, und da einzelne Einfriedungen nicht länger als eine oder zwei Generationen hindurch bewohnt blieben, so kann man davon ausge-hen, daß höchstens 50 solcher Plätze stets gleichzeitig Bewohner hatten. Jede dieser Stätten zählte im Durchschnitt etwa 24 Hütten, damit belief sich die Bewohnerzahl auf jeweils etwa 15 Erwachsene. Dies läßt für all diese Ruinen auf eine Gesamtbewohnerzahl von etwa 750 Personen schlie-ßen – eine außergewöhnlich geringe Anzahl, um sich damit im Lande zu behaupten, ja das Heft in der Hand zu behalten. Doch diese Ziffer hebt auch gleichzeitig die Bedeutung Groß-Simbabwes hervor, dessen Kopfzahl die al-ler anderen Ruinen zusammen übertraf. Es besaß damit in der Tat eine überragende Position als echtes Zentrum und Quell der gesamten Kultur. Die Provinzhöfe beherbergten die gleiche Elite wie Groß-Simbabwe, und ihre Mauern hatten, wenn auch in kleinerem Maßstab, das gleiche Prestige zu verkörpern. Daß sie Verwaltungszwecken dienten, verrät das Layout der Haupthütte in der Nhunguza-Ruine, und wie es scheint, kommt in dieser Hütte auch die religiöse Basis zum Ausdruck, auf der die Autorität ihrer Bewohner beruhte. Diese Gruppe brauchte keinen physischen Zwang, um ihre Autorität zu sichern. Wie sehr die Macht Groß-Simbabwes zentrali-siert war und wie eng das Netz von Ansiedlungen der Simbabwe-Kultur im Innern zusammenhing, illustriert am besten die Tatsache, daß auch viele kleinere Einfriedungen Mauern der beiden in Simbabwe selbst anzutreffen-den unterschiedlichen Stilarten aufzuweisen haben, während sich nur in Groß-Simbabwe selbst die Entwicklung des Mauertyps mit behauenen Blöcken und regelmäßigen Steinlagen aus dem älteren Mauerstil verfolgen läßt. In Ruinen wie der von Nhunguza scheinen einfach verschiedene Abschnitte einer und derselben Mauer in zwei scharf voneinander unter-schiedenen Stilen erbaut worden zu sein. Beide erforderten eine entwickelte handwerkliche Fertigkeit, und beide können nicht einfach das Werk von Amateuren sein, die kurzerhand darauflos experimentierten und dann erst lernten, als die Arbeit schon im Gange war. Dies läßt vermuten, daß unter-schiedliche Gruppen ausgebildeter Maurer und Steinmetze aus Groß-Sim-babwe oder anderen größeren Ruinen angereist sein müssen und hier ihren Bauauftrag ausführten. Vielleicht arbeiteten Mannschaften Seite an Seite,

216

die in den beiden unterschiedlichen Stilen ausgebildet worden waren. So mögen Mauern entstanden sein, deren einzelne Partien ganz und gar verschieden ausschauen, obwohl sie genau zur gleichen Zeit errichtet wurden.

Im frühen 15. Jahrhundert erreichte Groß-Simbabwe seinen Höhepunkt. Das elliptische Bauwerk war nun vollendet. Es enthielt den Brennpunkt der religiösen Vorstellungswelt: den konischen Turm sowie Plattformen und Monolithe, die diesen umgaben. Hinter der riesigen Umfassungsmauer hatten aber der Herrscher und sein engerer Kreis auch ihre Wohnsitze. Ihre Lebensführung unterschied sich von der des übrigen Hofes wohl kaum, und andere Mitglieder des Hofes, Priester, Verwaltungsbeamte sowie Verwandte des Herrschers verfügten nun über genügend Mittel, um sich im Tal neben dem elliptischen Bauwerk eigene Einfriedungen bauen zu lassen – kleiner, doch im Layout, ihren Architekturelementen und ihrem Inhalt kaum wesentlich vom elliptischen Bauwerk unterschieden. Nachdem sich alle Aktivität, alles Leben, alle Geschäftigkeit nun auf das Tal konzentrierte, verlor die Bergruine wohl ihre Bedeutung. Doch völlig gab man sie ganz sicherlich nicht auf, sondern vor allem die Ost-Einfriedung blieb ein eigenes Heiligtum, wie Saponit-Vogelskulpturen, Figurinen, Monolithe und die zahlreichen Steinplattformen eindeutig bezeugen.

Um die Jahrhundertmitte war Groß-Simbabwe Zentrum einer beachtlichen Bevölkerung, die unmittelbar vom Herrscherhof abhing. Dessen Wirtschaft wurde vom Küstenhandel beherrscht, doch dieser wiederum führte zu keiner fundamentalen Veränderung der Lebensweise. Noch immer lebte die breite Bevölkerung als Bauern von der Hand in den Mund, und es gab wenig Ansporn, neue handwerkliche Techniken, neue Industrien zu entwickeln oder die Wirtschaftsgrundlage bzw. das Muster zu verändern, nach dem man seine Geschäfte abwickelte.

Jeder war wohl der Meinung, das Leben könne immer so weitergehen, damit einige wenige sich bereicherten und ihren Reichtum auf grandiose, doch vom Standpunkt des Sozialen her unnötige Weise verschwendeten, woraus letztlich dann doch wieder breitere Kreise einen gewissen Nutzen zogen. Auf ihre Weise war diese Gesellschaft reif und in sich geordnet. Sie hatte sich des Küstenhandels zu bedienen gewußt, und zwar mit Erfolg, dabei war es ihr gelungen, seinen Einfluß völlig zu absorbieren, so daß er möglichst wenig soziale Zwietracht heraufbeschwor, doch offen für Umstellungen und fähig, neue Wirtschaftsstrategien ins Auge zu fassen, war sie nicht. Was geschah, schien für jedermann gut zu sein, weshalb sollte man dann noch seinen Blick auf mögliche, jedoch fernliegende Konsequenzen richten? Doch bald sollte ihr ein Umschwung aufgezwungen werden. So vorzüglich das Klima sein mochte, so reich die natürlichen Hilfsquellen – früher oder später mußte eine so unnatürlich große Bevölkerung, die hier auf einen Punkt konzentriert war und schon allein durch die bloße Größe und den Glanz der Bauten am Ort festgehalten wurde, diese Hilfsquellen einfach erschöpft haben. Einmal gab es kein Bau- und Feuerholz mehr, einmal war das Gras abgeweidet und niedergetreten, einmal hatte sich die Fruchtbarkeit des Bodens erschöpft, und einmal war das letzte Wild erlegt oder vertrieben, das bisher noch eine zusätzliche Nahrungsquelle dargestellt hatte. Die Ausweitung der Macht Groß-Simbabwes über die Hochebene, wobei nun Siedlungen des Simbabwe-Typs über ein weites Gebiet verstreut waren, bewies ja nicht nur, daß auch viele andere Landesteile ebenso attraktiv waren wie Groß-Simbabwe selbst, sondern ermöglichte auch nötigenfalls einen Rückzug aus Groß-Simbabwe mit einem Minimum an Ungewißheit oder pionierhaftem Wagemut. Nachdem es ein so beträchtliches Territorium unter seine Kontrolle gebracht hatte, das sich besonders nach Norden und Westen hin weit ausdehnte, schien Groß-Simbabwe auch zu weit von den Schauplätzen der Ereignisse entfernt und erwies sich vielleicht infolgedessen als unfähig, Unabhängigkeitsbestrebungen oder Selbstüberschätzung von Provinzstatthaltern unter Kontrolle zu behalten. Eine größere Bedrohung für Groß-Simbabwes Handelsmonopol mögen die Ingombe-Ilede-Gemeinwesen bedeutet haben, die während des 13. Jahrhunderts eine Blütezeit durchlebten, unmittelbaren Zugang zum Sambesi hatten und die Kupfer-Erzlager von Urungwe kontrollierten. Insgesamt war Groß-Simbabwe somit zu einem schwerfälligen Gebilde geworden, bedroht durch die wachsende Stärke von Gruppen, die sein bloßer Wohlstand ins Leben gerufen hatte. Es brauchte nur noch wenig, um einen größeren sozialen Konflikt im Zentrum selbst auszulösen: eine kleinere Mißernte, ein wenig Dürre oder ein vorübergehendes Stagnieren des Handels – all dies mußte völlig unangemessene Auswirkungen zur Folge haben. Und daraus konnten Belastungen erwachsen, mit denen gerade dieses Gemeinwesen nicht mehr fertig zu werden vermochte. Groß-Simbabwe zu verlassen und auszuwandern erschien fast unvermeidlich, und der Gedanke daran hatte wohl auch nichts sonderlich Erschreckendes.

Etwa Mitte des 15. Jahrhunderts war es soweit. Die Überlieferung spricht von einer »ernsten Salzknappheit« in der Mbire-Hauptstadt.[1] Zwar war Salz in der Tat ein wichtiger Bestandteil der Nahrung, eine wichtige Ware, die man außerordentlich schätzte und mit der man einen ausgedehnten, weitgespannten Handel trieb, doch im vorliegenden Zusammenhang hat man die ›Salzknappheit‹ wohl als symbolisch anzusehen – als symbolisch für Nahrungsmittelknappheit und Unterbrechung des Handels. Als Gegenmaßnahme zogen Mutota und sein Volk nach Norden. Dies führte zwar zur Gründung des Mwene-Mutapa-Reichs, bedeutete jedoch auch Diaspora für die Bewohner Groß-Simbabwes und Verlegung des politischen wie wirtschaftlichen Kommandozentrums. Nachdem Groß-Simbabwe aufgehört hatte, dieses Zentrum zu sein, zerbrach sein gesamtes Gesellschaftsgefüge völlig – und dies geschah zwangsläufig. Bezeichnend ist, welche Gegend Mutota als neues Kernstück seines Reichs ausersehen hatte: Das Dande-Gebiet am mittleren Sambesi. Es grenzt an das Gebiet der Ingombe Ilede und konnte daher leichter und unmittelbarer von dessen Erzeugnissen und dessen Handel profitieren (bezeichnenderweise liegt Ingombe Ilede in einer Gegend mit Salzvorkommen, und es ist daher sehr wahrscheinlich, daß es einen entsprechenden Handel entwickelt hatte). Außerdem befand sich die Dande in einer Position zwischen dem Ingombe-Ilede-Gebiet und den Suaheli-Ansiedlungen Tete und Sena am unteren Sambesi, wo sie beiden die Handelsgüter abjagen, ja wenn es sein mußte, sogar den gesamten Handel zwischen beiden ersticken konnten. Es ist sehr wohl möglich, daß der Machtumschwung zur Erschließung ganz neuer Handelskanäle führte. Der bedeutendste davon scheint der Lauf des Mazoe, eines bedeutenderen Sambesi-Nebenflusses, gewesen zu sein. Er verbindet die Karanga-Goldfelder und das Karanga-Kernland unmittelbar mit dem unteren Sambesi und den dortigen Siedlungen, umging das Ingombe-Ilede-Gebiet, stieß aber an das der Dande und konnte von hier aus kontrolliert werden. Mit Sicherheit fünf separate Steinbauten – darunter die Ruanga- und Nhunguza-Ruine – wurden errichtet, und zwar – nach Ausweis von Radiokarbondaten aus den letztgenannten Ruinen – wohl gerade damals. Sie wuchsen in den Bergen an der Flanke des oberen Mazoe-Tals aus der Erde und hatten leichten Zugang zum Fluß. Später war diese Route die wichtigste für den Mwene Mutapa, während die Portugiesen Tete und Sena übernahmen und ausbauten, zwei größere Handelsposten, Dambarare und Bocuto, am Oberlauf des Mazoe errichteten und zwei weitere, Massapa und Luanze, unweit davon anlegten.

In kurzer Frist konnte der Mwene Mutapa seine Handelsmonopole wiederherstellen und, wie es scheint, das Ingombe-Ilede-Volk regelrecht auslöschen. Dies waren wohl die Mbara sehr alter portugiesischer Quellen, die unmittelbar im Osten vom Königreich des Mwene Mutapa einen unabhängigen Staat bewohnten und für ihre Kupferbarren bekannt waren, die sie an den Mwene Mutapa verhandelten.[2] Doch nach dem frühen 16. Jahrhundert werden sie kaum noch erwähnt, und nach Ausweis von Radiokarbondaten hörte gerade damals die Ingombe-Ilede-Kultur zu bestehen auf. Aber der Wegzug von Groß-Simbabwe brachte nur vorübergehend Vorteile. Auf lange Sicht handelte es sich keineswegs um eine befriedigende Lösung. Das Reich des Mwene Mutapa war nur kurzlebig und schaffte es nie, in ebensolchem Maße Reichtümer und Arbeiterscharen zu kontrollieren wie Groß-

Simbabwe, und so konnte man auch nichts in einem vergleichbaren Maßstab bauen. Anscheinend war der Handel tatsächlich in einem solchen
Maße zusammengebrochen, daß selbst die Küstenstädte darunter litten,
und als schließlich Ende des Jahrhunderts das Reich auseinanderbrach,
wirkte sich dies ebenfalls auf die Küste aus.

Groß-Simbabwe aber, seiner Handelsbeziehungen, seines Reichtums und
seiner Macht beraubt, war nur noch ein Schatten seines früheren Glanzes.
Vielleicht ist de Barros Bericht glaubhaft, wonach der Ort im späten
15. Jahrhundert Landsitz einer der Frauen des Mwene Mutapa und einem
Hofbeamten auf dem von Torwa, einem Vasallen des Mwene Mutapa, be-
herrschten Gebiet, unterstellt war. Kurz danach zerbrachen auch noch die
letzten Verbindungen zwischen Groß-Simbabwe und dem Mwene Mutapa,
und Groß-Simbabwes Verfall wurde ein für allemal und unwiderruflich be-
schleunigt, als der Torwa-Staat auf Provinzniveau unter der Vorherrschaft
des Changamire von Rozwi herabgedrückt wurde. Der Rozwi-Staat, der sich
nunmehr entwickelte, errichtete seine steinernen Residenzen anderswo.
Die alte Hauptstadt erhielt nun kaum noch Besuch und entwickelte sich
jedenfalls nicht mehr weiter. Schließlich war Groß-Simbabwe nur noch,
was es vielleicht schon ganz von Anfang an gewesen war: Eine Stätte von
großer religiöser Bedeutung unter besonderem Schutz des Mwari und der
Ahnen. Vielleicht behielt Groß-Simbabwe somit etwas von seinem geistigen Einfluß, doch mit politischer und wirtschaftlicher Macht, wie es sie
einst entfaltet hatte, war es endgültig vorbei.

Epilog

Im Jahre 1931 beschloß Gertrude Caton-Thompson ihren Bericht über Groß-Simbabwe mit den Worten. »Die Untersuchung des gesamten vorliegenden Beweismaterials, das aus allen Bereichen der Ruinen zusammengetragen wurde, führt zu keinem einzigen Einwand gegen die Feststellung, daß Bantu die Urheber dieser Bauten waren und daß diese Bauten aus dem Mittelalter stammen. Dies sollte bei allen Gebildeten das Interesse an Simbabwe und den dazugehörigen Ruinen um das Hundertfache vergrößern, es vermehrt und verringert keinesfalls unsere Bewunderung für diese bemerkenswerte Leistung, es nimmt ihr nichts von ihrer inneren Größe, denn das Geheimnis Simbabwes ist jenes Geheimnis, das im noch schlagenden Herzen des Afrikas der Eingeborenen ruht«.[1] Seit diese Sätze zum erstenmal veröffentlicht wurde, hat man sie in Werken über Groß-Simbabwe so oft wiederholt, daß sie fast abgegriffen wirken. Doch die letzte Feststellung Gertrude Caton-Thompsons enthält eine Herausforderung, die voll und ganz angenommen werden muß. Wie die in den Kapiteln zuvor ausgebreiteten Beweise zeigen, fand Caton-Thompsons Behauptung durch die Forschung späterer Jahre Bestätigung – nicht zuletzt durch Radiokarbondaten, die Resultate eines Verfahrens, an das überhaupt noch niemand dachte, als die Forscherin ihre Grabungen in Groß-Simbabwe durchführte. Und in einem größeren Zusammenhang betrachtet, hat andere archäologische Feldforschung die Voraussetzungen für die Erstellung einer hinreichend vollständigen und umfassenden Umrißskizze der Vorgeschichte Süd-Zentralafrikas geschaffen. Doch hat man beide Themenkreise vielleicht noch nicht auf jenen gemeinsamen Nenner gebracht, auf den man sie hätte bringen sollen.

Zwar bestreitet heute kein ernstzunehmender Archäologe, der sich mit den Problemen Simbabwes beschäftigt hat, Groß-Simbabwes gesicherte und grundsätzliche Zugehörigkeit zur Eisenzeit Rhodesiens, doch bleibt oft ein Element spürbaren Unbehagens zurück. Dies zeigt sich beispielsweise darin,

221

daß man die einzelnen Besiedlungsphasen Groß-Simbabwes verschiedenen Völkerschaften in die Schuhe schiebt – Völkerschaften, die immer wieder als Einwanderer klassifiziert werden und die man (dies wurde tatsächlich in Erwägung gezogen) bis aus dem Hochland Äthiopiens gekommen sein läßt.[2] Es schwingt auch ein Versuchen mit, ein einzelnes, eigenwilliges Genie oder das Patronat Fremder für den entwickeltsten Architekturstil der Bauwerke verantwortlich zu machen. So liest man: »Man könnte sich denken, daß ein Genie unter den hiesigen Architekten am Werke war, doch man strapaziert wohl den Bereich dessen, was möglich ist, weit weniger, wenn man sich vorstellt, daß jemand hierherkam, der mit anderswo praktizierten Bautechniken vertraut war ... Es heißt sicher nicht, der Wahrscheinlichkeit Gewalt anzutun, wenn man sich vorstellt, daß irgendein portugiesischer Steinmetz Simbabwe besucht haben könnte und in den Dienst des großen Häuptlings trat, der hier lebte ... Ebenso wahrscheinlich, wenn auch weniger einleuchtend ist es, daß vielleicht irgendwelche reisenden arabischen Handwerker verantwortlich waren«.[3] Oder – etwas widerspruchsvoll in sich: »Improvisationen dieser Größenordnung [nämlich der Bau der großen Außenmauer des elliptischen Bauwerks] können nur dann durchgeführt werden, wenn man die normalen Methoden und die zugrundeliegende Theorie begriffen hat, demnach hat man sie keinen Einheimischen zuzuschreiben ... und deshalb auch die Vermutung, daß der Architekt eine sehr solide Ausbildung in den hochentwickelten, kultivierten Fertigkeiten der arabischen Gemeinwesen an der Ostküste genossen haben muß, denn der Zeitansatz schließt jeden portugiesischen Einfluß aus«.[4]

Nein – Groß-Simbabwe muß als das genommen werden, was es ist – ein Bauwerk von besonderer Größe und eindrucksvoller Großartigkeit, das Produkt von ein oder zwei Jahrhunderten der Entwicklung einer eigenständigen Steinbauweise, die ihrerseits auf alten Traditionen des Gebrauchs von Steinen für Feldmäuerchen, Bauplattformen und Terrassen beruhte. Der Bau spiegelt die Vorherrschaft und das Ansehen einer dünnen herrschenden Oberschicht, die sich aus einer eisenzeitlichen Gesellschaft mit selbsttragender Wirtschaftsform am Rande des Existenminimums erhoben hatte. Groß-Simbabwe ist kein Beispiel einer überzüchteten Stadtkultur im westeuropäischen Sinne und ebensowenig sind seine Bauten Resultat bewußt verwirklichter ästhetischer Vorstellungen, die einzelne Künstler in die Wirklichkeit umsetzten; es ist aber auch mitnichten Zeugnis einer auf technologische Erkenntnisse gegründeten Ingenieurbauweise. Aber natürlich bedarf es weiterer Forschungen. Wie für die meisten Gebiete Afrikas gilt auch hier noch immer der allgemeine Appell: »Mehr Feldforschung, mehr Grabungen, mehr stratifiziertes archäologisches Material!« Besonders unklar ist die Chronologie der Frühphasen Groß-Simbabwes, und fraglos bedarf es gerade für diese Periode weiterer Radiokarbondaten. Hervorgehoben wurde auch bereits die Unzulänglichkeit einiger Keramik-Assemblagen jüngeren Datums. Dennoch sind im Fall Groß-Simbabwes gerade Ausgrabungen kaum ebenso dringend wie andere Forschungen, zumal ja nur so wenig archäologisches Material innerhalb der Mauern übriggeblieben ist. Erforderlich sind demgegenüber vor allem rigorose Analysen geeigneter Muster von Artefakten, insbesondere was die Keramik angeht, und zwar aus sämtlichen Phasen der Entwicklung Groß-Simbabwes sowie zeitgenössischer, benachbarter eisenzeitlicher Kulturen oder Industrien, um ganz präzise das Typenspektrum und die Grenzen jeder dieser Industrien zu bestimmen. Ist dieses erst einmal geschehen, so besteht mehr Aussicht, die Verbindungen zwischen Groß-Simbabwe und diesen anderen Industrien sinnvoll zu untersuchen. Insbesondere bedarf die Beziehung zwischen Groß-Simbabwe und der Leopard's-Kopje-Industrie weiterer Forschungsarbeit, denn im Rahmen dieses Komplexes und anscheinend angeregt von hier wie dort gleichen Umständen erfuhr die eisenzeitliche Gesellschaft erstmals jene Strukturierung, daß Macht und Kontrolle über den Handel sowie die Organisation der Arbeit Monopol einer herrschenden Minderheit wurden. Aber auch andere, weniger fundamentale Aspekte der Beziehungen zwischen Groß-Simbabwe und seinen Nachbarn gilt es zu klären – man denke an die Ausdehnung, die Auswirkung (sowohl kulturell als auch wirtschaftlich) und schließlich den zeitlichen Bestand, die Dauer der Handelsbeziehungen im Innern, mit der Ingombe-Ilede-Gruppe zum Beispiel, und mit der Küste. Und auch was die Komplexität der inneren Organisation, der Gesellschaftsstruktur Groß-Simbabwes angeht, so verspricht die Archäologie manchen verblüffenden Hinweis. So scheinen zum Beispiel Keramikformen in den späteren Phasen Simbabwes, zumal ihr Typenspektrum so begrenzt ist, eher funktionale Spezialisierung als kulturelle oder ethnische Unterschiede ihrer Hersteller anzudeuten. Der außerordentlich kleine Maßstab der provinziellen Außenposten Groß-Simbabwes vor der Machtergreifung der Rozwi machte es ganz gewiß unmöglich, diese Posten zu verteidigen, so daß sie eigentlich für ihren Zweck recht ungeeignet erscheinen. Infolgedessen waren sie wohl geradezu zwangsläufig auf ihre Umwohner, ihre nächsten Nachbarn angewiesen, und davon ist in keinem der zur Zeit vorliegenden archäologischen Berichte die Rede. Und dennoch erheben sich gerade hier viele Fragen. Wer waren denn jene Nachbarn? Wie stand es um ihre Kontakte mit ihren ›Oberherren‹? Ja, in der Tat ist man sich ja noch nicht einmal über die Beziehungen zwischen Groß-Simbabwe und seinen eigenen Ablegern im klaren, dies geht so weit, daß man noch nicht einmal Bescheid weiß, wie die zeitlichen Relationen sind und was Ursache, was

Wirkung ist: Waren beispielsweise all die kleinen Bauwerke draußen im gesamten Land eine der Ursachen für Groß-Simbabwes letzte Blüte, oder hat man sie als eine Auswirkung dieses Blühens und Gedeihens anzusehen?

Viele dieser Fragen fallen durchaus nicht nur in den Zuständigkeitsbereich der Vorgeschichtler. In gewisser Weise war Groß-Simbabwe sogar einfach viel zu lange ausschließliche Domäne der Archäologen. Gewiß – Archäologen haben das wichtigste, fundamentalste und einzig unwiderlegbare Beweismaterial über Groß-Simbabwes Vergangenheit erbracht, doch nun bedarf es des Augenmerks und der Mitarbeit von Historikern und Soziologen, um dieses Material wirklich voll auswerten zu können. Systematisches Sammeln und Vergleichen der im Lande kursierenden Überlieferungen über Geschichte, Ursprung und Zweckbestimmung Groß-Simbabwes und anderer Steineinfriedungen wurde vernachlässigt oder überschattet – überschattet von letztlich ganz und gar irrelevanten Streitereien. Und Geschichtsforschung der mehr traditionellen Art vermag vielleicht Licht auf einige mehr abstrakte Probleme zu werfen, die noch ungelöst sind – so etwa Funktion und Symbolik der Türme, Monolithe, der Vogelskulpturen und der anthropomorphen (menschengestaltigen) Figürchen. Zu diesem Zweck gilt es aber sehr viel weitere Kreise zu interessieren und zur Mitarbeit anzuspornen, keineswegs aber sie zu entmutigen. Dennoch wurde den Publikationen der Kommission für Museen und Bodendenkmäler, der der einzige hauptberufliche Archäologe des Landes angehörte, oft und immer wieder Zensur angedroht.[5] Man ereiferte sich im rhodesischen Parlament gegen die Funde und Resultate der Gelehrten, und diese Angriffe schafften es schließlich, gestützt auf ministerielle Richtlinien, Archäologen davon abzuhalten, ihre Entdeckungen in Groß-Simbabwe öffentlich zu interpretieren oder sie der Leserschaft in allgemeinverständlicher Form vorzulegen.[6] Dieser Zustand besteht vorerst weiter; es gibt in Rhodesien keine Archäologen im Dienst unabhängiger Institutionen wie etwa Universitäten, und Forscher aus Übersee können im Lande weder frei umherreisen, noch frei arbeiten. Daher bleibt die Archäologie in Rhodesien isoliert vom Hauptstrom der Kultur dieses Landes, denn alles, was sie an Material erbringt, ist mehr oder weniger ein stolzes Stück Vergangenheit der Karanga und Shona.

Anmerkungen

Zitate beziehen sich auf das Literaturverzeichnis

Kapitel 1

[1] Caton-Thompson, Seiten 16–17, 54–66.
[2] Hall, *Great Zimbabwe* passim (z. B.: S. 138); Stevens; Whitty, *Architectural style* S. 290–294.
[3] Whitty *a.a.O.* S. 294–299.
[4] Burke Seite 148.
[5] Burke Seite 184.
[6] Summers und Whitty Seite 319.
[7] Bent *Ruined cities* Seite 116; Abb. auf S. 150; A. H. Keane bei Hall *a.a.O.* S. XXXIX; dazu: British Museum *Guide to the Principal Coins of the Greeks* (London 1965) Taf. 49, 33.
[8] Bent *a.a.O.* Seite 105; Hall *a.a.O.* Seiten 193f.; Haram Bilqîs beschreiben Bowen und Albright Seite 215–235.
[9] Gayre, besonders Seite 231. Mullan betrachtet Groß-Simbabwe als arabische Kolonie. Gertrude Caton-Thompson bringt das Bild eines konischen Minaretts (Seite 101) mit einem Chevronmuster-Fries aus Sansibar und gibt der Vermutung Ausdruck, es könne vielleicht ein altvertrautes Muster aus Sansibar wiederaufnehmen, das früher möglicherweise auch die Erbauer des konischen Turms beeinflußt habe. Man hat darum viel Wind gemacht (vgl. z. B. Mullan Seite 182; Summers *Ancient Ruins* Seite 121), obwohl heute feststeht, daß man vor dem 19. Jahrhundert südlich der Somaliküste, wenn überhaupt, nur äußerst selten Minarette errichtete, und die Somali-Minarette sind keine konischen Gebilde, sondern einfach ungegliederte, phantasielose Zylinder. Ebenso selten kommt das Chevronmuster vor. Der Turm aus Sansibar, von dem hier eingangs die Rede war, ist in einem fremden Architekturstil errichtet, den Omani-Siedler im neunzehnten Jahrhundert einführten (vgl. Garlake *Early Islamic architecture*).
[10] Die Architektur der Ostküste beschreibt Garlake *a.a.O.*
[11] Whitty *Origins*.

Kapitel 2

[1] *Documents* I Seite 395.
[2] *a.a.O.* III Seite 183.
[3] Dekade I, Buch X, Kap. I in Theal VI Seite 267f.
[4] Buch II, Kap. XI in Theal VII Seiten 275 280.
[5] Dekade IX, Kap. XXV in Theal VI Seite 390f.
[6] 1 *Könige 9*, 26–28; 10. 11, 12, 21–23.
[7] *Paradise Lost* XI 400
[8] Zitiert bei Bent *Ruined cities* Seite 242.
[9] Cooley 1833 und Hübner 1871, zitiert bei Wieschoff Seite 36.
[10] Merensky in: *Transvaal Argus*, 12. u. 20. Oktober 1868, zitiert von Burke Seiten 4 und 264.

225

[11] Walmsley Seite 168.
[12] Mauchs Tagebuch vom 23. Juli 1871, bei Burke Seite 117.
[13] Mauchs Tagebuch vom 1. September 1871, bei Burke Seite 139.
[14] Mauchs Tagebuch vom 11. September 1871, bei Burke Seite 145; *Reisen im Innern von Süd-Afrika, 1865–1872*, in: *Geographische Mittheilungen*, Ergänzungsheft 37 (1874); *Vorläufige Notiz über die Ruinen von Zimbabye*, in: *Verhandlungen der Berliner Gesellschaft für Anthropologie, Ethnologie und Urgeschichte* (1876).
[15] Mauchs Tagebuch vom 11. September 1871, nach Burke Seiten 146–148.
[16] Mauchs Tagebuch vom 11. September 1871 sowie vom 22. Februar und 21. Mai 1872 nach Burke, Seiten 146 f., 184 und 215.
[17] Mauchs Tagebuch vom 6. März 1872 bei Burke, Seiten 189–191.
[18] Baines gegenüber Seiten 122 und VI.

Kapitel 3

[1] Colquhoun, Seiten 485–493. Frau Colquhoun war die Gattin des ersten Regierungsbeauftragten für Rhodesien.
[2] Posselt Seiten 74–75.
[3] Hall *Ancient architecture* Seiten 563–568; Rhodes an W. T. Stead (19. August und 3. September 1891 [Staatsarchive Rhodesiens R 1/1/1 <340>]).
[4] De Waal Seite 271.
[5] Wilmot Seite 49.
[6] Bent bei Maund Seite 19; Bent *Ruined cities* Seite 64.
[7] Bent *a.a.O.* Seiten 118, 121 u. 122; C. C. Meredith *Reminiscences* Seite 88 (Rhodesische Nationalarchive, unkatalogisiertes historisches Manuskript).
[8] Bent *a.a.O.* Seiten 111 u. 190.
[9] Bent *Ruins* Seite 288 f.; ders. *Ruined cities* Seiten 222, VI.
[10] Bent *Ruins* Seiten 438–444; Schlichter Seite 387.
[11] Willoughby Seiten 4 und 26.
[12] T. Edwards im *Bulawayo Chronicle* vom 26. Juni 1897, zitiert von Hall und Neal Seite 65. Auf eine ähnliche Ziffer kommt mit einer anderen Methode Summers in *Ancient mining* Seite 188.
[13] Burnham Seiten 210 u. 216; Summers schildert *a.a.O.* Seite 210 einen (anderen?) Fund von 100 Unzen Goldarbeiten in Dhlo Dhlo im Jahre 1895. Der Entdecker war T. Peachey.
[14] J. A. Stevens an das Londoner Büro der *British South Africa Company* unter dem 4. September 1895 (Rhodesische Nationalarchive LO 5/2/44, Seite 385).
[15] Kopie der Übereinkunft und Bericht darüber mit Datum vom 13. September 1895: Rhodesische Nationalarchive LO 5/2/45, Seiten 37–38.
[16] Rhodesische Nationalarchive (File RH 10).
[17] Rhodesische Nationalarchive (LO 2/1/4).
[18] Rhodesische Nationalarchive LO 5/7/1 Seite 473, Amtsträger in Bulawayo an das Londoner Büro der *British South Africa Company* v. 22. Januar 1900; LO 5/7/4 Seite 141, Amtsträger in Bulawayo an das Londoner Büro der *British South Africa Company* v. 21. Oktober 1900; LO 2/1/4, Bericht über Verhandlungen des Gesetzgebenden Rates am 11. November 1902.
[19] Hall *Prehistoric Rhodesia* Seite 246.
[20] D. Randall-MacIver an L. Michell am 23. November 1905: Rhodesische Nationalarchive A 11/2/18/66.
[21] Jährlicher Bericht der *British South Africa Company* für 1902, zitiert bei Hall *Great Zimbabwe* Seiten 437–441.
[22] Hall *a.a.O.* Seite XIX.
[23] Hall *a.a.O.* Seiten 102, 112, 146, 149, 159.
[24] Hall *a.a.O.* Seiten 13, 14 und XXXI.

Kapitel 4

[1] Randall-MacIver *Mediaeval Rhodesia* Seiten VII, VIII, 46 u. 67; ders. *Rhodesian Ruins* Seite 325.
[2] Randall MacIver *Mediaeval Rhodesia* Seite 62 f.
[3] Derselbe *a.a.O.* Seiten 47, 63 f., 80 f. u. 89; Halls Schnitt in *Great Zimbabwe* Seite 103; die Datierung von Randall-MacIver's Porzellan auch bei Caton-Thompson Seite 93 n.

[4] Summers *Excavations* Seiten 242–246.
[5] Garlake *The Value of Imported Ceramics* Seiten 17–22.
[6] Erörterung bei Randall-MacIver *Rhodesian Ruins* Seiten 336 sowie 341–344.
[7] Hall *Prehistoric Rhodesia* Seite 239.
[8] Derselbe *a.a.O.* Seite 13.
[9] Erörterung bei Randall-MacIver *a.a.O.* Seite 340f.
[10] Caton-Thompson Seite 2.
[11] Dieselbe Seite 5.
[12] Ebenda Seite 32f., Taf. III, 2 und XI, 3.Summers' Ansicht(*Ancient Ruins* Seite 74), die Mauer sei absichtlich in mehreren Stilen erbaut worden, ist offenkundig falsch (vgl. auch Whitty *Architectural style* Seite 299).
[13] Caton-Thompson Seite 7.
[69] H. Beck in Caton-Thompson Seiten 235–237.
[15] Caton-Thompson Seite 67.
[16] Caton-Thompson Seite 199.
[17] Summers *Dating of the Zimbabwe ruins* Seite 107.
[18] Summers und Robinson *Introduction* Seite 158. Die Grabungen und Funde beschreibt Robinson in: *Excavations on the Acropolis Hill, Zimbabwe pottery* und *Zimbabwe beads* Seiten 159–235.
[19] Douslin Seiten 12–15.
[20] Die von Robinson *a.a.O.* Seite 191 wiedergegebenen Radiokarbondaten Groß-Simbabwes beziehen sich auf »vor 1960«. Sie wurden korrigiert, so daß sie sich nunmehr auf »vor 1950« unserer Zeitrechnung beziehen.
[21] Summers *Excavations* Seiten 244–245; Robinson *Zimbabwe pottery* Seite 208.
[22] Fagan Seite 504.
[23] Anmerkungen W. A. Thorpes bei Summers *a.a.O.*, Seite 287f.
[24] Summers *One hundred years* Seite 5.
[25] Diese Zitate stammen aus Robinson *Excavations on the Acropolis Hill* Seiten 184–186, 189, 192; ferner aus Robinson, Summers und Whitty Seiten 327–328 sowie aus Summers' *Iron Age industries* Seite 695.
[26] Cooke, Summers und Robinson Seite 6.
[27] Die angeführten Zitate stammen abermals aus Robinson *a.a.O.* Seite 189; Robinson, Summers und Whitty Seiten 306–324 sowie aus Summers' *Excavations* Seite 285f.
[28] Garlake *The value of imported ceramics* Seiten 17–22.

Kapitel 5

[1] Hall *Great Zimbabwe* Seiten 117–120, 445–447; Bent *Ruined cities* Seiten 215 u. 217; Fagan, Phillipson und Daniels Seiten 92–98.
[2] Caton-Thompson Seite 172; Garlake *Excavations at Dambarare* Seite 45.
[3] Caton-Thompson Seiten 200–202.
[4] Garlake *Excavations at Nhunguza*; Halls Goldfunde bei Hall *a.a.O.* S. 113 sowie Summers *Ancient Ruins* Seite 190.
[5] Fouché; Fagan, Phillipson und Daniels Seiten 135–137.
[6] Robinson *Excavations on the Acropolis Hill* Seite 173.
[7] Hall *a.a.O.* Seiten 156, 233, 255, 444f.; Bent *a.a.O.* Seite 215f.
[8] Hall *a.a.O.* Seiten 127 u. 446; Caton-Thompson Seite 110.
[9] Dos Santos in Theal VII Seite 211.
[10] Garlake *a.a.O.*
[11] Hall *a.a.O.* Seiten 154ff.
[12] Posselt Seiten 74–75; Bent *a.a.O.* Seiten 129 und 186; *Ruins* Seite 285; Hall *a.a.O.* Seiten 326 u. 331ff.
[13] Hall *a.a.O.* Seiten 107, 380 u. 442.
[14] Hall *a.a.O.* Seite 105.
[15] Bent *Ruined cities* Seite 187f.; Hall *a.a.O.* Seiten 104, 246 und 333; Caton-Thompson Seite 73; Leopard's-Kopje-Figurinen bei Robinson *Leopard's Kopje culture*; Ingombe-Ilede-Figurinen bei Garlake *Iron Age sites in Urungwe* Seiten 27 u. 30; Musengesi-Figurinen bei Garlake *Excavations at Nhunguza*.
[16] Profile der Lekkerwater-Ruinen bei Rudd Seite 44; ostafrikanische ornamentale Skulptur bei Garlake *Early Islamic architecture* Seite 44.
[17] Bent *Ruins* Seite 285; Hall *a.a.O.* Seiten 108–110; Summers *Excavations* Seiten 266ff.; Caton-Thompson Seite 47f.

[18] Hall und Neal Seiten 144 f., 148 f.
[19] Randall-MacIver *Mediaeval Rhodesia* Seite 35 f.
[20] Hall *a.a.O.* Seiten 132 ff., 387 f., 436 u. 446 ff.; Hall *Prehistoric Rhodesia* Seite 283.
[21] Schofield Seite 200 f.
[22] Mauchs Tagebuch v. 11. September 1871 nach Burke Seite 147 f.; Bent *Ruined cities* Seiten 211 ff.; Hall *Great Zimbabwe* Seiten 121, 233 und 445; Hall und Neal Seiten 229 und 233.
[23] Gongs bei Fagan, Phillipson und Daniels Seiten 92 ff.; Kupferhandel bei Garlake *Iron Age sites in Urungwe* Seite 38; Chumnungwa-Gongs und ein Barren bei Gill und Hole sowie Hall und Neal Seite 153 f. u. 233; Abb. 11 gegenüber Seite 150.

Kapitel 6

[1] Bernhard; Robinson *Early Iron Age . . . Chibi* und *Iron Age . . . Malawi*; Phillipson *Early Iron Age.*
[2] Oliver; Phillipson *a.a.O.*; Huffman *Early Iron Age.*
[3] Robinson *Leopard's Kopje culture.* Robinson's ›Phase I‹ gilt nicht mehr als Teil dieser Kultur. Vgl. Huffman *Excavations at Leopard's Kopje.*
[4] Fouché; Garlake *Test excavations at Mapela.*
[5] Dies vermutet Jaffey; auch bei Robinson *Archaeology of the Rozwi* klingt es an.
[6] Garlake *Chitope; Excavations at Maxton* sowie *Early Iron Age site near Tafuna;* Fundstätten mit Musengesi-Ware bei Garlake *Excavations at Nhunguza* und bei Crawford; Fundplätze von Harare-Ware bei Whitty *Salisbury burials.*
[7] Ingombe Ilede bei Fagan, Phillipson und Daniels Seiten 57–161; Phillipson und Fagan; Chedzurgwe usw. bei Garlake *Iron Age sites in Urungwe.*
[8] Gill und Hole; Hall und Neal Seiten 153 f. u. 233, Abb. 11 gegenüber Seite 150; Communiqué der Bodendenkmäler-Kommission von V. Wright.
[9] Das Material, um das es auf dieser und den folgenden Seiten geht, wird ausführlicher bei Garlake *Rhodesian ruins* erörtert.
[10] Caton-Thompson Seiten 121–162; Wieschoff. Die Lekkerwater-Ruine (Rudd) erbrachte folgende Radiokarbondaten: 1115 n. Chr. ± 95 Jahre (SR–181), 1245 n. Chr. ± 65 Jahre (SR–194), 1300 n. Chr. ± 120 Jahre (SR–109), 1390 n. Chr. ± 120 Jahre (SR–108), 1445 n. Chr. ± 45 Jahre (SR–197), 1450 n. Chr. ± 95 Jahre (SR–129) und 1510 n. Chr. ± 90 Jahre (SR–124). (Sheppard und Swart; Phillipson *Notes on . . . radiocarbon* Seite 11). Noch nicht veröffentlicht wurden die stratigraphischen Zusammenhänge und Beziehungen dieser Daten. Das letzte Datum steht in Korrelation zu einem Kalenderdatum um 1460 n. Chr. ± 90 Jahre (Suess; Lerman und andere). Die Chipadze-Ruine (Robins und Whitty) hat die Radiokarbondaten: 1300 n. Chr. ± 120 Jahre (SR–25), 1340 n. Chr. ± 90 Jahre (SR–70) und 1510 n. Chr. ± 90 Jahre (SR–71). Die Nhunguza-Ruine (Garlake *Excavations at Nhunguza*) lieferte ein Radiokarbondatum von 1580 n. Chr. ± 85 Jahre (N–1145): Dies steht in Beziehung zu einem Kalenderdatum um 1480 n. Chr. ± 100 Jahre. Von der Ruanga-Ruine liegt das Radiokarbondatum 1500 n. Chr. ± 85 Jahre (N–1146) vor: Dies korreliert wiederum mit einem Kalenderdatum um 1440 n. Chr. ± 85 Jahre. Die Zaka-Ruine (Garlake *Iron Age archaeology* und *New Rhodesian . . . dates*) lieferte diese Daten: 1485 n. Chr. ± 50 Jahre (SR–196) und 1695 n. Chr. ± 55 Jahre (SR–195): Sie stehen zu Kalenderdaten um 1425 n. Chr. ± 50 Jahre und entweder um 1640 n. Chr. ± 55 Jahre oder 1540 n. Chr. ± 55 Jahre in Korrelation.
[11] Robinson *Khami Ruins* Seiten 130–142; Caton-Thompson Seite 48 f.
[12] Fagan Seite 504.
[13] Portugiesische Ansiedlungen bei Garlake *Portuguese earthworks* und *Excavations at Dambarare;* Khami-Funde bei Robinson *Khami Ruins* Seiten 78 und 143; Dhlo-Dhlo-Funde bei Caton-Thompson Seiten 171 und 174. Hall und Neal Seiten 146–147 und 276; Cooke.
[14] Garlake *Test excavations at Mapela* Seiten 18–26.
[15] Andrews; Wieschoff, Seiten 47 und 50.
[16] Summers *Inyanga.*
[17] Für Kilwa s. Chittick *Kilwa* und *Coast of East Africa,* desgleichen Garlake *Early Islamic architecture.* Auszüge aus al-Mas'ūdī und Ibn-Battuta finden sich bei Freeman-Grenville Seiten 15 u. 31.

Kapitel 7

[1] Mbire- und Torwa-Überlieferungen bei Abraham *Roles of Chaminuka* Seiten 32–35; Torwa-Traditionen auch bei Dornan.
[2] Abraham *Early political history* Seite 61.
[3] Die Geschichte des Mwene-Mutapa-Königreiches legen Abraham *a.a.O.* sowie die beiden Schriften Alpers' dar.
[4] Theal *Records* I–IX besonders de Barros (Theal VI Seite 264 ff.), dos Santos (Theal VII Seiten 183 ff.) und Bocarro (Theal III Seite 342 ff.). Interpretationen dieses Materials: Alpers, Fadeyev, Schebesta, Wieschoff.
[5] Armstrong Seite 38.
[6] Sutherland-Harris.
[7] Mauchs Tagebuch, 20. Mai 1872, bei Burke Seiten 215 ff.
[8] Hall *Great Zimbabwe*; Anspielungen auf Opfer auf Seiten 88, 93, 146 f. und 259; Mugabe und Amangwa auf Seiten 53, 81–86.

Kapitel 8

[1] Abraham *Early political history* Seiten 62 f.
[2] Veloso 1512 in *Documents* III Seite 185; erörtert bei Garlake *Iron Age sites in Urungwe* Seite 38.

Epilog

[1] Caton-Thompson Seite 199.
[2] Summers *Iron Age cultures* Seite 52.
[3] Derselbe *Ancient ruins* Seite 119 f.
[4] Derselbe *a.a.O.* Seite 137.
[5] So Zensor R. W. Rankin im März 1968 zum Verfasser.
[6] So G. H. Hartley, Mitglied der Rhodesischen Front für Fort Victoria »In dem gesamten Bild, das man von diesen Ruinen entwirft, gibt es eine Tendenz, die anscheinend darauf zielt, daß man glauben machen will, diese . . . Gebäude seien ursprünglich von Eingeborenen Rhodesiens errichtet worden. Für Anhänger der *Zimbabwe African Peoples Union* sowie der *Zimbabwe African National Union* und der *Organization of African Unity* mag das sehr vertraut klingen, aber ich möchte hier zum Ausdruck bringen, daß dies alles doch wohl bloße Vermutung ist. Ich halte es für grundsätzlich falsch, daß man dieser Tendenz die Chance gibt, sich weiterzuentwickeln und fortzubestehen . . . Ganz besonders wenn sie unter Mitgliedern der Nationalen Kommission für Historische Denkmäler um sich greift, sollte man diese Tendenz, die Ruinen nur in einem Licht darzustellen, korrigieren . . .« (*Hansard* 77, 20, 1969 Kol. 844). Der Innenminister erwiderte: »Ich habe es den Betreffenden bereits nahegelegt . . . daß es korrekter wäre [sich dahingehend zu äußern], daß zur Zeit kein unwiderlegbarer Beweis vorliegt, was den Ursprung der Ruinen angeht . . . es wäre falsch, ganz besonders Fremde, die unser Land besuchen, unzulässigerweise nur mit einer Geistesrichtung vertraut zu machen. Es gibt sehr viele Beweise, ich selbst habe sie zum größten Teil gründlich studiert, daß das, was ich sage, auch zutrifft; es liegt kein unumstürzliches Beweismaterial über den Ursprung der Ruinen vor. Ich habe denen gegenüber, die es hier wohl angeht, schon mit Nachdruck darauf bestanden« (*Hansard* 77, 20, 1969 Kol. 845). Die Ausführung dieser Richtlinie dauerte einige Zeit, doch ein Jahr später erklärte derselbe Minister im Parlament: »Die Bemerkungen [des ehrenwerten Mitglieds für Victoria] . . . über Simbabwe haben sicherlich Früchte getragen. Es gab ihretwegen eine Art Sturm im Wasserglas, doch die Ergebnisse waren zufriedenstellend, und im Auftrag der Kommission für Historische Denkmäler soll ein neuer Führer herausgegeben werden, der sämtliche Simbabwe betreffenden Theorien absolut unparteiisch darlegt« (*Hansard* 78, 10, 1970, Kol. 534). Wie man jetzt vorgehen wollte, erläuterte der Direktor der Kommission in einem Presseinterview: »Die Kommission hat keine Vorstellung vom Ursprung Simbabwes – das ist Sache der Museen« (so das rhodesische Blatt *Sunday Mail* im Juli 1971). Es fehlt diesem Schluß der Affäre nicht an Ironie, denn bei den rhodesischen Museen sind keine Archäologen mehr beschäftigt . . .

Bibliographie

Abraham, D. P.: *The early political history of the kingdom of Mwene Mutapa*, in: *Historians in tropical Africa, Proceedings of the Leverhulme Inter-Collegiate History Conference.* Salisbury 1962.

Abraham, D. P.: *Ethno-history of the empire of Mutapa, problems and methods*, in: Vansina, J.; Mauny, R., und Thomas, J. V. [Hrsg.] *The historian in tropical Africa.* London 1964.

Abraham, D. P.: *The roles of ›Chaminuka‹ and the mhondoro-cults in Shona political history*, in: Stokes, E., und Brown, R. [Hrsg.] *The Zambesian past.* Manchester 1966.

Alpers, E. A.: *The Mutapa and Malawi political systems to the time of the Ngoni invasions*, in: Ranger, T. O. [Hrsg.] *Aspects of Central African history.* London 1968.

Alpers, E. A.: *Dynasties of the Mutapa-Rozwi complex*, in: *J. Afr. Hist.* XI, 2 (1970).

Andrews, E. M.: *The Webster Ruins (Proc. Rhod. Scient. Ass.* VII, 1, 1907).

Armstrong, R. C.: *The development of kingdoms in negro Africa*, in: *J. Hist. Soc. Nigeria* II, 1 (1960).

Baines, T.: *The gold regions of south eastern Africa.* London 1877.

Bent, J. T.: *The ruins of Mashonaland, and explorations in the country (Proc. R. Geog. Soc.* XIV, 5, 1892).

Bent, J. T.: *The ruined cities of Mashonaland.* London, 2. Aufl. 1893.

Bent, J. T.: *The ruins in Mashonaland (Geog. J.* II, 5, 1893).

Bernhard, F. O.: *Notes on the pre-ruin Ziwa culture of Inyanga (Rhodesiana* 11, 1964).

Bowen, R., und
Albright, F. P.: *Archaeological discoveries in south Arabia.* Baltimore 1958.

Burke, E. E. [Hrsg.] *The journals of Karl Mauch.* Salisbury 1969.

Burnham, F. R.: *Scouting on two continents.* London 1926.

Caton-
Thompson, G.: *The Zimbabwe culture.* Oxford 1931 (2. Aufl. mit neuer Einführung der Verfasserin: London 1971).

Chittick, H. N.: *Kilwa: a preliminary report*, in: *Azania* I 1966.

Chittick, H. N.: *The coast of East Africa*, in: Shinnie, P. L. [Hrsg.] *The African Iron Age.* Oxford 1971.

Clark, J. D.: *The prehistory of Southern Africa* (Harmondsworth 1959).

Colquhoun, A.: *A visit to King Solomon's Mines.* In: *United Empire* 5 (1914).

Cooke, C. K.: *Dhlo Dhlo ruins: the missing relics (Rhodesiana* 22, 1970).

Cooke, C. K.;
Summers, R., und
Robinson, K. R.: *Rhodesian prehistory reexamined.* Teil II – The Iron Age *(Arnoldia* II, 17, 1966).

Crawford, J. R.: *The Monk's Kop ossuary*, in: *J. Afr. Hist.* VIII, 3 (1967).

Davidson, B.: *Old Africa rediscovered.* London 1959.

Documents on the Portuguese in Mozambique and Central Africa, I–VI. Lissabon 1962–1969.

230

Dornan, S. S.:   *Rhodesian ruins and native tradition.* in: *S. Afr. J. Science* **XIII** (1916).
Douslin, H. B.:   *Recent excavations at Zimbabwe* (*Proc. Rhod. Scient. Ass.* **XX**, 1922).

Fadeyev, L. A.:   *Monomatapa,* in: *Sovjetskaja Etnografija* 3 (1961).
Fagan, B. M.:   *Radiocarbon dates for sub-Saharan Africa –* IV., in: *J. Afr. Hist.* **VII**, 3 (1966).
Fagan, B. M.; Phillipson, D. W., und
Daniels, S. G. H.:   *Iron age cultures in Zambia, II.* London 1969.
Fouché, L. [Hrsg.]   *Mapungubwe.* Cambridge 1937.
Freeman-Grenville, G. S. P.:   *The East African Coast.* Oxford 1962.
Frobenius, L.:   *Erythräa* (1930 [auf Felsbildern u. Mythen basierende Rückdatierung Groß-Simbabwes und der zugehörigen Kultur in vorchristl. Zeit; durch neue archäologische Befunde u. histor. Quellen *nicht* bestätigt; das Werk wird hier nur angeführt, weil es die phantastischen Vorstellungen, die z. T. noch immer über Simbabwe im Umlauf sind, entscheidend mitgeprägt hat. *Der Übers.*]).

Garlake, P. S.:   *The early Islamic architecture of the East African coast.* Oxford 1966.
Garlake, P. S.:   *Seventeenth-century Portuguese earthworks in Rhodesia,* in: *S. Afr. Archaeol. Bull.* **XXI**, 84 (1966).
Garlake, P. S.:   *Excavations at Maxton Farm, near Shamva Hill, Rhodesia* (Arnoldia III, 9, 1967).
Garlake, P. S.:   *The value of imported ceramics in the dating and interpretation of the Rhodesian Iron Age,* in: *J. Afr. Hist.* **IX**, 1 (1968).
Garlake, P. S.:   *Test excavations at Mapela Hill, near the Shashi river, Rhodesia* (Arnoldia III, 34, 1968).
Garlake, P. S.:   *Chitope; an Early Iron Age village in northern Mashonaland* (Arnoldia IV, 19, 1969).
Garlake, P. S.:   *Iron Age archaeology,* in: *Rhodesian Schools Exploration Society 19th Expedition, Bikita 1969.* Bulawayo, 1969.
Garlake, P. S.:   *New Rhodesian Iron Age dates,* in: *Rhod. Science News* III, 12 (1969).
Garlake, P. S.:   *Excavations at the seventeenth-century Portuguese site of Dambarare, Rhodesia* (*Proc. Rhod. Scient. Ass.* LIV, 1, 1969).
Garlake, P. S.:   *Iron Age sites in the Urungwe district of Rhodesia,* in: *S. Afr. Archaeol. Bull.* **XXV**, 97 (1970).
Garlake, P. S.:   *Rhodesian ruins – a preliminary assessment of their styles and chronology,* in: *J. Afr. Hist.* **XI**, 4 (1970).
Garlake, P. S.:   *The decline of Zimbabwe in the fifteenth century,* in: *Rhodesian prehistory* 5 (1970).
Garlake, P. S.:   *An Early Iron Age site near Tafuna Hill, Mashonaland,* in: *S. Afr. Archaeol. Bull.* **XXVI**, 103 (1972).
Garlake, P. S.:   *Excavations at the Nhunguza and Ruanga Ruins in northern Mashonaland,* in: *S. Afr. Archaeol. Bull.* **XXVII**, 107 (1973).
Gayre, R.:   *Zimbabwe,* in: *Mankind Q.*, V, 4 (1965).
Gill, J. W., und
Hole, H. M.,
Goodwin, A. J. H.:   *Report of ordinary meeting held on 31 October 1900 (Proc. Rhod. Scient. Ass. I, 1903).*
in: *S. Afr. Archaeol. Bull.* **VIII** (1953).

Hall, R. N.:   *Great Zimbabwe.* London 1905.
Hall, R. N.:   *Ancient architecture at Great Zimbabwe,* in: *J. Soc. Arts* (1905).
Hall, R. N.:   *The Zimbabwe temple, and the discovery of Nanking china etc.,* in: *Geog. J.* **XXIX**, 6 (1907).
Hall, R. N.:   *Prehistoric Rhodesia.* London 1909.
Hall, R. N., und
Neal, W. G.:   *The ancient ruins of Rhodesia.* London 1902.
Huffman, T. N.:   *The Early Iron Age and the spread of the Bantu,* in: *S. Afr. Archaeol. Bull.*, **XXV**, 97 (1970).
Huffman, T. N.:   *Excavations at Leopard's Kopje Main Kraal: a preliminary report,* in: *S. Afr. Archaeol. Bull.* **XXVI**, 101 (1971).

Jaffey, A. J. E.:   *A reappraisal of the Rhodesian Iron Age up to the fifteenth century,* in: *J. Afr. Hist.* **VII**, 2 (1966).

231

Lerman, J. C.;
Mook, W. G., und
Vogel, J. C.: *C 14 in tree rings from different localities,* in: Olssen, I. U. [Hrsg.]: *Radiocarbon variations and absolute chronology.* Stockholm 1970.

Mauch, K.: *Reisen im Innern von Südafrika, 1865–1872* (1874, Nachdruck ohne Jahr [vgl. auch Burke, E. E.]).
Maund, E. A.: *On Matabele and Mashona lands* (*Proc. R. Geog. Soc.* XIII, 1, 1891).
Mullan, J. E.: *The Arab builders of Zimbabwe.* Umtali 1969.
Myres, J. L.,
und Randall-
MacIver, D.: *Mediaeval Rhodesia,* in: *Geog. J.* XXVIII 1 (1906).
Myres, J. L.,
und Randall-
MacIver, D.: *Loan exhibition of antiquities from Zimbabwe.* London 1910.

Oidtman, Ch. V.: in: *Afrika und Übersee* XLIV (1960)
Oliver, R. A.: *The Problem of Bantu expansion,* in: *J. Afr. Hist.* VII, 3 (1966).

Phillipson, D. W.: *The Early Iron Age in Zambia: regional variants and some tentative conclusions,* in: *J. Afr. Hist.* IX, 2 (1968).
Phillipson, D. W.: *Notes on the later prehistoric radiocarbon chronology of eastern and southern Africa,* in: *J. Afr. Hist.* XI, 1 (1970).
Phillipson, D. W.,
und Fagan, B. M.: *The date of the Ingombe Ilede burials,* in: *J. Afr. Hist.* X, 2 (1969).
Posselt, W.: *The early days of Mashonaland and a visit to the Zimbabwe ruins* (Nada 1924).

Randall-
MacIver, D.: *The Rhodesian ruins: their probable origin and significance,* in: *Geog. J.* XXVII, 4 (1906).
Randall-
MacIver, D.: *Mediaeval Rhodesia.* London 1906.
Robins, P. A.,
und Whitty, A.: *Excavations at Harleigh Farm, near Rusape, Rhodesia,* in: *S. Afr. Archaeol. Bull.* XXI, 82 (1966).
Robinson, K. R.: *Khami Ruins.* Cambridge 1959.
Robinson, K. R.: *An Early Iron Age site from the Chibi district, Southern Rhodesia,* in: *S. Afr. Archaeol. Bull.* XVI, 63 (1961).
Robinson, K. R.: *Excavations on the Acropolis Hill* (*Occ. Paps. Natn. Mus. Sth. Rhod.* III, 23 A. 1961).
Robinson, K. R.: *Zimbabwe pottery* (*Occ. Paps. Natn. Mus. Sth. Rhod.* III, 23 A 1961).
Robinson, K. R.: *Zimbabwe beads* (*Occ. Paps. Natn. Mus. Sth. Rhod.* III, 23 A 1961).
Robinson, K. R.: *The Leopard's Kopje culture, its position in the Iron Age of Southern Rhodesia,* in: *S. Afr. Archaeol. Bull.* XXI, 81 (1966).
Robinson, K. R.: *The archaeology of the Rozwi,* in: Stokes, E., und Brown, R. [Hrsg.] *The Zambesian past.* Manchester 1966.
Robinson, K. R.: *The Iron Age of the southern lake area of Malawi.* Zomba 1970.
Robinson, K. R.,
zus. mit
Summers, R.,
und Whitty, A.: *Some general conclusions* (*Occ. Paps. Natn. Mus. Sth. Rhod.* III, 23 A 1961).
Rudd, S.: *Preliminary report of excavations, 1963–66, at the Lekkerwater Ruins, Tsindi Hill, Theydon, Rhodesia* (*Proc. Trans. Rhod. Scient. Ass.* LII, 2, 1969).

Schebesta, P. R.: *Die Zimbabwe-Kultur in Afrika,* in: *Anthropos* XXI (1926).
Schlichter, H.: *Travels and researches in Rhodesia,* in: *Geog. J.* XII, 4 (1899).
Schofield, J. F.: *Southern African Beads,* in: Summers, R.: *Inyanga.* Cambridge 1958.
Sheppard, J. G.,
und Swart, E. R.: *Rhodesian radiocarbon measurements IV,* in: *Radiocarbon* XIII, 2 (1971).
Stevens, C. G.: *The Zimbabwe temple,* in: *J. R. Anthr. Inst.* LXI (1931).

Stevens, P. M.:	*Zimbabwe culture, a bibliography.* Kapstadt 1950.
Suess, H. E.:	*Bristlecone pine calibration of the radiocarbon time scale 5200 BC to the present,* in: Olssen, I. U. [Hrsg.] *Radiocarbon variations and absolute chronology.* Stockholm 1970.
Summers, R.:	*The dating of the Zimbabwe Ruins,* in: *Antiquity* XXIX (1955).
Summers, R.:	*Inyanga.* Cambridge 1958.
Summers, R.:	*The Iron Age cultures and early Bantu movements in Rhodesia and Nyasaland* (London 1960).
Summers, R.:	*Excavations at the Great Enclosure* (*Occ. Paps. Natn. Mus. Sth. Rhod.* III, 23 A 1961).
Summers, R.:	*Zimbabwe, a Rhodesian mystery.* Johannesburg 1963.
Summers, R.:	*Iron Age industries of southern Africa with notes on their chronology, terminology, and economic status,* in: Bishop, W. W., und Clark, J. D. [Hrsg.] *Background to evolution in Africa.* Chicago 1967.
Summers, R.:	*One hundred years of fact and fantasy at Zimbabwe,* in: *Proceedings of the Central African Historical Association Conference, September 1966.* Salisbury 1967.
Summers, R.:	*Ancient mining in Rhodesia.* Salisbury 1969.
Summers, R.:	*Ancient ruins and vanished civilizations in southern Africa.* Kapstadt 1971.
Summers, R., und Robinson, K. R.:	*Introduction* (*Occ. Paps. Natn. Mus. Sth. Rhod.* III, 23 A 1961).
Summers, R., und Whitty, A.:	*The development of the Great Enclosure* (*Occ. Paps. Natn. Mus. Sth. Rhod.* III, 23 A 1961).
Sutherland-Harris, N.:	*Trade and the Rozwi Mambo,* in: Gray, R., und Birmingham, D. [Hrsg.] *Pre-colonial African trade.* London 1970.
Theal, G. M.:	*Records of south-eastern Africa I–IX.* Kapstadt 1898–1903.
De Waal, D. C.:	*With Rhodes in Mashonaland.* London 1896.
Walmsley, H. A.:	*The ruined cities of Zululand.* London 1896.
Whitty, A.:	*The origins of the stone architecture of Zimbabwe,* in: Clark, J. D. [Hrsg.] *Proceedings of the third Pan-African congress on prehistory.* London 1957.
Whitty, A.:	*Architectural style at Zimbabwe* (*Occ. Paps. Natn. Mus. Sth. Rhod.* III, 23 A 1961).
Whitty, A.:	*The Salisbury burials and their place in the prehistory of Southern Rhodesia,* in: *Proceedings of the First Federal Science Congress.* Salisbury 1960.
Wieschoff, H. A.:	*The Zimbabwe-Monomotapa culture in southeast Africa.* Menasha 1941.
Willoughby, J. C.:	*Further excavations at Zimbabye.* London 1893.
Wilmot, A.:	*Monomotapa (Rhodesia).* London 1896.

Abbildungsverzeichnis

Sämtliche Fotos stammen, wenn nicht ausdrücklich anders angegeben, von Peter Chèze-Brown.

234

235

237

238

Register

von Ingeborg Rehork